本书为智慧树平台在线开放课程“人类文明史漫谈”的配套教材，登录“智慧树网”，搜索课程“人类文明史漫谈”即可参与学习。

经典教材
教参系列

人类文明史札记

张凯峰 编

天津出版传媒集团
天津人民出版社

图书在版编目(CIP)数据

人类文明史札记 / 张凯峰编. -- 天津 : 天津人民出版社, 2023.3
(经典教材教参系列)
ISBN 978-7-201-19098-3

Ⅰ. ①人… Ⅱ. ①张… Ⅲ. ①文化史—世界—教材
Ⅳ. ①K103

中国版本图书馆 CIP 数据核字(2022)第 254537 号

人类文明史札记
RENLEI WENMING SHI ZHAJI

出　　版　天津人民出版社
出 版 人　刘　庆
地　　址　天津市和平区西康路35号康岳大厦
邮政编码　300051
邮购电话　(022)23332469
电子信箱　reader@tjrmcbs.com

责任编辑　王佳欢
封面设计　明轩文化·王　烨

印　　刷　天津新华印务有限公司
经　　销　新华书店
开　　本　710毫米×1000毫米　1/16
印　　张　19
插　　页　2
字　　数　270千字
版次印次　2023年3月第1版　2023年3月第1次印刷
定　　价　88.00元

前 言

2017 年 2 月,教育部《关于开展新工科研究与实践的通知》指出:“当前,国家推动创新驱动发展,实施‘一带一路’‘中国制造 2025’‘互联网+’等重大战略,以新技术、新业态、新模式、新产业为代表的新经济蓬勃发展,对工程科技人才提出了更高要求,迫切需要加快工程教育改革创新,培养造就一大批多样化、创新型卓越工程科技人才,为我国产业发展和国际竞争提供智力和人才支撑,既是当务之急,也是长远之策。”两个月之后,六十余所高校云集天津大学,共商新工科建设的愿景与行动。这次新工科建设研讨会发布了“新工科”建设行动计划,也称“天大行动”,提出要探索建立工科发展的新范式。

所谓“新工科”的一个突出特点就是学科的交叉性:不仅要实现传统工科与新经济发展所需要的各种工程门类的交叉,更要实现工科与理科、管理、经济、人文、医学、新闻、法律等各学科的交叉融合。这是现代产业发展的需要。让学生在更广阔的学科视野下学习,让创新的链条得以充分延伸,这才是“新工科”真正带来的理念和范式的转变。

经过两年的调研和论证,2019 年 10 月,天津大学在全国率先发布《天津大学新工科建设方案》(以下简称“天大方案”)。“天大方案”重构了工程人才的课程体系,开设了一系列跨界融合的素质教育课程。这些课程的教学重点在于启发思想,培养学生自主学习和创新知识的能力,使学生在多元化的社会流动中,面对多变的挑战和机遇,能够以批判性的思维和创造性地工作,主动学习和掌握新的知识与技能。

“世界文明与跨文化沟通”是上述素质教育课程之一。该课程以人类文明为主题，讲解人类文明兴起和发展所需要的条件、所遭遇的问题，以及所表现出来的种种有趣的历史文化现象。2018年，该课程被列为天津大学新工科教育教学改革项目，任课教师着手将其制作成在线开放课程，课名叫作“人类文明史漫谈”，经过半年的时间，录制了六百分钟的线上视频，又经过半年时间的校对、勘误、调整，2019—2020第一学期首次上线运行，向全国开放。本书即为配合该课程而编写的教材。

文化类通识课程在国内高校的开设并不少见，名目五花八门，但在教学实践中却很容易走偏，要么枯燥乏味缺少吸引力，要么流于浮浅的内容，而成为可有可无的“水课”。究其原因，大致有以下四点：①教师简单地照搬专业课教学模式，把通识课上成专业课；②教师低估学生的知识水平，把通识课讲成了浮泛的概论介绍；③教师没有根据工科学生轻感性重知识的思维特点而采取相应的教学方式，影响了学生对通识课的接受度；④有些文化通识课属于相当细分的学科门类，讲授的知识细碎，对于时间和精力有限的大学生来说并不是效益最大化的选择，对工科学生来说尤其如此。

鉴于工科学生自身的特点和学习需求，文化通识课开设的目的在于尽可能扩展学生的文化视野，激发学生的创新性思维，而不强求学生在课程所涉及的领域有专深的研究。本课程注重“通专融合”，在教学的层面力求做到通过“专”去揭示“通”的内涵。教师考量授课对象的知识储备和接受能力，以教学目标为出发点，斟酌“专”的深度和难度，使学生易于接受；同时将专业领域内的前沿研究成果融入教学当中，深入浅出地进行讲授。以“人类文明”作为探讨的核心概念，将人类政治、经济、军事、社会、文化等方方面面的知识，整合于一个学期的教学活动之中，并且涉及气候、环境、移民、性别、宗教、技术、科学、物种传播、文化交流等诸多研究，可以让非专业的学生在有限的时间之内最大限度地接触其他学科门类的知识和理论。

本教材在编写过程中一方面极力发散，从历史学、人类学、政治学、经济学、心理学、社会学等多学科多角度，引领学生探析人类文明的形成和发展变迁的原因和脉络，体会学科交叉研究的思路；另一方面不要求知识理论的系统性、全面性，各章内容的组织不依时间线索或地域分野，而是以问题为导向，采取每章一个专题的形式，古今中外，旁征博引地展开讨论，力求让学生在对问题的思考和解答中了解相关学科的理论。

同时,为了激发学生对人文知识的兴趣,本教材在编写的过程中特别注重可读性，有意避免艰深晦涩的学术语言，借助浅显生动的文字和大量史实、案例使学生尽可能地轻松理解涉及的理论观点。

本书在编写过程中大量吸收人文社会科学各学科的经典理论,参考、借鉴和引用了诸多研究成果和资料,未及注明和不当之处,在此致以诚挚的歉意。

本书的编写结合了编者数年来教学实践的经验,但由于编者学识有限,难免会存在一些不足甚至失误之处,恳请各位专家、读者批评指正。

目　录

第一章
自然与人

◎ 第一节　地理环境与国家

◎ 第二节　自然资源与文明进程

◎ 第三节　瘟疫、疾病和文化

中国古代最早的历史文献《尚书》中有这样一句话："惟天地万物父母，惟人万物之灵。"天地孕育了万物，人类则是一切生物中最高级、最具智慧的。反过来讲，无论人类的文明有多么先进和复杂，也仍然是大自然的产物。尤其在文明形成初期，生产力水平极低的条件下，人类像其他一切遵循进化论的生物一样受到自然环境的巨大影响。

自古以来西方就有很多思想家注意到人与自然的关系。古希腊的学者认为，环境会对人的性格和道德产生影响。历史学家希罗多德和修昔底德都曾经提到过气候对情欲具有正面或者负面的作用。被誉为医学之父的希波柯拉底还特意探讨过这个问题，他在其著作《气候水土论》中这样说："关于亚细亚人缺乏干劲和勇气，主要归因于亚细亚人与欧罗巴人相较更文雅且不好战，这种推论与季节特点相符合，即在亚细亚不冷、不热，没有剧烈变化，一切都稳定。那里没有精神打击，没有剧烈的肉体变化，这种打击和变化本来能使人性格坚强，引起激情。一成不变的环境没有这种作用。"这种由气候塑造的居民性格又进一步影响当地的政治模式，"亚细亚的大部分被国王们统治着。那里的人自己不做主，不独立，听命于君主"①。

亚里士多德的看法与此类似，他在自己的著作《政治学》中有这样的论述："寒冷地区的人民一般精神充足，富于热忱，欧罗巴各族尤甚，但大都绌于技巧而缺少理解；他们因此能长久保持其自由而从未培养好治理他人的才德，所以政治方面的功业总是无足称道。亚细亚的人民多擅长机巧，深于理解，但精神卑弱，热忱不足；因此，他们常常屈从于人而为臣民，甚至沦为奴隶。惟独希腊各种姓，在地理位置上既处于两大陆之间，其秉性也兼有两者的品质。他们既具热忱，也有理智；精神健旺，所以能永保自由，对于政治也得到高度的发展。"②

柏拉图则认为，生活在不同自然环境下的人会采取不同的生产方式，而不同的生产方式也深刻影响着人们的性格，比如"大海使陆地上到处进行零趸和批发的买卖，在一个人的灵魂里培植起卑劣和欺诈的习惯，使市民们变

① [古希腊]希波克拉底：《希波克拉底文集》，赵洪钧译，中国中医药出版社，2007 年，第 25 页。

② [古希腊]亚里士多德：《政治学》，吴寿彭译，商务印书馆，2017 年，第 366~367 页。

得彼此不可信任和怀有敌意”，所以一个国家如果“建立在靠海的地方，拥有良好的港口，好多谷物都缺乏而不是自己出产每样东西，那么这个国家就需要有一个伟大的救世主和具有神的素质的立法者，以防止不单纯的或邪恶的个性的大规模成长”。①

古希腊的智慧被近代欧洲文艺复兴和启蒙运动的思想家们继承了下来。16 世纪的法国思想家让·博丹认为，民族性格、国家形式和社会发展水平也是由自然环境决定的。他说，北方寒冷，所以人体格强壮但缺乏才智；南方炎热，所以人聪明但是体力较弱。中部区域的民族比北方民族更有才智，比南方民族更强健，因而创建了伟大而卓有成就的帝国。博丹甚至把古希腊雅典城邦的三个不同政治派别与地形地势联系在一起：雅典的高地居民是民主派，希望建立一个平民国家；而地势较低的居民赞成寡头独裁；住在海港比雷埃夫斯周围的人们支持贵族或者贵族平民混合的政体。

近代“地理学派”社会学的创始人孟德斯鸠进一步发展了这一理论，他在其著作《论法的精神》中明确提出：“炎热的气候使人的力量和勇气萎顿；而在寒冷的气候下，人的身体和精神有一定的力量使人能够从事长久的、艰苦的、宏伟的、勇敢的活动。不仅在国与国之间是如此，即在同一国中地区与地区之间也是如此。……因此，当我们看到，热带民族的怯葸常常使这些民族成为奴隶，而寒冷气候的民族的勇敢使他们能够维护自己的自由，我们不应当感到惊异。这是自然的原因所产生的后果。”②

孟德斯鸠认为，土地的肥沃或贫瘠会影响国家的政治和法律。因为土地肥沃会使人产生依赖性，所以这样的国家常常是“单人统治的政体”，相反土地贫瘠的国家常常是“数人统治的政体”。地形地势也会起作用：山地居民坚决主张平民政治，平原上的人要求由一些上层人物领导他们，近海的人则渴求一种二者混合的政体。

黑格尔说：“我们所注重的，并不是要把各民族所占据的土地当作是一种外界的土地，而是要知道这地方的自然类型和生长在这土地上的人民的

---

① ［古希腊］柏拉图：《法律篇》，张智仁、何勤华译，商务印书馆，2016 年，第 109 页。

② ［法］孟德斯鸠：《论法的精神》（上），张雁深译，商务印书馆，1961 年，第 273 页。

类型和性格有着密切的联系。”他也像柏拉图一样，注意到不同自然条件下生产方式对人们的性格和政治的影响，比如生活在“干燥的高地，同广阔的草原和平原”的民族过着游牧生活，没有法律，靠家长制维系社会，因此表现为好客和劫掠的两个极端，他们时常集合为大群人马，在冲动的支配之下造成大规模动乱。生活在大河流域平原的民族从事农业生产，“土地所有权和各种法律关系便跟着发生了——换句话说，国家的根据和基础，从这些法律关系开始有了成立的可能”，“在这些区域里发生了伟大的王国”，但是人们也被束缚在土地上。而生活在“海岸区域”的民族，“在大海的无限里感到他自己底无限”，因而“被激起了勇气，要去超越那有限的一切。大海邀请人类从事征服，从事掠夺，但是同时也鼓励人类追求利润，从事商业。……从事贸易必须要有勇气，智慧必须和勇敢结合在一起”。①

1881年英国历史学家巴克尔在《英国文明的历史》一书中认为，个人和民族的特征服从于自然法则。1882年，德国地理学家拉采尔发表了他的名著《人类地理学》，他认为地理环境从多方面控制人类，对人类生理机能、心理状态、社会组织和经济发达状况均有影响，并决定着人类迁移和分布。人类的一切活动和分布都受地理环境的严格制约，环境“以盲目的残酷性统治着人类的命运”。他的学生辛普尔认为，不同类型的社会发展是受不同的地理环境对经济活动和社会活动的影响，从而对种族的生理特点和气质产生影响造成的。1911年她在美国出版的专著《地理环境的影响》中说：“人们如此吵吵嚷嚷宣称他们如何已经征服了自然，而自然在施加自己的影响时又那样默默无闻，这一闹一静使得人类发展平衡中的地理因素都被忽视了。”

这种相信自然在人类文明发展中起决定性作用的理论，被称作地理环境决定论，广泛流行于后来的社会学、人类学、地理学、历史学、哲学的研究中。

地理环境决定论曾经被种族主义者利用来证明某些民族天生优越，而另一些民族注定被奴役，所以受到批判。但是如果我们排除种族主义的杂音，避免将环境因素绝对化，还是应该承认，不同的自然环境的确会导致人

① [德]黑格尔：《历史哲学》，王造时译，上海书店出版社，2001年，第91~93页

类社会向不同的方向发展。不承认这一点,我们便无法解释为什么人类同为二十万年前一位非洲妇女的子孙，迁移到世界各地之后却发展出了千奇百怪、多姿多彩的文化,创造出各式各样风格独特的文明。

新西兰历史上的一次种族冲突就是一个绝好的例证。1250 年至 1300 年,来自亚洲或者美洲的波利尼西亚人(其确切族源至今不明)扬帆迁移,其中一部分在新西兰北岛登陆,成为毛利人的祖先。14 世纪至 15 世纪,他们中的一支又继续航行到了查塔姆群岛,并在那里定居,成为莫利奥里人。出自同一祖先的两群人从此在不同的自然环境下发展。

新西兰北岛比较温暖,有肥沃的平原,面积也相当大,祖先带来的农作物完全可以生长。毛利人在这里发展起了农业。由于农业发达,人口大幅度增长,毛利人的数量很快超过了十万。因为有多余的粮食,毛利人中间出现了具有专门技能的工匠、军人和首领,社会组织也随之变得严密起来。新西兰毕竟是个岛屿,可以开发的空间还是有限,人口多了没地方去,于是毛利人开始为争夺土地和资源频繁进行战争,并且越来越擅长作战,变成了一个嗜血好战的族群。

查塔姆群岛比较寒冷,作物根本无法生长,莫里奥里人只能放弃农业,靠狩猎采集维持生存。由于以狩猎采集为生,他们很难生产出多余的食物,每个人都得自己找吃的,工匠、军人、官吏和首领就不可能出现,因为养活不起。所以莫里奥里人社会始终处于非常松散、缺乏组织的状态。查塔姆群岛的猎物还算容易捕捉,海豹、贝壳、海鸟和鱼,用手或者棍棒就可以抓到,但是正因为太容易捕捉了,所以莫里奥里人的技术水平也大大退化。人口少,资源也少,这就使莫里奥里人养成了和睦相处的习惯。因为资源实在太少,为了避免人口增加引起冲突,莫里奥里人甚至在一些男孩刚出生的时候,就将他们阉割了。最终,贫瘠的查塔曼群岛塑造出了一群技术低下、武器简陋、缺乏强有力领导和组织的和平主义者。

1835 年九百名毛利人侵入查塔姆群岛，岛上的一千六百六十名莫里奥里人按照自己的传统,主动向毛利人表示友好,提出愿意与毛利人分享岛上的资源。但是毛利人根本没有想过有什么争端和纠纷还可以和平解决,不等莫里奥里人把和平建议说出口，就发动了全面进攻，奴役并残忍地杀害他们。到1862年只剩下一百零一名莫里奥里人还活着。

残酷的历史让我们看到,狭窄贫瘠的岛屿使莫里奥里人平庸懦弱,宽广肥沃的平原则使毛利人凶残好战。但是人并非生来懦弱或者凶残,大自然塑造的其实是这两个族群的社会,社会随后改变了人们的行为方式。

事实上,在人类文明发展的历程中,这种大自然造化留下的印迹不胜枚举。自然用各种手段,从各个方面大刀阔斧地或者细致微妙地影响着人类。

第一节　地理环境与国家

国家是人类文明的重要标志,是人类从事一切社会政治、经济和文化活动的基础。而国家的产生却是自然作用的结果。

20世纪50年代美国历史学家魏特夫提出了治水社会理论。他发现人类历史上的早期国家都形成于干旱和半干旱地区,而生活在这些地方的人们,要想顺利进行农业生产,就得兴修大规模的沟渠进行灌溉。有时候如果洪水泛滥,这些人们还得费尽千辛万苦,修建堤坝治理水患。对于早期的人类来说,这样的灌溉或者防洪工程需要很多人一起协作才能完成,需要纪律和强有力的领导。如果一个人能够支配兴修水利所需要的大量人力,那他也就拥有了相当大的权威。工程完工之后,要有效地维护这些工程,公平地分配水源,还必须建立一个遍及全国或者大多数人口的组织,于是国家的行政机构也自然而然地形成了。

中国上古时期的大禹治水就是支持这种观点的一个典型案例。在大禹治水之前,中国并没有成形的国家。在治理洪水的过程中,许多原始部落逐渐联合起来,权力集中到禹的手中,禹死后,他的儿子启就顺理成章地建立起中国历史上第一个国家——夏。但是夏朝的故事在世界古代史上几乎是个特例。地中海沿岸,比如古埃及,以及美洲诸文明的兴起,都与兴修水利无关。

美国的考古学家拉思杰在对中美洲的玛雅文明进行考察之后,提出国家是在贸易网络中形成的观点。古玛雅人生活的范围大致在今天的墨西哥、危地马拉、洪都拉斯、萨尔瓦多,这一带地形比较复杂,自然资源分布相当不平均，一个地区总是缺乏某些必要的物资，必须从远方弄来，而当地又总是有一些特产，受到远方人的青睐。比如说玛雅人用来制造工具和武器的黑曜石，一种天然玻璃，以及装饰用的玉石和火山矿物颜料，只有在山区才有；沿海则出产盐，以及宗教仪式上必不可少的贝壳、珍珠、珊瑚；丛林地区出产珍稀鸟类的羽毛，熏香用的树脂。于是很多乡村联合起来，组织起一个长途贸易网络，互通有无，利益共享。规模不断扩大，组织日渐严密，最后这个贸易网络把玛雅地区变成了一个经济上、文化上紧密联系的国家。然而这一理论也被认为缺乏普遍性，因为很多古代文明都是在国家形成之后才开始出现大规模贸易的。

另一位考古学家卡内罗依据古印加文明的考古发现，提出战争兼并产生国家的看法。早期的印加文明还只是一个个分布在山谷中的村庄，但随着人口的增长，因为土地和生存资源有限，便开始相互掠夺。一些村庄在冲突中兼并了其他村庄，或者为了抵御敌人的侵犯彼此结为联盟，于是变得越来越大。为了赢得冲突的胜利，社会组织变得越来越严密。激烈的战争持续不断，临时选出的军事首领变成了长期统治的王，最终一个统一的国家就建立起来了。这一理论的缺点是，尽管几乎没有哪个国家在兴起的时候没有发生过战争，但还是有不少战火不断的社会从未形成过国家。

战争兼并形成国家至少需要满足一个条件：这些人生活的空间有限。比如当两个村子发生冲突的时候，未必总是能够刺激国家的形成。因为受威胁的一方惹不起，躲得起，完全可以迁徙到另外的地方去生活。在亚马孙河流域，面积广阔的热带雨林中提供了几乎无限的生存空间。村庄与村庄之间距离很远。虽然也有战争发生，但都不是为了争夺土地，而是为了复仇、抢夺妇女和提高威望之类。战败的一方往往集体迁走，搬到另外一块无人居住的适宜耕作的地方，因此大多数村子仍旧能够保持各自的独立地位，而不是结合成为大的政治实体。所以除非被攻击的一方所处的地理环境特殊，无路可退，他们才会被迫服从一个权威，最后形成国家。

事实上国家的产生更可能的是上述这些因素综合作用的结果。美索不达米亚文明就是这样。公元前7000年到公元前5500年间，美索不达米亚的南部气候温暖，降水充足。于是生活在那里的人口不断增加。后来气候开始变得干燥,有些原始部落在首领的带领下开始修建简单的水利灌溉工程。接下来,海平面上升,海岸线不断向内陆推进,生存空间被压缩,被迫内迁的村落之间发生冲突,兼并成为大的乡村,乡村又变成城市,由此美索不达米亚文明诞生了。

水利、贸易、战争显然都是人类为了突破地理环境的限制而采取的行动。也就是说,自然条件太优越了反而不利于国家的产生。远古时代的法国和北美的一些地区,由于食物太充足了,人们不思进取,自然条件优越反倒成了文明进化的阻碍因素。所以有人提出人类文明的发展是应对自然挑战的结果,人类最早的文明大都出现于自然条件较差的地区。英国历史学家汤因比在其名著《历史研究》中说道:"总是条件比较艰苦的地方,才成为创造文明的地方。例如:黄河流域和长江流域;阿提卡和比奥细亚;拜占庭和加尔西顿;勃兰登堡和来因兰;苏格兰和英格兰,等等,都是由于前者困难较大,因而刺激也大,从而才取得了成绩,创造了文明。"①

当然这种说法也不能太极端,比如北极地区的因纽特人,由于自然条件太恶劣,只能以渔猎的手段勉强维持生存,虽经几万年乃至几十万年的悠悠岁月,社会始终没有再进一步发展。

文明产生以后能否长久地延续也系于其所处的地理环境。在古代,一个文明要建立一个统一的庞大帝国并不容易,至少要做到三件事:控制远方,镇压远方,把远方的信息、税收和物资运送回中央。由于地理上的限制,这三点对于很多地区的居民来说都是很难做到的。

欧洲的地理环境是破碎的,海峡、山脉、大森林把各个人口聚集区都分割开来,地中海的三大半岛也都被海水阻隔,这使得古代欧洲在交通上相当困难,统治者调动部队的难度很大,不能有效地将军事力量运送到远方的战场去;而建立一个统一的庞大帝国必须要做到三件事,控制远方,镇压远方,把远方的信息、税收和物资运送回中央,这对于欧洲人来说都是高难度的事情。

正如国际关系史学家保罗·肯尼迪所指出的:"欧洲的地形更为支离破

---

① ［英］汤因比:《历史研究》,石础缩编,浙江人民出版社,1989年,第20页。

碎，众多的山脉和大森林把分散在各地的人口中心隔离开来；欧洲的气候从北到南和从西到东有很大变化……这种多样化的地形促进了分散政权的发展和继续存在，地区王国、边境贵族领地、高地氏族和低地城镇联盟构成了欧洲的政治地图，罗马陷落后任何时期绘制的地图，看起来都像一块用杂色布片补缀起来的被单，这块被单的图案每个世纪都可能不同，但从没有一种单一的颜色可以用来标明一个统一的帝国。"①

即使一个帝国建立起来了，中央对地方的控制也很成问题。罗马帝国的统一是以地中海为基础的，它把地中海沿岸的地区，西班牙、埃及、叙利亚、希腊都纳入控制之中，将地中海变成了它的内湖，借助了海运便利将帝国的各个部分联系在一起。即便这样，只要离海稍远的一点地方，比如说莱茵河和多瑙河以北地带，就始终统一不了。罗马帝国灭亡以后，西亚北非一带落到了阿拉伯人和土耳其人手里，地中海无法再作为联络西欧各地的海上通道了，欧洲也就再也没有出现过像罗马帝国那样辉煌和统一的帝国。不排除偶然出现一个杰出的君主，能力超群，建立一个大帝国，但也总是昙花一现，这个杰出皇帝一死，帝国马上土崩瓦解。

南亚次大陆的文明变迁受地理环境的影响更为明显。这是亚洲大陆向南直插入印度洋的一大片半岛形的陆地，西、南、东三面临海，北边则是高耸的喀喇昆仑山脉和喜马拉雅山脉。区域内部地形复杂，有山脉、高原、平原、沙漠、低地，各种类型的地貌几乎一应俱全。气候雨量各地差异也很大，有的地区终年积雪不化，有的地区则完全是炎热的热带气候。降水量分布也极不均匀，有世界上降雨量最多的地区，也有几乎终年无雨的地区，年降水量相差达一百多倍。林莽丛生的文迪亚山把印度截成南北两半。北印度被塔尔沙漠及其附近的广大半沙漠地区分为东西两部，南印度又分为沿海平原和中央的德干高原两部分。

深邃的江河和蜿蜒的山脉两侧是不毛之地和无法穿越的森林，交通不便。人们祖祖辈辈久居一地，彼此隔绝。自给自足的农村公社长期存在。17

① ［美］保罗·肯尼迪：《大国的兴衰：1500—2000 年的经济变迁与军事冲突》，陈景彪等译，国际文化出版公司，2006 年，第 16 页。

世纪初的英国印度马德拉斯总督汤玛士·蒙罗曾经描述说:“印度每个农村都是一个小小的共和国。”古代南亚次大陆因此长期分裂,各地割据称雄,小国林立,极少形成统一王朝。即使被认为最接近于统一的莫卧尔帝国,境内仍有数以百计大大小小的王国。美国历史学家斯塔夫里阿诺斯在其著作《全球通史:1500 年以前的世界》中指出:“印度与中国不同,在中国,是长期的帝国统一间隔以短暂的分裂;而在印度,则恰恰相反,是短暂的统一和长期的分裂。”①

尽管北部有难以逾越的喜马拉雅山脉和兴都库什山脉,南亚次大陆却谈不上安全。在今天阿富汗与巴基斯坦接界处有一个长达五十多千米交通孔道——开伯尔山口。山口内是肥沃的旁遮普平原和横亘在印度河平原与恒河平原之间的塔尔沙漠,基本无险可守。后者不仅成为入侵者进军的巨大空隙,同时又妨碍北印度人动员全部资源来抵抗入侵。外来侵略者只要通过了开伯尔山口,就可以长驱直入,一直杀到文迪亚山。雅利安人、波斯人、希腊人、塞种人、突厥人、蒙古人等都是沿这一路线而来。

由于在历史上屡遭外族入侵,南亚次大陆“血统混杂,人种繁多,素有‘人种博物馆’之称”。众多种族中,主要有达罗毗荼人、雅利安人、土耳其-伊朗人、雅利安-达罗毗荼人、蒙古人和色底安-达罗毗荼人等。“印度的语言也很复杂,极不统一。在一张十卢比的纸币上就可以看到十四五种语言的文字。全印度各民族和部族的语言和方言超过一百五十种,如果仔细区分,则多达千种以上”②。

入侵者带来了各自的文化观念、风俗习惯,使印度文化显得光怪陆离。因为囊括了各种特色的文化,所以印度的文化从来不是固定不变的。印度历史上流行过很多宗教,其中主要的有印度教、耆那教和锡克教,而伊斯兰教、基督教、佛教等世界性宗教,也在印度拥有自己的信徒。

相比之下,中国的地理环境可谓优越。中国有两大平原(华北平原和长

---

① [美]斯塔夫里阿诺斯:《全球通史:1500 年以前的世界》,吴象婴、梁赤民译,上海社会科学院出版社,1988 年,第 268 页。

② 刘国楠、王树英:《印度各邦历史文化》,中国社会科学出版社,1982 年,第 5 页。

江中下游平原），而且这两大平原之间大部分地区都没有特别明显的交通障碍，非常有利于知识、技能、军队、物资的流动。如葛剑雄所指出的："统一从黄河流域扩大到其他地区的先决条件，也是地区间的地理障碍得到克服，或者地区间的地理障碍本来就不明显。例如黄河流域与长江流域之间，下游和中游的大部分地区间都没有明显的障碍，因此便于交通。"[①]换句话说，朝廷很容易就可以实现对物资和军队的调动，地方势力则难以摆脱中央的控制。这两大平原也就是我们常说的中原地区，一直是全国统一的核心地带。南宋之前中原地区的人口一直占了全中国人口的80%以上，实力与财富都是集中在中原地区的。

从纬度上来说，高纬度地区太冷，光热不足，农业发展不起来，比如说俄罗斯、加拿大。低纬度地区，光照、温度、湿度适合植物生长，可是杂草灌木比庄稼长得还快，土地甚至被热带雨林所覆盖，像巴西、刚果、印尼，开发农业也有困难。

中国的两大平原刚好处于中纬度地区，温度很适合发展农业。同时中国这两大平原还处于季风气候区。东南季风和西南季风带来了充沛的降水，雨热同期，气候温暖的时候，雨水也多，极有利于农业发展。

相比较而言，西欧可以发展农业的大片平原，纬度上与我国的黑龙江省相当（北纬40°至60°），而且它是温带海洋性气候，虽说全年有雨，但是冬季偏多，不利于作物生长。

美国开发最早的东北部，纬度接近我国的辽宁省。现在美国的主要农产区，即北美大平原，虽然很大一部分在纬度上与华北平原相当，但是属于半干旱大陆性气候，降水少，对发展农业也是不利的。

阿根廷的潘帕斯平原在纬度上与中国华北平原差不多，但是降水偏少，其实更适合畜牧业。

中国的两大平原在地理气候上都很难得。这正是自古以来中国人口都比世界其他地方多的原因。也正是因为这两大平原自然条件的优越，古代中国的人口和财富总是集中在中原地区的。一个政权只要控制了中原，也就拥

① 葛剑雄：《追寻时空》，广东人民出版社，2015年，第185页。

有了比周边强大得多的实力。中原王朝形成了之后，再向四周围扩张，就能够轻松地征服周边地区。

中国的地理地形有利于建立和维持一个庞大帝国。正如历史学家黄仁宇所说："中国在公元之前统一，而且自嬴政之后，以统一为正轨，实有天候和地理的力量支撑着。"①中国的历史也就成了一个又一个统一王朝前后相继的历史。虽然各种矛盾的激化会让一个帝国倒下，但是过不了多久，又会有一个新的帝国出现，并且统一全中国。

同时中国的地理又相当安全。中国的地理大势是西高东低。东、南两面濒临大海，在古代基本上不会有什么重大的威胁。西部有世界屋脊帕米尔高原，西南有青藏高原、喜马拉雅山脉、横断山脉，西北有阿尔泰山脉，天山山脉。喜马拉雅山脉尤其难以逾越，它的南坡非常陡峭，比恒河、印度河平原高出六千至七千米，构成一道巨大的、天然的安全屏障。来自西方的征服者，比如古代马其顿帝国的皇帝亚历山大、近代英国殖民者都曾经入侵印度，却很难进入中国内地。就算外来入侵者能够从帕米尔高原以北的中亚地区绕过来，可是要到中原来，还必须穿过大戈壁，那也是非常困难的。而就算穿过了大戈壁，蒙古草原上还有强悍的游牧部落等着他们。所以古代中国与西亚、欧洲的文明几乎是隔绝的，很难有与儒家文化水平相当的文化侵入进来。历史上的确不断地有北方游牧民族南下，但是他们往往文化很落后，进入中原之后很快就被中原文化所同化。这就是中华文化能够绵延几千年不断绝的重要原因。

第二节　自然资源与文明进程

自然界赐予人类各种各样生存和发展的礼物——动物、植物、矿物等各种资源，但是世界各地的人占有的资源是不一样的。这种差异对不同地区文明的发展造成巨大的影响。

---

① 黄仁宇：《赫逊河畔谈中国历史》（增补本），九州出版社，2015年，第10页。

一、早期发明

有些对人类文明前进起巨大推动作用的发明创造能否出现，不完全由人们的智力决定，很大程度上要受到自然条件的限制。

轮子是人类第一项真正的发明。在一切发明中，轮子是最简单的，然而却又是最了不起的，因为自然界中根本没有带轮子的东西可供模仿。轮子一旦被安装在雪橇上，就变成了车，人类在陆地上搬运物资的能力瞬间提高了。这就为人们的生产劳动提供了非常大的便利，农民可以把大量的肥料运到远处的农田里，再把收获的粮食运回村庄，因此可以开垦更多的土地，生产出更多的粮食。农业生产效率大大提高，人口随之大幅度增长，某些村庄得以发展成为城市，城市再发展为国家。要是在车前面套上牲口，有了牛车、马车，不用人力了，人们运送的物资就越来越多，距离越来越远，速度越来越快，商业也获得了蓬勃发展的机会。

轮子不仅被安装在车上，也被用来制作陶器。有了能旋转的陶轮，陶器的制作速度大大加快，质量大为提高，造型也更加美观。而如果把轮子安装在纺车上，人类的穿着打扮也就大不一样了。于是在陶轮和纺轮的转动中，古代社会发展出了缤纷多彩的文化。

到了 11 世纪，借助轮子的传动，利用水力或者风力的磨坊在欧洲各地大为流行，不仅可以磨面，还可以加工毛毡和呢绒，甚至磨刀、打铁、造纸。磨坊使欧洲人在蒸汽机出现之前就实现了生活和生产的机械化，效率大大提高。而那些磨坊主也积累了相当多的财富，可以用于再投资，促进了资本主义生产的发展。后来水轮机还被用来推动纺织机，从而拉开了工业革命的序幕。

可见轮子对于人类文明的进步是非常重要的，但是并不是任何地方的居民都有条件发明轮子。生活在北方寒冷地区的人们，如果大地常年被冰雪覆盖，显然不会想到发明轮子。因为对他们来说最便捷的交通工具应该是雪橇。同样的道理，生活在山区、沼泽、沙漠和丛林的人们也不会对轮子感兴趣。中美洲和墨西哥的居民在西班牙殖民者到来之前，曾经制作了许多小型的有轮玩具，但是却从来没有想过可以利用轮子运输。技术史学家乔治·巴萨拉解释说："考虑到中亚美利加洲的地势特点和当地人所拥有的畜力，使用有轮交通工具的可行性就等于零，因而他们不用。有轮交通要依赖适宜的道路。在一块被茂密的森林覆盖的土地上，和丘陵山岗起伏不平的土地上，这个要求就很难达到。同时还需要有能拉动笨重木制运输工具的大牲畜，但在这块土地上却没有驯养可以派这种用场的家畜。"①

只有在平原上，轮子才有用武之地，所以一些大江大河的冲积平原，比如西亚的两河流域、北非的尼罗河流域、印度的恒河流域、中国的黄河和长江流域成为世界文明的主要发源地。这并不是偶然的，至少这些土地给了当地居民发明和使用轮子的机会。

另一件重要的发明是玻璃。三千多年前，地中海东岸的腓尼基人偶然间在海边生火做饭的时候发现沙滩上留下了一些闪闪发光的东西，从此学会了制造玻璃。大约两千年前，玻璃制造技术传入埃及，并且被埃及人发扬光大。很快，古罗马人也学会了，并在征服和扩张的过程中把玻璃传播到了整个西欧。

玻璃对于近代科学技术的发展和工业革命意义非同小可。英国学者曾经列举出二十个改变世界的著名科学实验，比如汤姆逊发现电子的实验、法拉第的电磁实验，以及牛顿用棱镜分解阳光的实验，其中十五个都离不了玻璃。

化学家尤为依赖玻璃仪器。玻璃在化学上具有独一无二的属性。它不仅是透明的，而且与绝大多数的元素或化合物都不会发生反应。所以玻璃容器一方面便于化学家观察反应过程，另一方面又不会干扰化学实验的进行。

天文学家有了望远镜才有可能了解太阳系的结构，测度恒星的视差；生物学家用不上显微镜，就不可能观察到细胞的分裂，遗传学和细菌理论也不会出现，后来的医学革命更无从谈起了。望远镜发现了遥远得几乎难以想象的恒星，显微镜发现了细小得让人难以置信的微生物。人们的视野因此得到大大拓展，继而导致人类的世界观、哲学思想都发生了巨变。

---

① ［美］乔治·巴萨拉：《技术发展简史》，周光发译，复旦大学出版社，2000年，第10页。

在大航海时代，测量经纬度的六分仪需要玻璃，精确的计时器也离不了玻璃，没有它们，人们在海上就会迷失方向。为船只引航的灯塔，也需要借助透镜聚光，才能照射到远方的海面。没有玻璃，人类就只能望洋兴叹。

玻璃对文化的影响也很深远。比如说在西洋绘画的历史上，如果没有玻璃镜子，艺术家很难理解透视法。而透视法是西方古典绘画的基本方法，正是在各种玻璃仪器的帮助下，达·芬奇、丢勒，以及其他艺术巨匠才能创作出今天我们看到的绘画作品。没有玻璃，文艺复兴运动绝不会是后来的样子。玻璃对改善日常生活也做出了很大贡献。13世纪到19世纪，玻璃给欧洲人带来许多变化，使许多人的生活水平得到了提高。工厂里安上了玻璃窗，不仅改善了工人的工作条件，也延长了每天的工作时间。家庭安装了玻璃窗，使光线能够照射到室内，人们的卫生条件和健康状况因此也得到了改善。玻璃橱窗和柜台还改变了商业的面貌，正是因为有了玻璃橱窗和柜台，商品能够得到展示，零售业才开始兴起。

科技史专家芒福德说："透过玻璃，人们设想出了新的世界，揭开了它的面纱，使它触手可及。直到18世纪以前，比冶金技术对人类文明和文化推进作用还要大的就是玻璃制造业的巨大进步。……科学所观察和把握的世界，绘画艺术所揭示的世界，都是因为有了玻璃，并且通过玻璃才看到的。"①

这样重要的发明也不是哪里的人们都有机会拥有的。虽然制作玻璃的原料——石英石到处都有，但是制作玻璃还需要用纯碱作为助熔剂。对于西欧人来说这不成问题，埃及有不少湖水含碱特别高，可以提供大量天然的纯碱，然后通过地中海运到欧洲各地。加入纯碱制作的玻璃称作钠钙玻璃，耐高温，还透明，可以做成玻璃窗、各种容器和镜片。于是玻璃在西欧红红火火地发展起来，成为一种特有的产品，并且对西欧的文化和科技发展产生了深远的影响。

尽管中国人很早（西周时期）就掌握了玻璃的制造技术，但是中原罕有纯碱这种资源。直到清朝人们才在伊克昭盟（今鄂尔多斯）发现一个巨大的

---

① ［美］刘易斯·芒福德：《技术与文明》，陈允明、王克仁、李华山译，中国建筑工业出版社，2009年，第113、119页。

天然碱湖。山西的晋商发现了这巨大商机,一车车地把碱运回内地,却没有用来造玻璃,而是用来做面条和馒头。古代中国人制造的玻璃因此与欧洲人的玻璃有很大差别,含铅和钡比较高,称为铅钡玻璃,熔点低、质地脆、容易碎,不适合制作器皿,只能做些小装饰品,一直不受重视。建立在玻璃基础上的欧洲式科学进步当然也不可能出现在中国。

二、牲畜

在古代人类社会发展的过程中,某些生物曾经扮演重要角色。

从人类文明发展的长期历史来看,在孕育和发展古代文明方面,欧亚大陆及北非明显比世界其他地方突出得多。之所以如此,很重要的一个原因在于,早在欧亚大陆和美洲的居民还处在同一起跑线上的时候,欧亚大陆的人们就已经拥有了一项非常重大的资源优势:大型牲畜。

回顾一下人类畜牧的历史会发现,在成千上万的动物种类之中,只有屈指可数的几种大型哺乳动物被人类驯化成为家畜,如羊、牛、猪、马、驴、骆驼、驯鹿、羊驼。而这些大型牲畜的野生祖先在地球上的分布是不均匀的,北美洲、大洋洲、撒哈拉沙漠以南非洲的地区一种都没有,南美洲有一种,其余的牲畜全都来自欧亚大陆和北非。这就使得欧亚大陆的农牧民们从一开始就拥有了令美洲、大洋洲、中南非洲居民们望尘莫及的宝贵资源。

借助牲畜的力量,欧亚大陆的人可以把长满杂草的地面翻开种庄稼,而不再局限于松软的土地。于是农业迅速发展,人们生产出越来越多的粮食,不仅满足农民自己的需要,还可以贮藏起来,养活了很多不事生产的专业人员,如工匠、军人、官吏、国王等。社会分化得越来越复杂。工匠不断改进生产技术;官吏和国王通过行政管理将社会组织得更加严密;军人则保卫人民的安全,维护国家的利益。

借助牲畜的力量,欧亚大陆的人在历史上第一次有可能迅速地把大量的人员和沉重的物资运输到远方,而不再依靠肩挑背扛。交通运输便利起来,越来越多的人被联系在一起,国家的人口和土地越来越庞大,经济也越来越活跃。当欧亚大陆上的不同国家彼此相遇,相互竞争的时候,战争爆发了。在激烈的战争中,人们使用各种各样的阴谋诡计来对付敌人,研制出各种各样的武器来杀死对手。

欧亚大陆的居民享受了牲畜带来的无数好处，但也一并接受了牲畜传染的疾病。折磨人类的许多种传染病其实来自牛、马、猪、羊等牲畜。比如说麻疹、肺结核、天花就来自于牛,流感和百日咳都与猪有关。几千年来,欧亚大陆的许多居民在一拨一拨的瘟疫中死去，幸存下来的人则锻炼出了相对强大的免疫力。

相比之下,美洲印第安人则因为缺乏这种重要的资源,无论在社会的发展还是技术的水平上都远远落后于对手。当15世纪末哥伦布到达美洲的时候,偌大的美洲只有阿兹特克和印加两大帝国。因为缺乏国家之间的竞争,印第安人仍然主要使用石头、木头、骨头来制作工具和武器,金属只是用作装饰。

摩尔根指出:“这种天然资源的不同，虽然对处于蒙昧阶段的人无关紧要,对处于低级野蛮社会的人也没有显著的影响,但对进入中级野蛮社会的那一部分人来说,就产生了根本的分歧。”[①]

1532年,一个名叫皮萨罗的西班牙军官,率领着六十二名骑兵和一百零二名步兵来到了今天秘鲁的卡哈马卡，向围绕在印加皇帝阿塔瓦尔帕周围的五万印加军队发起进攻。印加战士的棍棒、石斧打在西班牙人的金属盔甲上连个印都留不下来,他们在战斗经验和杀人技巧上差得很远,不知道彼此配合,不像西班牙士兵那样训练有素,看到西班牙人骑在马上的样子,更将其当作人兽合体的怪物,只能惊慌失措地在山谷里四散奔逃,半个小时之内数千人被杀害,连皇帝阿塔瓦尔帕都被俘虏了。皮萨罗随后向印加帝国的首都库斯科进军,在他前进的途中,这种一百多个欧洲人击溃和屠杀成千上万的印加人的战役先后发生了四次。

更不幸的是,印第安人因为没有畜养牲畜的经验,也没接触过麻疹、破伤风、斑疹伤寒、白喉、流感、肺炎、百日咳、痢疾和天花,身体里没有对付这些病菌的抗体。欧洲人到来之后，传染病迅速从一个部落传播到另一个部

① [美]摩尔根:《古代社会》,杨东莼、马雍、马巨译,中央编译出版社,2007年,第17页。

落。死在病床上的印第安人比死于欧洲人刀下的多得多。欧洲殖民者记录说:“那些印第安人成堆死去,躺在他们家中;没死的,也就是自己还有力气移动的,纷纷逃走,让死者留在那里风干。于是只见尸骸曝地,不入土埋葬……尸骨、头骨遍地,散布在好几处印第安人的聚落区,入眼真是惊心动魄。”[①]最后可能只有10%的印第安人幸免于难,以至于白人殖民者虽然征服了美洲,却找不到可以用来奴役的劳动力,只能从非洲贩运黑奴到美洲来。印第安人无可奈何地向白人让出了自己的家园。

白人殖民者自诩的“先进文明对落后文明的征服”在很大程度上是建立在其自然资源的先天优势基础上的,而在此过程中充斥的血腥暴力和死亡更让所谓的“文明”黯然失色。

三、森林

除了动物之外,植物在各大文明竞争中也常常扮演重要角色。

古代中国海军实力一度令世界各国望尘莫及。明朝永乐年间,强大威武的中国舰队曾经在郑和的率领下,向西最远到达非洲东海岸。这比欧洲人绕过非洲航行到印度——著名的达伽马远航早了九十年。

然而令人遗憾的是,在七次远渡重洋之后,明朝的海上远征戛然而止。从此中国的海上力量就开始全面萎缩,而西方的航海探险活动恰好在这个时期蓬勃展开。随着哥伦布远航发现美洲新大陆,西方的海上扩张拉开了序幕。终于有一天,当殖民者的坚船利炮出现在中国的海平线上的时候,近代中国的悲惨历史开始了。学术界一般认为,明清两朝的统治者思想意识过于保守,缺乏进取精神,所以放弃了大海,比如明朝曾经实行海禁,清朝也延续了这个政策。不过有历史学家提醒,客观上来说,缺乏造船的木材也是明清时期中国海上力量退缩的原因之一。

在木制舰船的时代,决定海军命运的很可能是森林。其实无论明朝还是

① [美]艾尔弗雷德·W.克罗斯比:《哥伦布大交换:1492年以后的生物影响和文化冲击》,郑明萱译,中信出版集团,2018年,第36~37页。

清朝都相当重视海上国防力量的建设。在大清水师里，各种功能、各种用途的战舰都有，非常全面。可以毫不夸张地说，除了潜水艇和航空母舰，现代海军的船种大清水师都已经具备了。18 世纪的时候，清朝在浙江宁波和温州等地兴建了造船厂，打造战船。这些造船厂无论工艺还是用料都有很严格的要求，造船质量很高。清朝对战船的使用和修理也有明文规定，三年小修一次，五年大修一次，使用十年之后就要拆卸重造。然而与明朝的全盛时期比起来，清朝中国海军的规模已经有些退化了。这跟中国沿海森林的退化有很大关系。

造船需要大量的优质木材，据外国学者估算，造一艘郑和下西洋时期标准的宝船要用掉三百亩以上的上好木材。浙江本来有丰富的森林资源，但是由于长期砍伐，森林面积大幅度缩减，杭州湾两岸和浙东沿海尤其如此。明朝的时候，浙江造船用的木材就已经相当紧张。清朝初年，为了征讨台湾郑氏，沿海巨木被过度消耗，战后造船木材更为紧缺。造船需要优质木材，当时要求船体的重要部位必须采用樟木。但是樟树日渐稀少，政府甚至把老百姓种在坟地上的樟树都砍来造船，要么就只能征用商船。时人诗云："战舰江边岁岁修，千家冢木几家留？近来樟树随山尽，出海偏拿估客舟。"

木材的匮乏使造船厂难以充分施展拳脚。温州船厂先是到深山里寻找木材，后来深山里的木材也砍伐殆尽，就只好四处采购，甚至从东南亚进口木材。于是造船的成本大大增加，每造一条船就要花费上千两银子。清政府很难承受，最后只好将造船厂关门了事。福建船厂修造帆船用的桅杆也得从外国购买，后来不得不停工。广东开办的船厂也因为缺乏木料，只能修造一些在内河中巡逻的小型船只。

主观上缺乏进取心当然是明清海军一代不如一代的主要原因，找不到足够的木材造船也是当时发展海上事业的一个难以克服的障碍。

阿拉伯人是另一个原本在航海上大有前途，但是却受到木材短缺的制约，没能发展起来的古代民族。阿拉伯半岛南部的居民很早就会造船，并在红海和印度洋中从事航海贸易。有关阿拉伯人海上航行的最早记载可追溯到公元前 4 世纪。7 世纪初叶，阿拉伯半岛形成了统一的国家后，迅速发展成为一个地跨亚、欧、非三洲的阿拉伯大帝国。从 8 世纪到 16 世纪，阿拉伯商人和水手一直是阿拉伯海和印度洋海域的主宰。在阿拉伯语中驾船和骑骆驼用的是同一个动词，穿越大海和沙漠对他们来说恐怕也没有本质区别。当时阿拉伯人的航海技术全面领先于世界，后来进行全球航行的欧洲航海家们所使用的航海技术，大多出自阿拉伯人之手。中国人发明的航海罗盘也是经由阿拉伯人传至欧洲的。今天的人仍然可以透过辛巴达航海记这样的奇妙故事想象当年阿拉伯人驰骋大海的盛况。

然而当欧洲人轰轰烈烈地进入大航海时代的时候，阿拉伯人却无动于衷。导致他们落伍的不是志气和勇气不足，而是造船木材短缺。在中东地区，黎巴嫩雪松既坚又韧，且防腐抗蛀，是造船的上佳木材。公元前 12 世纪的腓尼基人曾经借助雪松建造的船只垄断了地中海贸易，建立起历史上第一个海上贸易帝国。但是经过数千年的乱砍滥伐，到阿拉伯帝国兴起的时候，曾经遍布山岭的黎巴嫩雪松森林已经遭到了严重的破坏，阿拉伯人造船的木材主要来自当时他们所占据的西班牙、西西里和非洲西北部的马格里布。不幸的是，11 世纪以后阿拉伯人对这些地方都失去了控制。13 世纪末，基督教势力几乎掌握了西地中海所有造船用木材的重要产地。后来，欧洲人还曾抓住阿拉伯人这一弱点，进行木材禁运，阿拉伯人要获得造船木材只能从印度进口。造船材料受制于人，这就决定了阿拉伯人的航海事业后劲不足，当大航海时代来临的时候，只能眼睁睁地看着欧洲人百舸争流，扬帆而去。

与阿拉伯人隔海相望的威尼斯人，背靠亚平宁半岛的高山森林，以强大的造船业为基础，在 13 世纪至 16 世纪建立起自己的海上霸权，垄断了欧洲与东方的贸易，成为西方世界商业中心。但是地中海北岸的木材资源与中东相比也仅仅是稍微好些而已。森林破坏日趋严重，从 15 世纪末起，用以制造船身的橡树越伐越少，威尼斯造船业开始习惯于到远处去寻找本国所不能提供的木材。威尼斯当局曾有禁令，禁止威尼斯人在外国造船或购买外国船只，更不准用外来船只运送本国货物。然而到 1590 年，这些禁令不得已废除了。威尼斯人不但向外国购买木材，而且还进口船身，然后在威尼斯配备帆缆索具，甚至购买完全造好的船只。尽管威尼斯的衰落有诸如新航路的开辟等多种原因，但木材的告罄无疑是这个以航运贸易为基础的城市共和国难以克服的困境。

与威尼斯相比，土耳其人相当幸运。这个起源于中亚草原的骑马民族原本不谙航海,对海上贸易也不感兴趣。但是当他们在小亚细亚建立起奥斯曼帝国之后,得益于黑海和马尔马拉海沿岸的大片森林,居然在16世纪初迅速成为地中海最强大的海上帝国。直到1571年,西班牙领衔的欧洲基督教国家联合海军在希腊勒班陀近海击溃了拥有三百艘战舰的奥斯曼帝国舰队,土耳其人在海上战无不胜的神话才被打破。战后,威尼斯竭力主张把俘虏的土耳其水手处死,而不是允许奥斯曼帝国赎回,因为威尼斯认为,奥斯曼帝国不缺木材,只要有了水手,重造战舰是轻而易举的事。结果的确是这样,奥斯曼帝国只用了一个冬季便奇迹般地重建了舰队。

西班牙能够成为当时基督教国家海上抗衡奥斯曼帝国的领袖,很重要的一个原因也是它拥有丰富的森林资源。西班牙的森林覆盖率约为31%,有“绿色西班牙”之称,15世纪末当西班牙消灭阿拉伯人建立的多个小王国实现统一之后,就迅速确立了海上强国的地位,一时独领风骚,在东南亚和美洲抢占了大片的殖民地。但是由于缺少可航行的河流,大量有用的木材无法从内陆山地运出来,比斯开湾的造船厂在17世纪走向衰落,西班牙帝国的海上霸权也被荷兰、英国等新兴国家所取代。

荷兰的造船业起步较晚,15世纪中期其造船技术还是比较落后的,而且在欧洲列强之中,荷兰人的森林资源占有量最不利其海外扩张,其内地可供造船用的林木资源甚至不及威尼斯。但荷兰地处于北海、波罗的海至地中海的商业要道上,16世纪成为波罗的海贸易的中心,同时也成了波罗的海沿岸地区木材的集散地。荷兰还通过资本扩张将挪威变成了自己的林木基地,而后是俄罗斯沿海,接着是芬兰。荷兰人对木材的商业垄断使荷兰的造船业拥有了很大的竞争优势,其造船的费用仅是英国的三分之一至二分之一。于是在1460—1600年不到一个半世纪内,荷兰便发展成为欧洲最为先进、最大的造船国家。17世纪的荷兰拥有一万五千艘商船,占当时欧洲总吨位的四分之三。荷兰人航行在全世界的海洋上,几乎垄断了海上运输,因此获得了“海上马车夫”这一形象的称号。

英国海军于17世纪至19世纪一直在世界各地耀武扬威。支撑英国海军取得一个又一个胜利的原因有很多,但其中很重要的一点就是,英国自己拥有一个还算充裕的木材来源——迪安森林。在1588年英西海战之前,西班牙人曾经试图派间谍潜入英国火烧迪安森林,使英国无法建造大型舰队,但被英国人发现,未能成功。16 世纪末,英国本土容易开采的森林资源也大多耗尽,其在北美洲建立的殖民地——新英格兰又成为一个“取之不尽、用之不竭”的木材仓库。北美洲的橡木、白松和黄松都是造船的优质木材。1752 年,英国共有三千艘商船航行于世界各重要航道,其中有三分之二都是在北美制造的。即使后来美国宣布独立,但其与英国的贸易关系并没有中断,而且英国仍然可以从其他殖民地如加拿大或者印度获得木材,所以英国的海上霸权得以延续至钢铁舰船时代。

四、能源

到了近代,动植物资源似乎没那么重要了,可是有没有足够的、合适的、可供工业发展的能源,也决定这个国家能不能取得,继而保持住霸主地位。在资本主义刚刚诞生的 16 世纪、17 世纪时,荷兰是欧洲经济发展的模范国家,其渔业、工场手工业和海洋运输业可谓在欧洲首屈一指。荷兰的纺织品如丝绸、呢绒、毛料在国际市场上享有盛誉,瓷器和钻石加工也闻名遐迩。支持荷兰人取得这样突出的经济成就的是一种叫作泥炭的燃料。

泥炭是死去的植物在沼泽中堆积而成的产物,是煤化程度最低的煤,可以燃烧,全世界气候潮湿的地区都能找到。但是荷兰的泥炭蕴藏量格外丰富,而且埋藏很浅,便于采掘,加之荷兰地势低洼,有纵横交错的水道,从沼泽地里挖出来的泥炭要转送到生产需要的地方也很方便。16 世纪时,西欧的许多人口稠密的地区都由于森林植被的减少,出现燃料短缺的问题。而荷兰因为能够方便地获得大量廉价燃料,很快就兴起了各种能源密集型产业,酿酒、制盐、玻璃、石灰、蔗糖精炼等工业获得长足发展,阿姆斯特丹迅速崛起为当时世界上多种商品的生产中心。繁荣的经济一方面让荷兰有能力在海外开拓殖民地并控制海上贸易通道,建立海上霸权,另一方面也摆脱了欧洲大陆强权国家的控制。荷兰的崛起当然还有很多其他因素,但不可否认,廉价的能源给它提供了的强大的竞争优势。

可惜泥炭产生的热量并不高,一吨泥炭产生的热量大约只相当于半吨煤。荷兰当时发展起来的工业都属于能源密集型产业，对泥炭的消耗量极大。保守估计，荷兰在17世纪平均每十年就开采掉泥炭总储量的3%~5%，所以没用多少时间泥炭资源就枯竭了。荷兰经济到17世纪末明显后劲不足，进入18世纪发展基本上就停滞了，“黄金时代”一去不复返。可以说，荷兰的经济因使用大量的泥炭而成功，也因为泥炭资源的枯竭而衰退。

继荷兰之后登上欧洲霸主宝座的是英国。英国拥有比泥炭更为优越的燃料——煤。欧洲不少国家都有煤矿，但是英国不仅煤炭储量丰富，而且许多煤矿产地就在海边，比如说纽卡斯尔和南威尔士。这就意味着煤炭挖出来以后可以非常方便地运往任何一个港口城市。在这一点上，大多数国家望尘莫及，比如说中国绝大多数的煤田都在内地，在过去没有汽车火车的时候运输成本很高，对于近代中国的工业发展是不利的。

正是因为有这种得天独厚的条件，英国在利用煤炭方面远远走在欧洲其他国家的前面。欧洲大陆各国直到19世纪才普遍地使用煤炭，而英国18世纪初的煤炭产量已经达到二百五十万至三百万吨，占整个欧洲煤炭总产量的80%。因为储量丰富，开采量大，运输成本又低，英国煤炭的价格仅仅是欧洲大陆各国的四分之一。也正是因为煤炭供应充足又便宜，早期耗煤巨大的蒸汽机在英国才有用武之地。

煤可以产生比泥炭更大的热量。17世纪的荷兰每年的泥炭产量为一百五十万吨多一点，相当于每年生产七十五万吨煤。18世纪初，英国每年的煤炭产量大约是二百五十万吨，英国靠挖煤获得的热能是荷兰开采泥炭获得热能的三倍还多。从这个角度说，英国的资本主义工业生产后来居上是理所当然的。

英国还有一个更优越的条件，就是煤矿附近往往就有铁矿，铁矿石挖出来要想冶炼也方便，于是钢铁产量也爆发式地增长，19世纪初，英国煤和铁的产量比全世界上其他地区产量的总和还要多。19世纪中叶，英国钢铁产量仍然占世界总产量的三分之二，而且是当时世界上唯一出口钢铁的国家。冶金工业的发展对军事产生了重大影响。英国可以生产出更加廉价和优质的枪支大炮、蒸汽轮船，还可以在遍布世界的殖民地建立煤炭供应站，确保军舰全球航行。这就使英国建立起真正的世界性霸权。

到了20世纪初，石油开始取代煤炭的地位。在第一次世界大战以前，石油主要用来提炼煤油，用途就是照明。战争中，石油的战略意义初步显现出来。柴油和汽油燃烧效能高，轻便，对于军队战斗力的提高具有重大价值。当时英国和德国争夺制海权，英国皇家海军已经采用柴油动力了，德国公海舰队还在烧煤。使用柴油的军舰，作战半径几乎是烧煤军舰的四倍。给军舰加满油只需要十二个工人花十二个小时，而给军舰添煤得五百个工人用铁锹和手推车苦干五天。德国舰队在航程、速度和备战方面都不如英国，又没有那么多海外殖民地可以补充燃料，活动范围很有限。最终这场争夺制海权的斗争以英国的胜利而告终。

汽车在战术机动性上表现出的优越性更加明显，1914年9月德军用铁路运兵，势如破竹，杀进法国境内，前锋距离巴黎只有四十英里。法国政府和十万平民都已经撤出巴黎，觉得首都保不住了。此时法军决定调动部队进行反击，上街拦住所有出租汽车，征调它们运兵。三千辆塞满士兵的出租汽车连夜赶往前线，两天之内法军战线就得到加强，终于顶住了德军的进攻拯救了巴黎。

斯大林在1925年12月联共十四大政治报告中说过："石油问题是生命攸关的问题，因为谁拥有更多的石油，谁就能在未来的战争中占指挥地位，谁拥有更多的石油，谁就能指挥世界的工业和商业。自从各先进国家的船只改用马达来发动以后，石油就成了世界列强在平时和战时争夺优越地位的命脉了。"①可以说，石油已经成了角逐世界霸权的门票，而此时大把的门票都掌握在美国手里。在20世纪上半叶，美国的墨西哥湾是世界的油库。1859年美国人在宾夕法尼亚打出了第一口油井，这是石油商业性开发的开端。1930年世界原油产量每天四百万桶，美国一家就达二百五十万桶，占世界总产量的64%。一直到20世纪50年代，美国都在世界石油市场上占据统治地位。美国是这一时期当之无愧的世界能源中心，由于美国的石油业集中在墨西哥湾沿岸的几个州，所以有人把这一时期称为"墨西哥湾时代"。

美国独立以前一直是英国殖民地，独立后，也长期受到英国经济的束

---

① 《斯大林全集》(第7卷)，人民出版社，1958年，第230页。

缚。19 世纪 60 年代南北战争结束以后美国工业才开始迅猛发展，19 世纪 80 年代美国钢铁产量超过英国，但是直到 20 世纪初，石油开始被大规模应用之后，美国才真正对英国的霸权构成威胁，并且顺利地取代英国成为新的霸主。

20 世纪 60 年代以后，中东地区探明的石油储量和产量迅猛增长，美国的石油优势不再那么突出，国内的产量也在减少。中东原本是英国的殖民势力范围，于是美国打着反对殖民主义的旗号，想方设法排挤英国。到 1956 年美国的石油公司控制了中东石油产量的 57%。美国因此维持住了自己的霸主地位。

第三节　瘟疫、疾病和文化

疾病和瘟疫是大自然给人类的可怕“馈赠”。人类与瘟疫的搏斗早在文明出现以前就开始了，并且从古至今从未断绝。人类仅仅是在最近的一个多世纪才稍稍占了上风。由于瘟疫往往造成大面积人口死亡，社会动荡，人类的历史走向也常常为之发生扭转。事实上，不少众说纷纭的历史事件，现在人们都发现背后是瘟疫在起决定性作用。

一、血吸虫病

我国历史上著名的赤壁之战可能就是这样。东汉末年，在反对董卓乱政和平息西凉兵变的过程中，东汉的地方州郡长官逐渐壮大，形成了军阀割据。曹操先后消灭吕布、袁术，降张绣，逐刘备，又在官渡之战中击败袁绍，最终统一了北方。但是当他想要进一步统一天下的时候，208 年遭遇了赤壁之战的惨败，三国鼎立时代随之开始。

几乎所有的中国人都知道，赤壁之战的胜败就在于一把火。正是因为这把“火”烧得太成功了，人们常常用“火烧赤壁”来形容这次战役。但是从史书上的记载来看，曹操自己好像不太愿意承认是被周瑜“烧”跑的。《江表传》里记载，曹操曾经满不在乎地说：“赤壁之役，值有疾病，孤烧船自退，横使周瑜虚获此名。”按曹操的说法，赤壁之败是因为一场瘟疫。什么瘟疫能使得一支势将统一全国的大军几个月之内丢盔卸甲？曹操没说，他可能也不知道。福建省寄生虫病研究所的专家李友松认为很可能是血吸虫病。

血吸虫是一种寄生虫，大小仅 1.5 厘米，它的幼虫生活在水里，遇到人和动物就钻进皮肤，寄生在静脉里，引发各种症状，称为血吸虫病。血吸虫病有急性、慢性之分。急性血吸虫病容易发生在初次感染者身上，感染四十天左右，出现发热、腹泻、咳嗽及肝肿大等症状，若不及时治疗可导致死亡；慢性血吸虫病的患者通常有一定的免疫力，一般无明显症状，只有在过度劳累、饥寒交迫的时候才会腹痛、拉脓血，进入晚期才出现严重症状。

血吸虫病主要流行于中国、日本、菲律宾等国家，在我国长江流域以南的十二个省市区都有分布，其中以湖南、湖北最为严重。在严重的疫区里人只要一沾水，十秒钟就会感染，甚至沾到草丛里的露水也会感染。

1972 年初，在湖南长沙马王堆汉墓中出土了西汉长沙国丞相夫人的遗体，保存相当完好。在这位丞相夫人体内就发现有血吸虫卵。1975 年在湖北江陵凤凰山汉墓出土了西汉五大夫的遗体，身上也有血吸虫的痕迹。可见在两汉时期湖南、湖北的血吸虫疫情就很严重了，即使丞相夫人、士大夫贵族也难以幸免。解放初期统计，全国约一千多万血吸虫病患者，受威胁的人群达一亿。毛泽东曾写诗描述说：“绿水青山枉自多，华佗无奈小虫何。千村薜荔人遗矢，万户萧疏鬼唱歌。”当时国家发动了大规模群众运动消灭血吸虫，取得了很大的成果。运动过去以后，人们以为彻底战胜血吸虫了，但是到 2004 年全国还有八十多万血吸虫病患者，受血吸虫病威胁的人口约有六千五百万。

那么这种寄生虫是如何影响赤壁之战的呢？赤壁之战古战场位于长江中游，以两湖为中心。曹操挥师南下，追击刘备，途经襄阳，驻军江陵，然后顺流东下，正好处于湖北、湖南最严重的血吸虫病疫区之中，行军、训练、作战和生活都可能感染血吸虫。因为他们由北方而来，初次感染，得的必定是急性血吸虫病，一旦发病就非常剧烈。

血吸虫在不同季节的感染概率是不同的，通常是夏季和秋季最容易感染，春季其次，冬季感染的概率最低。赤壁之战虽然发生在冬天，但是曹操训练水军却是在秋天，恰好是血吸虫病的易感季节，经过一段时间的潜伏期，到赤壁交战之时，曹军已是疲病交加，死的死，病的病，衰弱到不堪一击的地步了。而东吴军队因为长期在南方生产、生活和作战，经常接触血吸虫，有免疫力，反而影响不大。这就等于是血吸虫病的慢性患者打败了急性患者。曹操看到部队在血吸虫疫情中损失惨重，同时遭到黄盖的火船偷袭，一度造成军中混乱，于是被迫决定后撤。他又担心那么多的战舰不能带走，落入周瑜之手，反而壮大了敌人，于是全部烧掉。

二、鼠疫

明朝末年李自成起义功败垂成可能也是因为瘟疫。明朝末年，李自成的农民起义军转战多年之后，终于在西安建立了大顺政权，随即向北京进发，1644 年农历三月十七日开始攻城，前后只花了两天时间就攻破了紫禁城。崇祯皇帝在紫禁城后的煤山上吊自尽。大明朝灭亡了，李自成坐上了龙椅。然后四十多天之后，他在山海关败给了吴三桂和满人的联军，从此一败涂地。满人从他手里接过江山。

三百多年以来，人们对这戏剧性的一幕一直争论不休。最通常的解释是，明朝腐朽到了极点，终于为农民起义所推翻。然而李自成和他的将领们进北京以后又迅速在花花世界堕落下去，结果被满人轻松击溃，拱手让出了刚刚取得的天下。但李自成的成功和失败真的这么简单吗？

上海交通大学历史系的曹树基教授认为，1644 年在北京，决定历史的不是哪个人，哪一群人，而是肉眼看不见的细菌——鼠疫。

1643 年，北京发生严重的鼠疫，据时人记载："贵贱长幼，呼病即亡，不留片刻。兵科曹良直正与客对谈，举茶打恭不起而殒。兵部朱希莱拜客急回，入室而殒。"[①]这场大疫夺走二十万北京人的性命。北京当时的人口估计在八十万到一百万，也就是说，每四到五个北京人中，就死掉一人。

1644 年二月，李自成攻占太原，然后分兵进逼北京。三四月间，兵临北京

① (清)花村看行侍者:《明季之怪现状》，振学社，1906 年，第 19~20 页。

城下。这时候北京已经形同鬼城了。因为鼠疫主要在生活环境差的百姓和士兵中间流行，官僚贵族不容易被波及，崇祯皇帝在深宫里，不知道，李自成在城外也不知道，所以李自成要求议和，崇祯皇帝拒绝。

谈判破裂后，李自成想惩罚性地攻一下城，这时候能上城墙防守的明军已经很有限了。“京师内外城堞凡十五万四千有奇……登陴羸弱五六万人，内阉数千人，守陴不充。”[①]没等李自成强攻，守城的明军就全都放弃了抵抗。

进城之后，大顺军不是住兵营就是住老百姓家里，与病人密切接触，鼠疫也开始在大顺军中流行。后来吴三桂降清，双方在山海关决战，李自成带到山海关的部队都开始发病，于是兵败如山倒。

清军这次入关，本来是一种试探性质，也没有预料到能够不费一兵一卒占领北京。入关的清兵很大一部分人马驻扎在北京，因为和汉人接触的机会少，没染上鼠疫，仍然保持了战斗力。第二年鼠疫结束，可是明朝和李自成都已经覆灭了，满人从此在中原站稳了脚跟。

三、流感

20世纪初的第一次世界大战也是在瘟疫中结束的。这场史无前例的世界大战从1914年就在英、法、俄、意等协约国集团和德、奥、土等同盟国集团之间展开。到1917年底，德国已经迫使俄国退出战争，并且割让了一百二十六万平方千米的土地(《布列斯特和约》)。1918年上半年，协约国在德国的进攻下更是损失惨重，伤亡和被俘总人数达到八十万，几乎失去了1916年以来在漫长、血腥的拉锯战中所占领的所有土地。德军占尽了优势。可是1918年8月，当美军正式走上战场，站在协约国一方作战的时候，德军却迅速崩溃，三个月后便不得不宣布投降。战争结束得非常突然。

美军的参战对于战局的走向起到了关键性的作用。但是扭转战局的并不仅仅是美国送来的大批的生力军、弹药、补给，而是美国人带来的另一样东西——流感。

---

① 《李渔全集》(第15卷)，浙江古籍出版社，1991年，第410页。

1917年4月7日威尔逊总统签署了宣战令，决定加入协约国一方作战之后，整个美国都动员起来，抓紧时间训练部队，准备开赴欧洲战场。各地的兵营都拥挤不堪。就在开拔前夕的一个早晨，堪萨斯州福斯顿军营的一名炊事兵出现了发烧、头疼和肌肉酸痛的症状，医生怀疑他得了流感，马上对他进行隔离。但为时已晚，到了午饭时间，医院已收治了一百零七名类似症状的患者。随后流感走出福斯顿军营，一周之内就蔓延到全美其他各个军营。

当时德军已兵临城下，法国到了生死关头，机枪、大炮和毒气才是人们最害怕的，没有人会在意小小的感冒。纽约一位军医无可奈何地说："我们不可能因为流感或其他什么病而不向欧洲派兵。"

于是二十多万美国大兵带病开赴欧洲前线。不少人还没上船就被流感夺去了性命，还有不少士兵死在运兵船上。当美军踏上欧洲土地之后，流感迅速传播开来，首先席卷了无辜的中立国西班牙。从5月到6月，西班牙国内有八百万人染上流感，这次始于美国的流感也因此被称为"西班牙流感"。一般的流感通常不会置人于死命，受害者的往往是一些5岁以下的儿童和70多岁的老人。死于西班牙流感的却大多是20岁到45岁的青壮年。当时各参战国都将青壮年招募入伍，数以万计的部队像沙丁鱼般挤在军营里、运兵船上和医院中，病毒很容易繁殖，并且迅速传播。

德军因流感而造成的非战斗减员占到全体战斗人员的三成以上。德国将军鲁登道夫记录说："每天早晨不得不听取各参谋长上报流感感染人数，听他们抱怨各自部队的疲软——这可真是一桩令人难以忍受的活儿。"[①]

许多德国士兵为了逃避瘟疫，纷纷开小差。半年内德军在流感和对手的双重打击下损兵八十万。9月，同盟国中的保加利亚、土耳其和奥匈帝国先后退出战争。到了11月，德国在战争和流感的双重压力下决定求和。

其实，协约国方面也已是强弩之末。一个月内，英军就有三万一千人染病，许多士兵已经把步枪当成了"拐杖"。由于有10%的部队感染了流感，强大的英国海军在整个五月间有四分之三的时间都无法作战。连英国国王乔

---

① ［美］约翰·M.巴里：《大流感：最致命瘟疫的史诗》，钟扬、赵佳媛等译，上海科技教育出版社，2013年，第189页。

治五世也患上流感而不能动弹。法国的情况也不妙,巴黎每周都有一千多人死亡。6月上旬,在德军发动猛攻的当口,近两千名法军士兵因感染流感不得不撤出战场。一时间法军被搞得手忙脚乱。美国在第一次世界大战中一共死亡十一万两千多人,其中一半以上都是因为流感。美军的传奇将领麦克阿瑟当时也被流感折磨得奄奄一息,不得不躺在担架上指挥战斗。大量士兵病倒使很多已经策划已久的战役计划都泡了汤,协约国的军事行动受到了重大影响。显然大家都支撑不住了。第一次世界大战就这样宣告结束。

这就是1918年"西班牙流感"的恐怖威力。它感染了全世界30%的人口、夺走将近五千万到一亿人的生命,用这种方式结束了一场世界大战,同时它又为下一场世界大战埋下了祸根。

1918年流感爆发之际,正值美国国会选举。民主、共和两党为两院席位争斗激烈。民主党的拥护者大都是城市居民,共和党的优势则在乡村。城市里的疫情比乡村严重,市民因害怕流感都躲在家里,不敢上街投票,民主党的得票率因此大为下降,在参众两院双双落败,多数席位都被共和党所占有。

威尔逊曾任美国普林斯顿大学校长,称得上是美国历史上学历最高的总统。他一贯以自由主义相标榜。在第一次世界大战后期,威尔逊提出了一项战后世界和平方案,极力倡导建立一个国际联盟,通过国际社会的对话协调,来避免下一次战争的发生。可他是民主党的成员,共和党控制的国会对他并不支持,以至于后来国际联盟成立的时候,美国反而没有加入。最后国际联盟因为内部缺乏制衡,成为被英、法操纵的工具,在维护世界和平方面成效不大,没能阻止第二次世界大战的爆发。

在巴黎和会上,威尔逊希望协约国对德国的报复能够适可而止,极力与英法争辩。可是他和他的助理高参全感冒了,关键时刻整整四天卧病不起。英、法等国趁机加紧活动,各自讨价还价,迫使德国付出巨额赔款,并且在和约中添加了不少对德国极为不利的条款。最终的和约与威尔逊倡导的公正和平的理念大相径庭。有的历史学家认为,如果威尔逊没有病倒的话,巴黎和会的最后结局可能有所不同。苛刻的《凡尔赛和约》使德国人备感屈辱和愤恨,从而为第二次世界大战埋下祸根。

人类自以为惊天动地的战争与和平居然被小小的流感病毒左右着,未尝不是一种讽刺。无论如何，人类的历史并不仅仅由人自己主宰，很多时候其他生物也暗中参与其中，甚至扮演着举足轻重的角色。

四、伤寒

瘟疫对人类的影响还不仅仅是造成大量人口死亡，或者改变几场战争的走向。人是有情感的动物，懂得恐惧、悲伤，在灾难和死亡面前会作出各种反应，于是瘟疫也一次又一次深刻地改变着人类的文化。

在中国古代历史上，魏晋南北朝时期的文化可以说独树一帜，非常有特色。如果要问中国古代什么人最潇洒、最具风度，大概要数魏晋南北朝时期的名士。他们是当时社会知识分子中的精英、思想家、文学家、史学家、艺术家，比如著名的“竹林七贤”。这些名士的思想意识，举止行为，体现了自然而高贵的气质，被称为“魏晋风度”，千百年后仍然为后人所称道。

什么叫体现了自然而高贵的气质呢？首先，魏晋名士在穿着上讲究洒脱。衣服以宽大为美，袖子从胳膊肘开始就做得特别肥，几乎可以拖到地面。布料必须柔软轻薄，显得飘逸，所以他们特别喜欢穿旧衣服，不爱穿新的，有的还不系腰带，敞开衣襟，更飘逸。脚上穿木屐。有些人则更放得开，光着脚，露着胳膊，敞着怀，“竞以裸袒为高”①。

这种对自由的追求不仅体现在衣着上，行为举止最好也自然散漫一点，不能拘束。东晋时期，尚书令郗鉴想在琅邪王氏家族中挑选女婿，派一位门客到王家去观察。门客回来说：“王家的年轻人都很好，但是听到有人去选女婿，就拘谨起来，只有一位露着肚皮，大大方方躺在东边床上，跟没事似的。”郗鉴说就这个好。这个人就是王羲之。“东床快婿”这个成语由此而来。

谈话时一定要神态镇静。比如有一次名士王猛去见东晋大将军桓温，穿着一身旧衣服，不知道多久没洗了，生了虱子。王猛一面对着人家侃侃而谈，发表对天下大事的见解，一面旁若无人地摸身上的虱子，于是受到当时人们的推崇，又留下一句成语“扪虱而谈”。

① （唐）房玄龄等：《晋书》，缩印百衲本二十四史，商务印书馆，1958 年，第 5447 页。

旁若无人发展到极致就成了狂放不羁，不拘礼教。竹林七贤之一刘伶，在家里赤身裸体。客人来拜访，见他这样便责备他无礼，他却说："我以天地为栋宇，屋室为裈衣，诸君何为入我裈中？"[①]东晋的名士王忱也很狂放，"妇父尝有惨，忱乘醉吊之，妇父恸哭，忱与宾客十许人，连臂被发裸身而入，绕之三匝而去"[②]。

魏晋名士们还有个共同的嗜好——酗酒。刘伶"常乘鹿车，携一壶酒，使人荷锸随之，云：'死便掘地以埋'"[③]。另一位名士阮籍也是一日不可无酒，天天烂醉如泥，他曾经一再表示不想做官，可有一次却主动跑到司马昭那里要求做步兵校尉，因为他听说校尉府中藏有好酒。到任之后，他根本不办公，天天畅饮，酒喝光之后就辞官不做了。

后世的人们对魏晋名士的这些怪异行为赞赏有加，认为他们是尽情挥洒恣意率真的本性，绝无半点做作掩饰，也不顾世人的褒贬毁誉。魏晋时期也因此被视为中国文化史上一个难得的人性自由解放的时代，一个寻找自我，呼唤自我的时代。

然而 20 世纪 30 年代，鲁迅却指出，这些名士的那些放荡不羁的行为都是在毒品的作用下产生的。

人们一说到毒品，马上想到鸦片，觉得好像在鸦片泛滥之前，中国人从来没有吸毒的历史。其实这是不对的。魏晋时期的上流社会就曾大规模吸毒，吸的当然不是鸦片或者可卡因，而是一种名叫五石散的药物。

所谓五石散，是一种中药散剂。它的主要成分是石钟乳、紫石英、白石英、石硫黄、赤石脂，此外还有一些其他辅料，对年迈体虚、阳气偏衰者，用之得当，有一定的壮阳作用。当时全社会都梦想着修身求仙，五石散便被视为一种强身健体的良药，吃了虽然不能腾云驾雾，脱胎换骨，但确实能让人感觉精力充沛。当时服用五石散在全社会，不管是修道之人，还是帝王贵胄、士大夫中，都很流行，到后来竟渐渐成为一种身份的象征。而我们所谓的魏晋

---

① （南朝宋）刘义庆：《世说新语》，上海古籍出版社，2012 年，第 148 页。

② （唐）房玄龄等：《晋书》，缩印百衲本二十四史，商务印书馆，1958 年，第 5342 页。

③ （南朝宋）刘义庆：《世说新语》，上海古籍出版社，2012 年，第 52 页。

风度居然很大程度上是“五石散”在人体内发作时的表现。

吃了五石散之后，人会感觉浑身发热，五内俱焚，于是宽袍大袖就成了时尚，有的人索性光着膀子甚至赤身露体，所以王羲之才会露着肚皮，刘伶在家里不穿衣服，王忱赤身裸体。有时候吃完药热得实在受不了，为了出一身大汗把药力发散出来，还要到野外狂奔，称为“行散”。当时的人当作时尚，没吃药也跟着狂奔。我们今天说的“散步”一词也许就是由此而来。

吃药之后，皮肤也变得非常敏感，容易磨破，穿衣服的话必须轻薄柔软，新衣服太厚，洗过的衣服太硬，摩擦皮肤，所以名士们都喜欢穿没洗过的旧衣服。穿鞋也难受，所以踩着木屐，甚至光着脚。因为衣服老不洗，自然而然生了很多虱子，所以才会有一边聊天一边抓虱子的故事。

药性发作的时候，不能饿着，不管什么时候，要赶快吃东西，一日可能要吃好几次，同时还必须拼命喝酒才能让药力散掉。于是魏晋名士们就根本顾不上什么礼仪礼貌，不分时间、场合，大吃大喝。后人居然把这当作他们反抗礼教的证据。

五石散中含有硫化物等有毒成分，副作用很大，吃了之后伤脑子，人往往变得性情暴躁。本来很聪明的人，也会变得迷迷糊糊，痴呆儿一样。所以魏晋名士们往往脾气很坏，高傲，容易发狂，遇到苍蝇绕着他嗡嗡地飞，就暴跳如雷，拔剑去追着砍苍蝇；说话也总是糊里糊涂的，于是“痴”也成了当时人的时尚。

由魏晋至隋唐，五石散流行了五六百年之久。服用的人多，中毒死亡的人也多。五石散对人体的损害绝不亚于鸦片，说它是毒品一点都不冤枉。那么这种药是从哪儿来的呢？据说是东汉时期的著名医学家张仲景发明的，最初的目的是为了治疗当时大范围流行的伤寒病，只是后来才被名士们当成了仙丹灵药，没事就吃。那么伤寒病又是从哪里来的呢？这还得追溯到西汉与匈奴的战争。

在汉武帝对匈战争的后期，由于汉军攻势猛烈，匈奴人就派巫师在汉军可能经过的道路和水源地掩埋病死的牛羊。汉军接触了这些死牛死羊，或者在掩埋过牛羊尸体的水源地喝了水，就会染上瘟疫，大面积地丧失战斗力。骠骑将军霍去病千里奔袭，封狼居胥，可是远征匈奴归来，年仅 24 岁就病死了,很可能就是死于匈奴人制造的瘟疫。

当汉军从战场上回到中原之后,匈奴人施放的瘟疫也被他们带了回来,在中原大范围传播,当时人称之为“伤寒”。这种瘟疫死亡率很高,得了之后有两个病征,一是发高烧同时又怕冷,二是身上出现红斑,所以有人推断可能是现在的流行性出血热。由于当时缺乏有效的防治手段,一直没法控制,从汉武帝后期开始,直到三国魏晋的二百余年间,这种瘟疫每隔十至二十年就发作一次,造成大量人口死亡,对古代中国政治、经济、宗教、文化都发生了极其深远的影响。

总体来说,在社会繁荣时期,瘟疫流行还不至于影响社会安定;但在社会危机出现的时候,瘟疫往往成为动乱发生的诱因。西汉后期,王莽篡位及绿林、赤眉起义之所以会发生,与瘟疫的流行有很大关系。东汉后期,汉顺帝,汉恒帝时期都不断地有疫情发生,汉灵帝在位期间先后发生五次大范围的瘟疫流行。瘟疫的流行与东汉王朝的崩溃相伴随,一定程度上也可以看作东汉灭亡的深层原因。

整个三国时代发生了二十二次瘟疫。建安二十二年中原地区爆发大瘟疫,著名的“建安七子”病逝了四个。三国末期洛阳地区发生瘟疫,当地几乎一半以上人都死了,曹植曾经描绘说:“家家有僵尸之痛,室室有号泣之哀。或阖门而殪,或覆族而丧。”三国时期的社会动乱与此也有很密切的关系。

在这种环境下,汉末三国时期的贵族、士人纷纷寻找防病治病的方法和药物。张仲景就是在总结防治瘟疫经验的基础上写成了名著《伤寒杂病论》。五石散正是因为被认为可以防治伤寒,才大为流行。因此,魏晋风度就这么产生了。

为了避免传染疾病，许多士人尽可能地避开人群密集的地方，寻找净土,于是开始崇尚自然,流连山水。魏晋时期山水诗和山水文学也开始兴起。瘟疫的流行还引起了东汉末年道教和佛教的盛行。

佛教战国末期就已经传入中国，但是直到东汉明帝时期才开始在皇家和社会上层精英中流行。佛教的流行与瘟疫的大规模流行在时间上恰好是一致的。当时随着佛教一起传入中国的,不仅有佛教的经典教义,也包括古印度的医学和医术。后者可能才是当时的人们最感兴趣的东西。那些高僧了解到这一点，也有意识地借助医术来传教。比如汉桓帝时期在洛阳传教的西域高僧安世高，既是一代佛学大师，也是一位医术高超的名医。

道教也是这样。东汉末年张角的太平道就是以救治疾病为号召，从而迅速兴起。《后汉书》里记载说：张角“符水咒说以疗病，病者颇愈，百姓信向之”。张角长期借治病驱魔在民间秘密组织会众，“十余年间，众徒数十万”，最后打出了“苍天已死，黄天当立，岁在甲子，天下大吉”的旗帜。这就是中国历史上第一次有组织的大规模农民起义——黄巾起义，汉末三国乱世也从此开始。黄巾军闹得最凶的青、徐、幽、冀、兖、豫、荆、扬八个州也正是瘟疫比较严重的地区。

比张角早些时候，张道陵在蜀中创立了天师道，因为入教者要交纳五斗米的会费，所以也叫五斗米道。《神仙传》里说，蜀中有魔鬼数万，播撒瘟疫，人民深受其苦。张道陵入蜀之后施展法术，驱散群魔。这反映的其实还是张道陵在蜀中借治病传教，五斗米道由此在巴蜀盛行开来，张道陵被尊称为“张天师”。张道陵的孙子张鲁后来在汉中建立了一个政教合一的政权，割据三十多年之后才被曹操降服。

战乱兵灾加上瘟疫疾病，使魏晋时期成为一个阴暗悲怆的时代。大灾大难总是容易诱发人类对生命的思考。于是中国古代哲学和文化的主题，由两汉时期的政治、伦理，转变为人的存在意义和生命价值。知识分子们热衷于清谈和玄学。几个人坐在一起平心静气地聊天、辩论，但是不谈国事，不言民生，谈的都是宇宙人生的形而上哲学问题。

五、黑死病

西方文明的兴起与欧洲历史上最可怕的一次瘟疫——黑死病也有很大的关系。在当今世界，西方是人类文明最发达的地区，但是它兴起的时间并不长，其实只有几百年。在此之前，从 5 世纪到 15 世纪，西欧还处于“黑暗的中世纪”之中。但是到了中世纪末期，欧洲人开始成为世界文明的领头羊，发展出了资本主义和民主宪政，并且开始在全世界扩张。西方是如何走出黑暗，勃然兴起的呢？史学界普遍认为，黑死病发挥了强大的刺激作用。

14世纪下半叶，淋巴腺鼠疫通过老鼠身上的跳蚤袭击了意大利、西班牙、法国、英国，乃至欧洲每一个国家。染病者先是无缘无故突然发高烧，然后脖子、胳肢窝和腹股沟处的淋巴结肿大，疼痛难忍，不出几天便会在痛苦中死去。医生束手无策，人们只能等死。当时的人们把这种病称为黑死病。黑死病在欧洲间歇性地流行过好几次，五十年里，全欧洲的人口死掉了三分之一，欧洲人的平均寿命下降到20岁。奥地利的人口减少了一半，冰岛和塞浦路斯的人几乎全部死亡，英国伦敦居民的死亡率是90%。

当时的社会学家亨利·克莱顿记录说："几乎所有的居民都在这场瘟疫中丧命，他们死得非常迅速，很少有人得病后能在床上躺上两三天，很多人从发病到死亡只有半天时间。接着，死神的阴影又飞快地向其他城市扩散……瘟疫所到之处，许许多多建筑物，无论大的还是小的，都变成了废墟，因为里面再也无人居住，同样，有许多村庄和农舍也被荒废了，也许它们就这样逐渐消失了。"①

尽管造成了大量的人口损失，但是近代欧洲却在可怕的死亡中开始萌芽。

黑死病过后人口的大量死亡，劳动力的严重缺乏。地主庄园里的牲畜无人看管，大片耕地荒废，既没有人播种，也没有人收割。幸存下来的农奴身价倍增，开始向地主要求提高工资，自由迁移，并且拒绝像过去那样无偿为地主服劳役。"国王向所有的郡发布命令说，无论是收割庄稼的工人还是其他雇工，都不准索取高于往年水平的工资，违反者将给予惩罚，但是劳工们根本不理睬国王的命令，依然我行我素。任何人想要雇他们工作都得付出比以往多得多的钱，否则就得让自己的庄稼或水果烂在田园里。"②于是农奴制瓦解了，农奴变成了租种土地，拥有人身自由的佃农。

地主也会考虑成本和收益：既然不能再让农奴无偿劳动了，劳动力价格又这么高，那就最好经营需要劳动力比较少的产业。养羊用的人手比种庄稼少。绵羊不仅能提供肉食，更可以提供羊毛用于纺织，利润很高。于是大量地

①② [英]约翰·凯里编订：《历史目击记大观：公元前430年—公元1990年》，杨小洪、方永德等译，上海人民出版社，1992年，第51~53页。

主变农场为牧场，变种庄稼为养绵羊。英国最为典型，兴起了著名的圈地运动。地主雇用农民在这些牧场中劳动，实际上是一种资本主义的生产方式，于是最早的资本主义在西欧的农村中发展了起来。

这种农业资本主义又促进了资本主义工商业的发展。毛纺织工业成为英国的民族工业。生产规模迅速扩大，手工工场遍及城乡，全国有一半的人口从事毛纺织业。作家丹尼尔·笛福说："在太阳出来，光芒开始发亮时，我们便看到几乎每一屋前都有一个布架，每个架上都有一块普通呢绒，或者一块粗哔叽，或者一块夏龙绒。"[①]生产出来的呢绒、毛料50%以上都出口外国。英国的资本主义工业生产从此开始，后来毛纺织业又进一步扩展到市场更广阔的棉纺织业。

由于工人工资太高，工厂中也不可能像过去一样使用大量的劳动力，于是人们不得不想方设法地在生产中提高工作效率，节约劳动力。在这种目的的驱动下，印刷业中出现了金属活字印刷术，启蒙运动因此成为可能；造船业中出现了排水量更大，航程更长，需要船员却更少的船只，大航海时代随之展开；纺织业对纺织机械的革新层出不穷，后来直接引发了工业革命。

面对黑死病的肆虐，人们的思想意识发生了变化。一些人则认为人生苦短，不如及时行乐，恰好很多穷光蛋因为继承了死者的土地、房屋、家具等财产而一夜暴富，于是过起了醉生梦死的生活，挥霍之风盛行。各种寻欢作乐的生活方式在欧洲蔓延开。在罗马、巴黎、科隆等大城市，舞会、宴会、赛马彻夜不停。人们狂欢、纵欲到无以复加的地步，似乎要在人类末日来临之前耗尽世界上的一切财富。

珠宝、毛皮、丝绸、挂毯、豪华家具、美味珍馐、金银餐具，都是人们追逐的目标。服装时尚力求新奇。女人的帽子和头巾千变万化，甚至流行很奇怪的服饰，比如说两只颜色不一样的袜子，衣服也是一半绿一半红，或者是乱七八糟的颜色掺杂在一起。衣服袖子越来越长，拖泥带水，很不方便。帽子又尖又高，就像教堂的尖塔。鞋子越来越大，大到必须把鞋尖吊在膝盖上才能

---

① ［法］保尔·芒图：《十八世纪产业革命：英国近代大工业初期的概况》，杨人楩、陈希秦等译，商务印书馆，1983年，第37页。

走路。衣服和帽子上还缝有铃铛，走到哪里都叮叮当当响。这种时尚既怪异，又浪费，但是一定程度上也刺激了欧洲纺织工业的发展。

一些人对宗教信仰产生了怀疑，上帝并没有拯救他们，谁也跑不了，包括教会里神父也一样会得黑死病。因为对上帝的无动于衷感到失望，有些人开始反思人的主体价值和人生的意义，从而引发了一场对西方思想艺术影响深远的文化革命——文艺复兴。

同时由于黑死病夺走不少神职人员的性命，因此新大学纷纷成立，用以训练新的神职人员，并扭转教学质量日益下滑的趋势。剑桥和牛津成立了新的学院，佛罗伦萨大学也于1350年建校。莱茵河以东和阿尔卑斯山以北的所有大学，都是在黑死病爆发后设立的。

而另一些人虽然仍坚持信仰，但是对天主教会产生了怀疑，上帝之所以没有拯救他们可能是教会做得不好，于是他们希望能够直接与上帝进行交流。他们把黑死病视为上帝对他们所犯罪恶的惩罚，决心用更虔诚的方式请求上帝的帮助，于是掀起了声势浩大的宗教救赎运动，其中最著名的便是鞭笞派。

在意大利、德国和波兰，从乡镇到城市，少则数百，多则几千人加入苦修运动之中：他们唱着圣歌来到教堂或广场，赤裸上身，自己用鞭子抽打，直到皮开肉绽。反对教会权力和教会内部的腐败，指责教士的奢侈享乐生活。1349年鞭笞派被教皇宣布为异端。但是除了鞭笞派之外，还有许多其他异端。他们成为16世纪宗教改革运动的先声。

因为经历了这次大灾难之后，欧洲人似乎意识到了强大政府在大灾大难中的作用，在不知不觉之中，西欧各国君主的权威开始超过了教皇的权威，人们对国家的忠诚也超过了对教会的忠诚。教皇不仅失去了干预各国世俗事务的权力，各国的宗教事务也逐渐被置于本国君主的控制之下。一个新的时代来临了。

总之，黑死病冲击了西方文明的差不多全部方面，触及了社会生活的每个角落，对中世纪欧洲社会的政治、经济、文化、宗教信仰、科学技术等方面都造成了猛烈的冲击，对其后的社会变迁产生了巨大而深远的影响。当人们噙着眼泪，埋葬亲人和朋友之后，又怎么会想到，灾难之后人类的新生呢？

人永远是自然的人。自然塑造了人类文明，甚至改变了人的品性。有的民族从一开始就得天独厚，孕育出了灿烂辉煌的文明，有的民族则可以说是输在了起跑线上。当人类炫耀文明的进步昌盛和多姿多彩的时候，不应该忘记自己的双脚始终没有离开大地。

参考书目

1.[美]艾尔弗雷德·W.克罗斯比：《哥伦布大交换：1492 年以后的生物影响和文化冲击》，郑明萱译，中国环境科学出版社，2010 年。

2.[美]丹尼尔·J.布尔斯廷：《发现者：人类探索世界和自我的历史》，吕佩英译，上海译文出版社，2006 年。

3.[法]费尔南·布罗代尔：《菲利普二世时代的地中海和地中海世界》，唐家龙、曾培耿等译，商务印书馆，1996 年。

4.[美]亨利·欧内斯特·西格里斯特：《疾病的文化史》，秦传安译，中央编译出版社，2009 年。

5.[美]贾雷德·戴蒙德：《枪炮、病菌与钢铁——人类社会的命运》，谢延光译，上海译文出版社，2014 年。

6.[英]E.E.里奇、[英]C.H.威尔逊主编：《剑桥欧洲经济史——16 世纪 17 世纪不断扩张的欧洲经济》(第 4 卷)，张锦冬、钟和等译，经济科学出版社，2003 年。

7.[美]刘易斯·芒福德：《技术与文明》，陈允明、王克仁等译，中国建筑工业出版社，2009 年。

8.鲁迅：《魏晋风度及文与药及酒之关系》，载鲁迅：《而已集》，人民文学出版社，1980 年。

9.[美]路易斯·亨利·摩尔根：《古代社会》，杨东莼、马雍等译，商务印书馆，2009 年。

10.[美]M.B.麦克尔罗伊：《能源——展望、挑战与机遇》，王聿绚、郝吉明等译，科学出版社，2011 年。

11.[美]威廉·H. 麦克尼尔：《瘟疫与人》，余新忠、毕会成译，中国环境科学出版社,2010 年。

12.[美]约翰·R.麦克尼尔:《能源帝国:化石燃料与 1580 年以来的地缘政治》,文格非译,《世界史》,2008 年第 9 期。

第二章
迷信和宗教

第一节　原始思维和迷信

法国著名思想家帕斯卡尔有这样一句名言:“人只不过是一根苇草,是自然界最脆弱的东西。但他是一根能思想的苇草。”[①]尽管人类文明的发展要受到自然环境的左右,但人毕竟是人,有头脑,会思考,即使是蒙昧状态下的原始人也会本能地观察世界,趋利避害。早期的人类文明就在这个过程中萌发。

但是原始人是如何思维的呢?这一直是古人类学家、哲学家所极感兴趣的问题。一大批著名学者都对原始思维作过创造性的研究,提出了极为重要的见解。

一、万物有灵

意大利历史学家、语言学家扬巴蒂斯·维柯指出,原始人类是用“以己度物”的隐喻方式来感知、把握和构造事物,“人们在认识不到产生事物的自然原因,而且也不能拿同类事物进行类比来说明这些原因时,人们就把自己的本性移加到那些事物上去,例如俗话说:磁石爱铁”[②]。而外在的自然万物也因此具有了生命实质,具有了感觉和情欲。远古流传下来的各种神话寓言就是原始人类的“诗性智慧”的结晶。

英国著名人类学家爱德华·B.泰勒以丰富的民族志资料为基础,在进行

---

① [法]帕斯卡尔:《思想录》,何兆武译,商务印书馆,1985年,第157~158页。

② [意]维柯:《新科学》(上),朱光潜译,安徽教育出版社,2006年,第154页。

跨文化比较的过程中，揭示了原始思维“万物有灵论”的特征，即认为原始世界的一切事物都有人格化的神灵，一切现象都有生命，所有的事物都充满了灵性。电闪雷鸣是因为天的愤怒；日出日落，是太阳的作息；鸟兽鱼虫能解人意、死者可与活人对话……既然所有的事物都具有像人一样的情意，那么一切无不变得可以理解和互相沟通，神无所不在，人性无处不显。所以“原始思维本质上是一种被神化了的形象思维”。泰勒的研究在学术界影响极大，被称为“人类学之父”。

万物有灵应用于非生命的自然物，就产生了自然崇拜，崇拜对象包括天、地、日、月、星、山、石、海、湖、河、水、火、风、雨、雷、雪、云、虹等天体万物和自然变迁现象，以及各种植物动物。

灵石崇拜就是一种典型的自然崇拜。在原始社会，人们很长时间里都在使用石制工具或者武器，石头是力量的源泉。于是原始人开始向某些特定的石头顶礼膜拜，甚至又不自觉地赋予石头以生育的功能，认为石头是可以创造生命的，人类的先祖是石头生的。这种崇拜在全世界各古代文明中相当普遍，在中国更加流行。传说中女娲补天用的材料是熔化的五色石；大禹的儿子，夏朝的第一个君主启，是母亲化为石头之后裂开出生的；《西游记》中的孙悟空也是石头孕育而生。中国人到今天还很喜欢玉石，并且赋予玉很多含义，说它可以通灵，可以辟邪，是君子的象征。

在古代中亚的游牧民族中间流行着神山崇拜。在古代先民看来，巍巍高山，直插云霄，联结着天界与人间，必定是神住的地方。各民族传说中的神往往也都住在山上，比如说古希腊的奥林匹斯山。同时山崩地裂、火山爆发、泥石流等地质灾害一次次地给原始人造成可怕的震撼，甚至是无情的伤害，令他们以为山也是有脾气会生气的，具有灵性和神性，是一种威力巨大的神，于是产生了对高山的崇拜。为了祭祀山神，人们可能曾经用活人作为牺牲，扔到山洞之中。山洞就成了山神的可怕特征，最后演变成了西方神话传说中的独眼巨人形象。

对动物的崇拜就更常见了。世界上几乎所有的原始部族都有过动物崇拜的风俗。在古埃及，几乎所有动物都是神，古埃及人早期崇拜的许多神，往往都具有动物的形象。印度人崇拜的动物也不少，包括公牛、老虎、大象、马、鹿、羊、刺猬、孔雀等。美洲的印第安人敬奉熊、野牛、野兔、狼及几种飞鸟。这种崇拜往往是出于对动物某种特殊能力的神化和崇敬。比如说在古代埃及，牛能耕地，所以是生产和丰饶之神；鹰飞得最高，离太阳最近，所以是太阳神；豺狼喜欢在人类居住的村落的附近找食物，有时候会在墓地周围游荡，所以被看作是亡灵之神。在中国北方的家畜之中，猪最喜欢水，所以被古代中国人视为北方的水神。中国古代洪涝灾害常常被称作“豕祸”。上古神话中的黄河河神——河伯就是一头猪，名字叫作冯夷。《西游记》中猪八戒的形象很可能就是源自河伯，因此在被贬下凡之前，任职天蓬元帅，掌管八万天河水师。

动物崇拜毕竟是比较原始的，随着征服自然的能力日益提高，对动物神灵的崇拜转变为对人形神的崇拜。不过这是一个逐渐过渡的过程，在这个过程中出现了不少人兽组合的神，比如说人身兽头，或者兽身人头。埃及有狮身人面像，斯芬克斯；印度有智慧之神犍尼萨，人身象头；中国古代神话传说中的女娲是人首蛇身，西王母是豹头人身。《山海经》中描写的神共四百五十四种，其中有大量的龙、虎、豹、马、牛、羊、猪、蛇、鸟与人混合而成的半人半兽神。

在转变的过程中，对人形神的崇拜与对动物形神的崇拜发生了激烈的斗争，结果是人形神占了上风。过去的动物形神不能叫作神了，要叫“妖”或者“魔”，属于被镇压的对象。《西游记》其实就是这个现象的反映。所有的神都是人形的，所有的妖都是动物（除了白骨精）。妖几乎都要幻化成人才算高级，但总是变不完全，比如说头或者尾巴变不掉。整个《西游记》简直就是一场人形神对动物形神的围剿。妖不是被打死，就是被俘虏，给神看家护院，当牛做马。其中最强大的一个妖，孙悟空，曾经试图反抗，想要摧毁人形神的统治，但是被压在山下，镇压五百年，然后屈服了，一心一意地替人形神扫除自己的同类。

从动物神到人兽同体，再到人神同形的变迁，正是万物有灵发展为原始宗教的过程。最后，人们感到需要一个最高神来统率其他所有的神，于是一神教阶段便到来了。

二、相似律

詹姆斯·G.弗雷泽认为，原始人都企图通过巫术的手段来控制现实。这些原始巫术以两条基本的思维规则为基础：相似律和接触律。所谓“相似律”即“同类相生”，或是果必同因；所谓“接触律”则是指凡接触过的事物在脱离接触后仍继续发生相互作用。杜尔干也认为，原始思维典型地反映在感应巫术中，它表现为两类：第一，触及一种物体，也就能触及所有与它有某种邻近或连带关系的物体；第二，同类相生。

从相似律的思维出发，一个巫师能够仅仅通过模仿就实现任何他想做的事，叫作模拟巫术或者顺势巫术。

比如北美洲以狩猎野牛为生的曼丹人，当迁徙的牛群没有如期出现的时候，就会集体跳一种“野牛舞”。“跳这种舞的目的是要迫使‘野牛出现’……大约五个或十五个曼丹人一下子就参加跳舞。他们中的每个人头上戴着从野牛头上剥下来的带角的牛头皮（或者画成牛头的面具），手里拿着自己的弓矛，这是在猎捕野牛时通常使用的武器……这种舞蹈有时要不停地继续跳两三个星期，直到野牛出现的那个快乐的时刻为止……当一个印第安人跳累了，他就把身子往前倾，做出要倒下去的样子，以表示他累了，这时候，另一个人就用弓向他射出一枝钝头的箭，他像野牛一样倒下去了，在场的人抓住他的脚后跟把他拖出圈外去，同时在他身子上空挥舞着刀子，用手势描绘剥皮和取出内脏的动作，接着就放了他，他在圈里的位置马上就由另一个人代替，这个人也是戴面具参加跳舞……”①

生活在澳大利亚的原始民族期望猎获更多的袋鼠，在出猎前要跳袋鼠舞。巫师在沙土上画袋鼠的形象，由参加仪式的猎手们用矛去刺，以此来保证次日狩猎的成功。

世界各地以农耕为主的原始民族，每当干旱到来的时候，往往会用巫术来求雨，希望能够风调雨顺，有个好收成。祈雨的巫术形式多种多样，常见的

① ［法］列维－布留尔：《原始思维》，丁由译，商务印书馆，2011 年，第 253~254 页。

做法便是对雨的模仿。“例如在俄罗斯德尔普特附近一个村子里，当人们渴望雨水时，三个男人便爬到古圣墓地里的一棵枞树上。一个拿着榔头敲打水桶或水壶以模仿雷鸣，另一个撞击两个燃着的火把使火星飞迸以模拟闪电。而被称作祈雨师的第三人则手执一束细树枝从一个容器中沾出水来撒向四面八方。在普罗斯卡村，为了结束干旱促使甘霖降临，妇人和少女们在夜里光着身子来到村子边界把水泼在地上。在新几内亚西边一个名叫哈尔马赫拉或基罗罗的大岛上，男巫求雨的方法是把一根特殊的树枝浸在水中，然后挥动滴着水的树枝把地面润湿。在新不列颠，祈雨法师把红的绿的爬藤缠绕在香蕉叶上，用水将它浇湿再埋入土中，然后他嘴里发出模仿下雨的哗哗声。北美的奥马哈印第安人，在谷物因缺雨而干枯时，‘神牛社’的成员们便将一只大桶盛满水，围着它跳四次舞，其中一人从桶里啜水并将其喷向空中，使之四处弥漫好像细雾或蒙蒙细雨。然后他举起水桶把水倒在地上，于是跳舞的人都趴下来喝地上的水，弄得满脸是泥，最后他们把水喷向空中造成雾气腾腾。他们就这样来挽救干枯的庄稼。”①

为了获得农业丰收，古代的农耕民族甚至不惜将自己的孩子献给神灵。在原始人的心目中，儿子与种子有着相同的意义，并且可以相互转化。汉语里“子”既指儿子，也指种子。人们将孩子作为牺牲献给神灵，正如同将种子撒在土里。有些狠心的家长希望抛弃了的孩子能够像撒出去的种子一样，用生命为他们带来丰收。这同样是相似律的思维。《圣经》中记载，上帝为了考验亚伯拉罕对他是否忠诚，曾经要求他杀掉自己的独生儿子作为牺牲，亚伯拉罕毫不犹豫地照办。中国商朝时，凡是建造宫室陵墓，都要杀几个小孩奠基。这些残酷做法都有其远古的根源。

原始时代普遍存在的模仿巫术说明，当时的人们相信通过模仿自然的活动，可以控制和影响自然力。这是人类不甘心屈服于自然力的一种表现形式。从表面上看来，这种巫术幻想活动是消极的，但实际上却有一定的积极意义。

---

① ［英］J.G.弗雷泽：《金枝：巫术与宗教之研究》（上），汪培基、徐育新等译，商务印书馆，2017年，第111~112页。

出于相似律的观念，很多自然物体被赋予了特殊的意涵。比如桃子因为形状跟女性特征很相似，于是在东亚古代文化中就成为旺盛的生命力和强大的繁殖能力的象征。日本著名的民间故事《桃太郎》讲的是一个顺水漂来的桃子生出一个大胖小子。在中国的夸父逐日神话里，夸父最后累死了，把手杖扔出去变成了桃林，暗示桃子是生命化成的。《西游记》中，王母娘娘的蟠桃也是长寿的标志，共分三个档次，第一档三千年一成熟，人吃了成仙得道，体健身轻。第二档六千年一成熟，人吃了霞举飞升，长生不老。第三档九千年一熟，人吃了与天地齐寿，与日月同庚。即便今天，这种文化含义仍然存在。桃色新闻、桃色事件等均暗指男女之事。

早期到美洲探险的欧洲人曾经遇到过这样的情况：印第安人看见白人带来的样子做得像狮子一样的水壶总是很胆怯，让他们拿在手上，他们总是不敢拿，要送给他们，他们也不敢接受。按照他们的思维，因为壶的狮子形体与真实的狮子有相同的形状，就会同样有吃人的习性。

各种致害的“人身巫术”也是建立在这种理念之上的。例如，要杀某个仇人，就画出他的形象，或者做成草人、木偶，颠倒着埋起来，或钉在树上，钉子穿过他的心和头，等等。原始人相信，他们这样做了以后，这个仇人就会死亡。

马来半岛的奥兰贝纳人相信，他们之中某些术士能在很远距离之外杀死一个仇敌，只要用匕首或其他武器对仇敌住所的方向简单地指一下即可。某些澳大利亚部落土著居民会对预想中的牺牲品的方向投掷人骨做成的魔箭，他们相信这样的一支箭，会一直飞到那倒霉的人那里，穿透他的身体，而不会留下可见的伤痕，使他突然生病，甚至死亡。在有些地方一种特制的小矛也可以用于同样的目标，巫师在黑暗中进行深呼吸，同时把矛投掷出去即可。有时候就是一块尖骨或一片木头，如经过对它唱着或念着咒语，也可以用作巫术工具。

而一个人如若知道自己成为这种巫术谋害的对象时，很可能会产生了一种难以自制的恐惧，因为他相信这种巫术行为是有效果的。在我国的西汉时期，行巫蛊之术即用木偶诅咒他人是一种刑事犯罪。汉律明确规定，抓住了要公开处死。曹操年轻时候担任过司隶校尉，这个官职最初其实就是汉武帝设置来专门惩治巫蛊犯罪的，权力相当大。政府以法令的形式，限制和取缔某种巫术，并不表明政府反对巫术，恰恰说明，政府对巫术能够害人是非常深信不疑的，所以要严厉打击。在著名的"巫蛊之祸"中，汉武帝听信谗言以为自己的疾病是有人行巫蛊之术所致，命人缉拿，导致皇后和太子相继自杀，两个皇孙也被害死，"坐而死者前后数万人"。汉武帝在位时期，因施行巫蛊之术而被杀的王侯贵族就达二十来人。丞相公孙贺因儿子指使巫师诅咒皇帝，被全家灭族。另一个丞相刘屈氂也是同样下场。

三、接触律

从接触率的思维出发，一个人身体的某一部分例如头发、指甲、牙齿、唾沫等在离开人体之后，仍然和人体保持关联和影响，甚至于一个人使用过的物品、穿过的衣服、踩过的脚印、用的名字等都同这个人永远关联。因此，原始巫师能够通过处置一件物品来对一个人施加影响，只要该物品曾是这个人身体的一部分，如指甲、头发、牙齿、唾液、人影，甚至仅仅是曾被那个人接触过，叫作接触巫术。

在维多利亚的瓦特约巴勒克部落里，一个男巫有时可能会抓住一个男人的袋鼠毯放在火旁慢慢烧烤，毯子的所有者就会生病。若这位男巫决定解除这个法术，就把这毯子交还给病人的亲友们，嘱咐他们泡入水中，"这就会把火洗掉"。那位遭受病痛之苦的人立即会有一种复生的清凉感，并可能就此康复。在新赫布里底群岛的塔纳岛上，一个人想将他的仇人置于死地，会设法搞到一件浸有他仇人汗水的衣服，用某种树的细枝和树叶仔细地把那件衣服整个擦一遍，然后把衣服、树枝、树叶裹在一起卷成香肠状放在火里慢慢烧掉，那位被害者于是陷入病痛之中，当衣服化为灰烬之时他的生命也就结束了。

在普鲁士，人们说如果你没有抓住盗贼，下一步应该做的最好的事情，就是抓住一件他在逃跑中扔掉的衣服使劲敲打，那盗贼就会病倒。这样的信念在一些人的心目中根深蒂固。你还可以通过伤害一个人的脚印来伤害其脚。这种巫术广为流传，几乎已成为一种全球性的迷信。比如，住在澳大利亚东南地区的土人认为，他们只要把石英石、玻璃、骨头或木炭等的锋利碎片，放入一个人的脚印中，就可以使他跛足。他们也经常把自己的风湿病痛归因于有人对自己实行了这种巫术。类似的做法流行于欧洲各地。

在种种以接触律为基础的巫术中，头发巫术尤为常见。塔斯马尼亚人若要想伤害自己的仇人时，只要取得他身上几根头发，用油脂包起来在火上烤，相信仇人就会因此死亡。澳洲土人想要抛弃自己的妻子时，便趁她熟睡时剪下她的一绺头发，系在自己常用的矛枪上，交给另一氏族的朋友每天夜间把它插在篝火旁边，一旦头发从枪头掉落下来，就表示他的妻子要死了。

喀尔巴阡山区的胡祖尔人以为，如果老鼠把人剪下的头发衔去做了老鼠窠，那么这人就会头疼，甚至变成白痴。同样，在德国有一种普遍的观念认为如果飞鸟用人剪下的头发做巢，那人就要头疼，有时头上还会出疹子。在英国的德文郡和约克郡曾有过这样的风俗：孩子得了百日咳，只要拿一撮这个孩子的头发夹在两片面包中给狗吃下去，疾病就能转移到狗的身上。如果把病人的头发挂到树上，病人就能像树一样健康。

《圣经》故事中有一位名叫参孙的以色列英雄，力大无比。后来他的敌人趁他睡觉的时候剃掉了他的头发，他就失去力量，只能束手就擒。但是在被押期间，他的头发又重新长出，力气恢复了，于是他推倒神庙的柱子，与敌人同归于尽。16 世纪至 17 世纪，欧洲曾经掀起过抓捕女巫的浪潮。女巫被处死之前，要先剪去头发，因为人们相信女巫的魔力就来源于她们的头发。美洲的阿兹特克人在处死巫师之前，也是同样的做法，先剃掉头发，因为他们相信只有这样做，才能破除其法力和巫术。

在中国古代，商朝的开国之君成汤曾经在大旱之年剪掉头发和指甲投入火中，表示以自己为牺牲祭祀了上天。在汉族的风俗中，男子在成婚时将自己的一缕头发交与新娘，即将自己的生命交与新娘，妻子可以施以法术，对丈夫的种种恶行进行惩罚，也可以施以爱情的巫术以“迷住”丈夫保证婚姻美满。《金瓶梅》中西门庆经不住妓女李桂姐的要求，回家骗了潘金莲的头发给李桂姐，李桂姐把头发絮在鞋底下，每日践踏。潘金莲就每天头疼恶心，饮食不进了。

接触巫术还被用于疗伤。在英国东部的萨福克郡如果一个人用钩镰或大镰刀伤了自己,他便仔细地保持这个刀不使它生锈并涂上油,如果他手上扎了刺,他便将这根已拔出的刺涂上油或脂肪,这样伤口就不会溃烂。

我国古代志怪小说《酉阳杂俎》中有一个类似的故事:荆州有位叫张士政的民间术士善于治病。一次某军人胫骨受伤请他治疗。他让伤员先饮药酒,然后切开伤口,取出一片大小如两指的碎骨,涂上药膏后封存起来。数月后伤员的腿就恢复正常。两年多之后,那位军人的脚胫忽然又痛起来,再去找张士政。张士政说,过去为你取出来的骨片如果受寒气侵袭,旧伤就会疼痛,赶紧把它找出来。军人在床底下找出了封存多年的碎骨,按张的吩咐用热水洗净,小心储存在棉絮中,脚胫病痛就痊愈了。这其实反映的就是一种接触巫术。

在斐济群岛的原始居民中, 踩影子被认为是对影子主人的一种致命的欺侮。西非的原始民族往往用刀子或钉子扎人影子的办法来“杀人”,他们认为杀影子与杀人是一回事。

四、互渗律

法国人类学家列维-布留尔前后一共出版过六部著作来探讨原始思维问题。他认为,原始人与现代文明人的思维方式从根本上存在着不同。囿于原始思维的人可以对日常生活情形进行逻辑思考,但却不能进行抽象思维。他们不能区分物品与物品所代表的象征意义。“原始人周围的实在本身就是神秘的。在原始人的集体表象中,每个存在物,每件东西,每种自然现象都不是我们认为的那样。”[①]这种弥漫于一切的神秘感使原始人难以把自我从客体世界中独立出来,茫然中以为自己与世界浑然一体。

列维-布留尔研究原始思维时,曾受到中国史学家司马迁的著作《史记》的影响。他从《史记》中知道古代中国人有过“天人感应”的理念,认为天意与人事的交感相应,天能干预人事,预示灾祥,人的行为也能感应上天,于是在《原始思维》一书中,提出“互渗律”的概念。他说:“在原始人的思维的集体表

① [法]列维-布留尔:《原始思维》,丁由译,商务印书馆,2011年,第31页。

象中,客体、存在物、现象能够以我们不可思议的方式同时是它们自身,又是其他什么东西。它们以差不多同样不可思议的方式发出和接受那些在它们之外被感觉的、继续留在它们里面的神秘的力量、能力、性质、作用。”[①]布留尔指出,原始人相信在物物之间、物人之间,天然地存在着某种神秘方式的联系,也可以说是“我中有你,你中有我”,甚至“我就是你,你就是我”,通过这种联系,一物可以占有另一物的特殊属性,个人与外界能够通过神秘的方式相互渗透,并以此认识和把握外界。这是原始思维的一个重大特征。这种思维方式能够想象不同种类事物之间的相互渗透,看到它们之间的接近和联合,甚至把完全不同的事物看作同一的。比如澳大利亚的一些部族就是这样:波波罗人硬要说他们是红金刚鹦鹉,红金刚鹦鹉就是他们;特鲁玛伊人声称他们是水生动物;阿龙塔人认为每个个体都是祖先的直接化身,或是动物中的一小部分精灵。所有这一切,互相之间都渗透着、交互联系着。

世界各地原始人类都有通过吃人获得力量的说法,这也是互渗律的体现。在新西兰,酋长就是神,但神有强大和软弱之分。一个神要想让自己变得更加强大,办法之一是把别人的神力吸收到自己身上,比如杀死另一个酋长,挖掉他的眼珠子吞下去,因为神力就藏在眼睛里,吞下的眼珠子越多,这个酋长的神力就越大。18 世纪英国最伟大的航海家,发现了澳大利亚、新西兰和夏威夷的库克船长,最后就是死在夏威夷土著人的手里。他的心和肉被吃掉,他的骨头和头发被摆在祭坛上用来祭祀上天,供酋长们吸收上天的力量。因为夏威夷人觉得他很高贵,想要吸收他的神力。

除了“吃神”以外,与“神的代表”交合也可以获得神的“恩泽”。古印度、古巴比伦、古希腊都有“神妓”,有的是神庙中的女祭司担任,有的是平民妇女临时充当的,她们就是神的代表。到了特定的日子,男人们就怀着神圣的愿望到神庙中来,与她们交合,获取神的恩泽或者灵气。我国古代文学《楚辞》中提到的“巫山神女”可能也是这种“神妓”。

如此说来,《西游记》中唐僧师徒四人西天取经,历尽九九八十一难,遇到的绝大多数男妖怪都想尝尝唐僧肉,而女妖们则争先恐后要跟唐僧婚配,

---

① [法]列维-布留尔:《原始思维》,丁由译,商务印书馆,2011 年,第 79 页。

从人类学上来讲，这种做法都是为了获得神的力量。

神圣力量既然可以从外界吸收，当然也可能流失。地面就是导致神性流失的优良导体，就好像电池接触导体就会放电，人身上的神性或魔力也可以通过接触土地而放出来，并且可能一下子就放光。为了保住神性，避免流失，被崇奉为神的人必须与地面绝缘。

古代日本的天皇在宫廷里要走在地毯上，每到宫廷之外，得有人背着他前行。在16世纪，如果他不慎脚踩着地面，就可能失去皇位。多苏马的国王在宫中必须行走在精致的垫子上，到宫外则必须有人背着他，如果违背了禁忌，脚沾地了，会被臣民视为恶兆，需要为此举行赎罪仪式。墨西哥扎波特克人的最高祭司的脚也绝不能接触地面，因为这会玷污他的神性，使之不能继续担任祭司。美洲阿兹特克帝国皇帝蒙特祖马同样严格地遵守这些禁忌，脚从来不沾地，长期由特选贵族背在身上，如果到了某个地方要下来活动，必须用华丽的地毯铺路。乌干达诸王及他们的母亲和皇后，在禁城之外也从来不能用脚走路。他们外出时，就由水牛族的人陪伴，轮换着背他们。国王骑在背者的脖子上，两条腿放在两肩上，双脚插在背者腋下。一个背者累了，就把国王转移到第二个背者的肩上，绝不可让国王的脚接触地面。这种方式能让国王一天巡游很多地方。塔西提岛的国王和皇后，只能在自己世袭的领地之内用脚着地走路，在其他任何地方脚都不能挨地，因为凡是他们踩踏过的土地都会成为神圣的土地，他们不能让这么多的土地变得神圣，因此他们的出巡必须由特定人员背着前行。

其实不只是国王有这样的禁忌，普通人之间也有类似的禁忌。北美印第安人出征时不能坐在光地上。老挝人在猎象时有许多忌讳，其中一条主要是猎人不能用脚挨地。因此，他从象背上下来时，其他人用一个树叶编的垫子给他垫脚。

在朱熹的故乡江西婺源县有一个关于朱熹的传说，朱熹直到7岁还不会走路，家人很焦虑，找神人看相。神人说，这是个大人物，我们这里的薄地承不起他，若在这薄地上垫上七层毯子，他就能够走路了。要是另寻宝地安居，必可成就宏大事业。家人将朱熹放在七层毯子上，他果然马上就能走路了。

在中国民间婚嫁仪式中，新娘离开娘家时，不能贴地行走，而必须坐在花轿上或者马背上去向婆家。在20世纪八九十年代，新娘们流行坐在一辆新自行车上由人推着前行，现在大多改为坐汽车了。从祠堂到花轿、马背或者车上的这段路，必须由家人抱着。新娘抵达婆家的时候，也面临相同的禁忌。当她从花轿上、马背上或者汽车上下来时，她也不能以脚着地，必须由新郎抱着她穿过门槛、大堂而进入洞房。

这种能量的流动有时候还被用来治病。在基督教的《圣经》中，耶稣就曾经以伸手触摸的方式当场治愈了一个麻风病人。中世纪天主教会也长期通过行“按手礼”为教徒治病。不少基督教的圣徒被人们崇拜为医病的神人，不同的圣徒分管不同的疾病，有的负责痛风，有的负责皮肤病，有的负责瘫痪，还有的负责祛除当时最可怕的鼠疫。

靠君主的御触疗病在古罗马时代到近代欧洲也盛行一时。所谓的御触，就是君主一触摸民众的身体，其所拥有的不可思议的力量就可以治愈疾病。这类治疗，最早可追溯到古希腊的伊庇鲁斯国王皮拉斯，据说他可以用大脚趾碰触病人而治愈其疾病，至少还有两位罗马皇帝——维斯帕西安和哈德良做过这样的事。

在10世纪至18世纪期间的英国和法国，患上瘰疬（现代医学称为颈淋巴结结核）病的人，可向国王救助。11世纪的英国国王忏悔者爱德华是首位治愈瘰疬病的英国君主。据说只要国王用手触摸病人的患处，并且祷告、画十字，病人就可以痊愈。瘰疬病因此被称为“国王症”。1633年的施洗约翰节那天，查理一世在荷利路德的皇家小教堂里一举治疗了一百名患者。到了他的儿子查理二世的时代，这种治病方式进入高潮。在位二十四年，查理二世触摸过九万两千多名患者。有一次聚集在查理二世四周的人太多，以致有七人被践踏而死。

在法国，治病仪式一般都在重要宗教节日举行，尤其是在耶稣受难日，往往吸引成千上万的患者前来参加。施行御触疗法最频繁的是亨利四世，他曾一次摸了一千五百名病人。法王路易十六在1774年登基礼中也触摸了一千三百名患者。

在互渗律支配之下，事物和现象之间的因果联系可以通过传授、接触、远距离作用、传染、亵渎、占据等各种各样的方式达到，无须按逻辑的规则去发现内在的联系。原始人常常能在时空上相距极远的现象之间，在现代人想都想不到的地方寻找原因和根源，产生因果联想。虽然这两种现象、两种事物之间，可能完全没有内在的联系，完全没有因果的关系。刚果的原始部落居民曾经把一次干旱的原因归于传教士的长袍。因为没有这种长袍的时候，当地很少发生干旱，因此穿长袍的传教士一来，当地就出现干旱，因此穿长袍的传教士要对干旱的发生负责。新几内亚的摩图人也曾经把传染病归咎于传教士带来的维多利亚女皇像。他们的思维过程是，没有这像时，当地没有这种病，贴了这像，当地就发生了这种病，因此这像是引起这种病的原因。有一次，一些欧洲探险家在某个原始部落出于好玩，用手在墙上做出各种影子，第二天，土人们捕鱼获得了丰收，便认为在墙上玩这种影子游戏是丰收的原因，不停地要求探险家们继续表演。

在许多民族中间，还有这样一种奇特的因果观念，即认为狩猎的成功，有赖于一定的戒律。这些戒律是猎人不在时那些没有跟他一道出去的人，尤其是他们的妻子必须遵守的。例如，“老挝的猎人……在上路以前，训示自己的妻子，在他离家时要绝对禁欲；他们禁止她们剪头发，擦香膏，禁止她们把舂米的臼和杵放在后门外，不准她们对丈夫不忠，因为这些行动会损害打猎的效果……如果捕获的象反抗，居然推倒了那些应当能困住它的设备，那是因为留在家里的妻子不忠于自己的丈夫；如果拴象的绳子断了，那一定是她剪了发；如果绳子滑掉了，象跑了，那一定是她擦了香膏”。“在出发去打猎的前一刻，他们用米饭、烧酒、鸡、鸭来祭奠捕象用的结了活套的长绳的神灵。而且猎人们还嘱咐妻子不要剪头发，不要招待异乡人。如果不照这些嘱咐办，捕获的动物就会跑掉，盛怒的丈夫回来以后就有权跟妻子离婚。猎人自己方面绝对不行房事，而且按照后印度极流行的一种风俗，他必须对一切日用的东西叫暗名，结果创造了一种专门的‘猎人语言’。在猎场，首领要念一些父子相传下来的经咒。”①

原始思维，可以理解为人类早期思维，是原始人所特有的思维方式，是

① ［法］列维-布留尔：《原始思维》，丁由译，商务印书馆，2011 年，第 261~262 页。

人类解释自然、生命、死亡这些未知的、令人惧怕、令人敬畏的力量的最初尝试。虽经万年洗刷，人类早已进入科技高度发达的文明时代，但个别原始思维仍未从人们的脑子中消失。列维-布留尔指出："虽然神秘性思维在原始民族比在我们的社会表现得更突出，但它在人类社会是普遍存在的。"

五、迷信的意义

古代人依据原始思维寻找事物之间的因果关系，以指导自己的言行举止，趋利避害。这种行为被称为迷信。我们通常用"愚昧"这个形容词来修饰迷信。但是哲学家们说"存在即是合理的"，这种充满谬误的东西，从蒙昧时代起就伴随人类几千年，是否也具有某种合理性呢？英国人类学家弗雷泽勇敢地站出来为迷信辩护，他认为在人类文明进化的某些特定阶段，迷信也曾经发挥过不可替代的、积极的社会作用。

在古代社会的许多民族中，人们相信自己的领袖属于人类中的高等级生物，拥有无可争议的，超自然的神秘力量。普通人既不可能获得这种力量，也无力抵抗，只能乖乖地接受统治。

新西兰的毛利人相信他们的酋长就是活着的神祇。他的身体是神圣的，触摸他身体的行为都属于违法，即使为了搭救他的性命也不行。有一次，一个酋长因为鱼刺卡着喉咙而窒息，那些悲哀地围绕在他身边的臣民们没有一个人敢去碰他，甚至无人敢走近一步，因为他们将会为此付出生命的代价。直到一个西方传教士路过，取出鱼刺，才救了酋长一命。等酋长缓过劲来，说出的第一句话就是要求传教士把取鱼刺的外科手术器械奉送给他，以作为抽取他神圣的血，触摸他神圣的头的这种违法行为的赔偿。

在南美洲的印加帝国，皇族被称作印卡。臣民们都认为他们是太阳神的子孙，生来就是为了教导和施恩于人民。谁要是冒犯了某一位印卡，就会受到严重的惩罚。可是没有一个印加人受到过这种惩罚，因为这种冒犯根本不会发生。

安哥拉内地的卡赞伯斯人同样也把他们的国王看得极为神圣，以至于认为没有谁能够触摸他而不会被从他神圣的身体中发出的神秘力量杀死。

英属东非的南迪部落酋长也同样神圣，任何人都不许手执武器接近他或是在他面前讲话，除非是他先开口。这种广泛流传于非洲的关于国王神性的观念，很久以前就在古埃及达到了顶点。埃及法老在生前与死后均被视为神，人们为他们建造庙宇，祭司在里面指导人们进行礼拜活动。

中国皇帝被神化的事情我们更是耳熟能详。他们不是称作“天子”，就是称为“龙”。很多皇帝出生的情景都被描绘得很离奇，很灵异。《吕氏春秋·有始览》说：“凡帝王者之将兴也，天必先见祥乎下民。黄帝之时，天先见大螾大蝼……及禹之时，天先见草木秋冬不杀……及汤之时，天先见金刃生于水……及文王之时，天先见火赤乌衔丹书集于周社。”汉高祖刘邦的母亲“尝息大泽之陂，梦与神通，是时雷电晦冥。太公往视，则见蛟龙于其上，已而有身，遂产高祖”。光武帝刘秀出生时“有赤光照室中”。魏文帝曹丕出生时，“有云气青色而圆如车盖当其上，终日”。十六国时期的大秦天王苻坚的母亲“夜梦与神交，因而有孕，十二月而生坚焉。有神光白天烛其庭。背有赤文，隐起成字，曰‘草付臣又土王咸阳’，臂垂过膝，目有紫光”。南朝宋武帝刘裕出生时，“神光照室尽明，是夕甘露降于墓树”。隋文帝杨坚出生时，“紫气充庭”。后唐太祖李克用出生时，“虹光烛室，白气充庭，井水暴溢”。宋太祖赵匡胤出生时，“赤光绕室，异香经宿不散”。辽太祖阿保机出生时，“室有神光异香，体如三岁儿，即能匍匐”。金太祖阿骨打出生时，“有五色云气屡出东方，大若二千斛囷仓之状”。成吉思汗铁木真出生时，“手握凝血，如赤石”。清朝顺治皇帝出生时，“红光烛宫中，香气经日不散”。康熙皇帝出生时，“合宫异香，经时不散，又五色光气，充溢庭户”。

帝王们不但生有异象，长的也不同凡响：“尧、舜参牟子。”“禹耳参漏。”刘邦“隆准而龙颜，美须髯，左股有七十二黑子”。三国蜀汉的开国皇帝刘备是“身长七尺五寸，垂手下膝，顾自见其耳”。南朝梁武帝萧衍“日角龙颜，重岳虎顾，舌文八字，项有浮光，身映日无影，两胯骈骨，项上隆起，有文在手曰‘武’”。南朝齐高帝萧道成“姿表英异，龙颡钟声，鳞文遍体”。北周武帝宇文泰“背有黑子，宛转若龙盘之形，面有紫光，人望而敬畏之”。隋文帝杨坚“额上有五柱入顶，目光外射，有文在手曰“王”。唐高祖李渊“体有三乳”。宋太祖赵匡胤“体有金色，三日不变”。

在我们今天的人看来，这种对统治者的神化是很可笑的，但是它对早期人类文明的发展是有好处的。因为人们深深地崇拜统治者，满脑子都是关于统治者拥有神圣力量的想法，所以别无选择，只有服从统治，尊重权威。在民主、共和的思想还没有出现之前，这种观念大大有助于社会秩序的建立和稳定。

有时候，迷信还有助于保障人们的财产所有权。南太平洋上的萨摩亚人用椰子树叶编成一条狗鱼的形状挂在面包树上，谁偷了他的果子，下次出海会有一条狗鱼来要他的命；还可以拿一根棍子横架在树上，谁偷了果子，就会长脓疮，从前胸一直烂到后背。人们都相信这是真的，所以没人敢偷东西。南美洲库瓦纳的印第安人用一根很长的棉线围住他们的园地，就可以确保别人不会闯进来，因为人们相信闯进来的人很快就会死。在马达加斯加，连这些措施都不用，偷不同的东西就会受到不同的报应，如偷鸡蛋的会染上麻风病，偷铁器会浑身疼。

古希腊人喜欢到神那里去告状。一个女人如果发现自己的手镯被偷了，就会把诅咒刻在铅板上，送到神庙里，由神来替她报复。

在苏丹达尔福尔，私人财产、房屋、牲畜都可以请一种凶猛的守护神来保护。牛羊都撒开了放牧，无人看管。谁要是想偷，他的手就会被吸住，直到主人赶来把他抓住为止。传说有个酋长的守护神在保护商店的时候过于敬业，不仅杀死了好几个想偷东西的贼，酋长儿子想从自家店里拿点东西也被杀死。酋长很生气，决定把保护神赶走，保护神却不愿离开，据说最后请了许多朋友，全副武装，端着机关枪在商店里扫射好几遍，才把这个守护神赶走。

无数人类学证据都说明，在法律和完备的国家机器出现以前，对神鬼的恐惧曾经是人们不敢偷盗的重要原因，从而保障了人们的私有财产不受侵犯。

迷信风俗常常还迫使原始部落的人们尊重自己的婚姻，在两性关系上保持谨慎。

缅甸的克伦族，如果某村的庄稼有一两年总是长不好，大家就会追查是不是出了奸夫淫妇。水落石出之后，奸夫淫妇必须买一头猪来杀掉，俩人各拿一只猪蹄，在地上划出一些沟，灌上猪血，然后还得趴在地上向神灵祷告，请求宽恕。

印度阿萨姆邦的一些部落相信只要庄稼还没入仓，即使是最轻微的纵欲也会毁掉收成。苏门答腊的巴塔人认为，如果一个女子未婚先孕，就必须马上出嫁，否则老虎会来伤人，庄稼也会歉收。

在许多民族的观念里，不正当的性行为，无论是已婚还是未婚，都不单纯是个人的道德过失，而是一种对神灵的冒犯，可能使整个部族陷入灾难，所以必须进行严厉的惩罚。

很多时候，迷信还强化了人们对生命的尊重。在世界上几乎所有原始文明中，都广泛流行着鬼魂复仇的观念。古希腊人相信，被害人的灵魂非常痛恨凶手，一定会去折磨他。不仅如此，因为鬼魂死缠着不放，那个凶手也成了全社会厌恶的对象，所以杀人凶手都不得不背井离乡，直到鬼魂的愤怒逐渐平息下来为止。

北美印第安人中的奥马哈人认为，即使是一个得到受害者亲属宽恕的杀人凶手，也必须在两到四年之中，谨慎小心，不能高声说话，东张西望，要赤脚走路，不能吃热的食物。他必须用长袍裹紧全身，不能梳头。部落狩猎时，他只能在部落营地的远处扎帐篷，因为他鬼魂缠身，人人都与他保持距离。

古代中国人尤其相信鬼魂报应的说法，流传了很多个故事。《聊斋志异》里就有不少。

从唯物主义的角度来说以上这些例子都很愚昧，但是对鬼魂的畏惧往往能够制止某些令人发指的暴行。杀人凶手首先不敢轻举妄动，因为后果很严重，会遭到报复。另外他所身处的社会群体也害怕怨鬼有可能会找错对象，或者迁怒于无辜的人，要么主动替死者报仇，惩罚凶手，要么孤立凶手，避免与之接触，甚至逼迫凶手从此远走他乡。这种双重遏制，在原始时代常常能避免人与人之间的纠纷走最后致命的那一步。

J.C.弗雷泽有人认为，统治机构、私有财产、婚姻制度和人身安全是支撑文明社会的四大支柱，动摇了它们就是从根本上动摇了人类社会。如此说来，迷信确实曾经通过巩固和维护这四大支柱而对人类做出了重大贡献。[①]我们今天知道，迷信是些充满谬误的观念，可是在科学、理性、法治等文明成果诞生之前，它却一度指引我们做出了正确的行为。

第二节 宗教与人类文化

当人类不再迷信万物有灵，转而相信在现实世界之外存在着一个或多个统治万物，主宰自然，决定命运的神秘力量或者绝对权威，并且对之产生敬畏和崇拜，引申出一系列信仰认知和仪式活动的时候，宗教诞生了。

一、慈善救济

宗教对人类的道德教化曾经起着非常重要的作用。各种宗教的经典、教义里都有要求信徒们积德行善的戒律或者教条。比如犹太教有“十诫”，佛教有“五戒”“八戒”“具足戒”。佛教引导人们向善、不杀生，“救人一命胜造七级浮屠”；基督教主张要爱人如己，劝导人们包容、博爱，时常忏悔，自我批评；伊斯兰教倡导人们勤劳、诚实、“行善戒恶”。《古兰经》中说：“你当以善待人，就像真主以善待你一样。你不要在大地上为非作歹，真主确实不喜欢为非作歹的人。”“你们要给人方便，不要与人为难；你们给人报喜，不要向人恐吓。”因此，宗教对古代社会道德净化的作用是十分明显的。

行善积德当然不能停留在说教层面。在古代社会，在政府的能力还远远达不到现代水平的年代，宗教承担了很大一部分的社会保障和救济职能。

佛教于西汉末年传入中国，到魏晋南北朝时期已经相当繁荣，当时佛教寺院的慈善救济活动非常活跃。有些大型佛教寺院做法事的时候，在道路两旁摆筵席施舍饭菜，绵延几十里，来吃饭和围观的成千上万，耗资上亿。平时寺院会做一些凿井修路的公益事业，每遇旱涝饥荒、疾病瘟疫，寺院也总能

---

① 参见[英]詹姆斯·乔治·弗雷泽：《魔鬼的律师——为迷信辩护》，阎云祥、龚小夏译，东方出版社，1988年，第149页。

行动起来，开仓放粮，救济灾民。有时候朝廷干脆要求农民把一部分该交给政府的粮食都交给寺院，等到灾荒的时候由寺院发放赈济，相当于把政府的责任转移给寺院了。

唐代朝廷委托僧人办理贫病收容所，称作悲田养病坊。悲田就是指善男信女的布施。寺院就利用这些悲田收入开办养病坊，收容抚恤孤老贫穷的病人。唐玄宗曾经下令把京城所有乞丐收入悲田养病坊，政府予以经费补贴。整个唐代，悲田养病坊遍布京城和各个州县。除了养病坊之外，寺院中还设有疠人坊，隔离和救助麻风病人。

宋代延续了这种方式，在京师设立福田院，收容老幼、残疾、无助之人和乞丐。福田院创办之初是由僧人来经营，后才转变为官办机构。京师之外各地还开办有居养院、安济坊、漏泽园等福利设施，大都是官方与寺院合办的。有些寺院还开设书院，资助年轻人读书，范仲淹少年时代就曾经在寺院中读书，说明寺院里的教学水平还不错。

伊斯兰教也是这样。施舍是伊斯兰教特别重视的一项善举。《古兰经》中有许多经文把施舍作为崇信真主的标志之一。虔诚的穆斯林会将自己的土地、房屋、钱财、粮食，无偿献给清真寺。等到斋月、开斋节、宰牲节等日子，清真寺会向周围需要救助的人提供食物等生活必需品。17 世纪在土耳其，有一种专门向穷人提供食物的公共厨房，提供什么食品，谁有资格领取，可以领取多少，可以领取哪种食品都有明确规定。伊斯兰教还要求有条件的穆斯林自愿捐纳天课，专门用于周济贫民，或者债务缠身无力偿还者、花光了路费的朝圣者，有时候也用来替奴隶赎身。这是穆斯林的一项非常重要的功课。

在欧洲，天主教会也是社会救济的主力。绝大多数地方教会都固定地拿出一部分收入来用于慈善救济。宗教改革前每个英国人都要把自己收入的十分之一交给教会，叫作什一税，其中三分之一都被教会用于慈善事业，建立了一百一十座养育院、两千三百余个施物所，共救济穷人近九万人。在法国，教会收入的四分之一或三分之一被用于施舍救济。法国奥尔良公会用这笔钱兴建上帝之家、救济院等机构，收留穷人、病人、孤寡婴儿等。

很多教堂、修道院、修会组织都以慈善而闻名，有的教堂主要收留病人和弃婴,有一些修道院每天向穷人施粥。天主教隐修会之一本笃会的修道院专门指定一名高级修士,用修道院十分之一的收入置办衣食用度,分给流浪汉或是有需要的人，特别穷困的人甚至可以长期获得救助。在规定的日子里,穷人还可以到修道院洗澡、刮脸。可以说,教会、修道院是中世纪欧洲穷人最大的庇护所。

那时候,在伦敦等大城市里有很多弃婴,抚养他们是每个教区的职责。有的教区劝导本区的教民收养这些弃婴,并且给收养家庭发放抚养金,因为有抚养金,多数人都愿意收养,以至于发展到后来,有人以收养弃婴为名牟利。有的孩子是私生子,教区执事还要负责找到孩子的父亲,让他支付抚养费。如果实在找不到,这母子俩就由教区出钱养活,直到孩子长到 12 岁能当学徒挣钱。

每个教区也根据自身不同的情况为贫困人口提供住处，条件好的教区免费给贫民提供住房,还有的教区实行贫民互助,让无家可归者借住在无依无靠的老年人家里,既解决了住房问题,老人也得到照顾。

在近代中国,西方传教士和教堂曾经遍地开花。教堂在传教之外,也为中国人做了好事,比如说开办了很多育婴堂、孤儿院、盲童学校、聋哑学校。这些机构除了收养弃婴孤儿之外，还要教育他们。教育内容当然以宗教为主,但是也很注意传授一些文化知识和职业技能,比如缝纫、木工、印刷、编制草帽、糊火柴盒,使这些儿童成年后能够自食其力。

1876 年到 1879 年,山西、河南、陕西、山东等地发生了一场大旱灾,灾情之严重、持续时间之长、波及面之广是世上少见的,史称“丁戊奇荒”。英国传教士李提摩太推动成立了山东赈灾委员会。后来更多的外传教士、外交官和外商在山东赈灾委员会的基础之上,联合组成了中国赈灾基金委员会,向海内外募得善款二十多万两白银。这些钱被分批分期由传教士运往灾区,再由另一批传教士负责散发,不少传教士不辞辛苦,千里奔波。丁戊奇荒之后,清末的历次大灾几乎都有传教士的足迹。

二、文化艺术

宗教和迷信对文化艺术的影响也是非常深远的，比如歌舞就是起源于宗教活动或迷信活动。

（一）舞蹈

在原始社会，猎人们在出门打猎之前，可能会跳一段舞蹈，模仿打猎的动作，另外还有人模仿野牛羚羊之类，假装东躲西藏，最后被猎人“杀死”。这其实是一种巫术：原始人觉得跳完这段舞蹈，出门打猎一定会有收获。在欧洲有些地方的农民也会在田边跳舞，蹲下以后拼命地往上蹿，好像他蹿得越高，庄稼就长得越好。跳舞的时候嘴里也念念有词，像唱歌似的，其实是念咒。

哥伦比亚的印第安妇女，男人们上战场了，她们就把脸涂成红色，面朝敌人的方向不停地唱歌跳舞，舞蹈主要是两个动作，向前挥舞大刀，投掷长矛，象征刺杀敌人；用一根带钩的棍子往回拉，象征把自己的男人从危险中拉回来。她们相信这些舞蹈可以确保战场上的胜利。

萨满巫师在所谓的灵魂出窍或者鬼神附身的时候，也要非常狂热地唱歌跳舞。这是一种必需的仪式，只有经过这个步骤，萨满才能进入状态。

后来真正的宗教出现了，人们不再相信万物有灵，而开始崇拜某一个具体的神灵，歌舞也成了祭神仪式非常重要的一项内容。因为人们相信神喜欢看他们唱歌跳舞。唱歌跳舞是人取悦神的一种方式。歌舞不是人的娱乐，而是神的娱乐。恩格斯曾指出：原始舞蹈是“一切宗教祭典的主要组成部分”[①]。朱熹就曾经记载说：“昔楚南郢之邑，沅、湘之间，其俗信鬼而好祀。其祀，必使巫觋作乐，歌舞以娱神。”[②]王国维说：“歌舞之兴，其始于古之巫乎？……巫之事神，必用歌舞。”[③]

---

① 《马克思恩格斯选集》（第四卷），人民出版社，1972年，第88页。

② （宋）朱熹：《楚辞集注》，上海古籍出版社，1979年，第29页。

③ 王国维：《宋元戏曲史》，上海三联书店，2014年，第1页。

（二）音乐

除了让神娱乐之外，还得说好听的，拍神马屁，颂扬神。“歌颂其威灵，赞叹其功烈。”楚辞大多是歌颂神的。屈原的《九歌》就是对神的颂扬和祭祀，一共十一篇，赞颂八个神，一个鬼，以及一群在战争中牺牲的先烈。最后一篇中屈原还描述了一下送神的仪式：由美丽的女巫领唱，男女青年一边传花，一边翩翩起舞。

后来人们发现，在宗教活动的时候唱歌不仅仅可以颂扬神，还可以营造一种神圣的气氛，给人以心灵的洗涤，有助于人们更加虔诚地崇拜神，音乐甚至被认为代表着神的力量，能为人治病、净化肉体和灵魂，能产生奇迹，宗教音乐因此发展了起来。

这一点基督教做得最出色。西方音乐无论是古典还是流行，大都是以基督教音乐为基础发展起来的，甚至连五线谱都是中世纪的一个修道士发明的（早期为四线谱，后来演变为五线谱）。复调音乐也是在教堂里产生的，因为大家一起唱赞美诗，一起赞颂神，合唱水平就变得越来越高，越来越复杂。巴黎圣母院就是中世纪复调音乐的创作中心。近现代有许多音乐家创作过基督宗教音乐作品，包括巴赫、莫扎特、贝多芬、舒伯特、舒曼等。

柏辽兹描述 1843 年巴赫名作《马太受难曲》在柏林被演奏时的情景说：“每个人都在用眼睛跟踪歌本上的词句，大厅里鸦雀无声，既没有表示赞赏，也没有指责的声音，更没有鼓掌喝彩，人们仿佛是在教堂里倾听福音歌，不是在默默地听音乐，而是在参加一次礼拜仪式。”[①]

即使现在欧美的流行音乐中还存在一些很受欢迎的、脱胎于宗教音乐的流派，像灵歌、蓝调、福音音乐，还有一些歌手吸收宗教音乐的素材，追求超凡脱俗和空灵的音乐风格。

除了基督教之外，世界各大宗教其实都有自己的音乐。佛教也是一样，佛经其实是吟唱的。有不少流行歌手演唱过佛经。

---

① ［德］维利巴尔德·古尔利特：《约翰·塞巴斯蒂安·巴赫 音乐大师和他的作品》，胡君亶译，人民音乐出版社，1988 年，第 65 页。

伊斯兰教也有宗教音乐。每当礼拜的时辰将至，宣礼员会在宣礼楼上用一定的韵调，高声呼喊，赞颂真主，召唤穆斯林到清真寺去礼拜。伊斯兰教发展初期，这种召唤的曲调是统一的，后来随着伊斯兰教在世界范围内传播，出现了各种地方风味。吟诵《古兰经》也是这样，早期的诵读者只是用简单的曲调朗诵，后来渐渐出现了曲调的起伏、音律的渲染，朗诵越来越接近歌唱。

(三)戏剧

宗教祭祀活动在赞颂神明的时候，常常要演示一些神话故事：神是怎么诞生的，有什么样的神力，立下了什么样的丰功伟绩。于是戏剧就诞生了。西方戏剧的源头是古希腊戏剧，而古希腊的戏剧恰恰是由民间的宗教仪式演变而来。古希腊悲剧之父埃斯库罗斯的著名悲剧《普罗米修斯》三部曲，几乎所有的角色都是神，戏剧的内容也是神话故事。古希腊戏剧演员和剧作家的社会地位很高，他们被看作神的仆人，受人尊敬。古希腊诸城邦联合会议就规定他们的生命财产不受侵犯，无论战争时期还是和平时期，他们去哪儿演出都可以，就算是去敌国也没问题。

其他各古代文明的戏剧文化也几乎都和宗教有关。比如说中国古代戏剧最早的剧目《目连救母》，其实就是《佛说盂兰盆经》中的一个故事，讲释迦牟尼弟子目犍连得道后神通广大，可是看到去世的母亲堕落在饿鬼道中受苦，不忍心，就深入地府给母亲送饭，可是饭还没入口即化成火炭，不能吃。目犍连很伤心，就去求佛祖帮忙。佛祖说：你母亲罪孽深重，不是你一人的法力可以救助的，每年七月十五日那天你用干净的餐具盛上洁净的美食，供养十方众僧，大家的法力加起来，才能救你母亲脱离苦难。目犍连按照着佛的指示去做，终于使母亲脱离了饿鬼道。这部戏从宋朝开始一直到现在，演了八百多年。

(四)绘画和雕塑

除了歌舞戏剧之外，绘画和雕塑也深受迷信和宗教的影响。

在世界各地，欧洲、亚洲和非洲的很多地方，高山洞穴的石壁上，或者露天的崖壁上，至今还能看到原始人的画，比如说西班牙的阿尔塔米拉洞穴壁画、我国的贺兰山岩画。画的内容常常是一些动物，像牛、马、野猪、山羊、麋鹿，这些动物身上往往有被长矛棍棒戳刺、打击过的痕迹，有的动物身上还画有箭痕。这其实是狩猎之前祈求成功的巫术。还有画人类生殖器官的，这是祈求部落人丁兴旺，有的壁画直接表现原始人膜拜神灵。

宗教出现以后，各古代文明绘画和雕塑艺术的发展也都受到宗教的影响。

古希腊人认为世上没有超越万物的神灵，神不过是具有超凡能力的人，也像人一样有七情六欲、喜怒哀乐，会嫉妒，会害怕，也要恋爱、结婚、生儿育女，神和人之间并没有不可逾越的鸿沟。所以在古希腊人眼里，神就是完美的人，古希腊人利用绘画和雕塑展现的神的形象，实际上也就是理想化了的人的形象。我们现在能够看到的古希腊绘画和雕塑总是身体比例协调、挺拔健美、气质高雅。后来古罗马人也继承了古希腊的这种艺术风格。黑格尔说："对于这种宗教来说，艺术的创造和发明的本身，就是一种宗教的活动和宗教的满足；而对于希腊人民来说，观看这类艺术作品……是他们的宗教生活的一个组成部分。"

古埃及人是另一种情况。在宗教观念上，古埃及人相信，人去世之后只要身体不朽，灵魂就不灭，有机会还能复活。像活人一样，生活在冥间的灵魂也要吃喝、住房、娱乐。所以古埃及的绘画和雕塑，主要是描绘死者生前的生活场景，吃穿住用行，古埃及人认为画出来的这些东西在冥间仍然可以供逝者的灵魂享用。在古埃及人的语言里，"雕刻家"就是"使人得以永生的人"的意思。在这种宗教观念下，古埃及雕塑形成了写实、准确、神秘的特点。绘画必须完整无损地、全面地、准确逼真地表现出所有物件，不能有遮挡。人物画像，脸、手脚都是侧面的，但是胸和眼睛是正面的，虽然姿势很怪，但是这样才能最真实、最完整、毫不歪曲地表现每一个部位、每一个器官的模样。

在佛教兴起以前，先秦两汉时期的中国，人们对神仙方术的信仰比较浓厚，人们也有类似埃及的灵魂不朽的观念，通过修炼，人去世后灵魂将离开肉体上升到天空，进入长生不老、逍遥自在的神仙境界，生前的美好生活也将继续延续下去。所以在那时候的墓葬中出现了一种非常有特色的、刻画在砖或者石头上的壁画，叫作画像砖，或者画像石，有的是彩绘的，有的是雕刻的，有的是模压的，内容既有对神仙世界的想象，也有对现实生活场景的描绘，还有一些历史故事和历史人物，因为不是下到冥间，而是进入仙境，所以总体上比较浪漫，都是愉快、乐观、积极和开朗的基调。

神仙在精神和肉体上都超脱于尘世，于是这些绘画讲究至真至朴，要的是未经修饰的自然美。用的笔画多了，人工斧凿的痕迹也就多了，不符合“朴”的精神，所以最好粗线条、粗轮廓，不求细节，寥寥数笔。这样的寥寥数笔，虽然不够写实，不能够呈现出事物完整和细致的面貌，但是却能够勾起人们的想象，具有一种意象神韵，让人们体会到“美”。这种意象比写实出来的真实更加真实，在神仙思想中，这才是“真”。

后来佛教的晕染画法传入中国，直接用颜料或者墨在纸上涂，这种技法经过吸收之后就变成了中国的水墨画，但是风格还是不求逼真，要的是意象，尤其是泼墨山水画。当然中国也有写实的工笔画，一笔一笔描的，但是比不上欧洲油画那样的写实水平，写意才是中国传统美术的精华。

犹太教、伊斯兰教明确反对偶像崇拜，因为不管画的还是雕塑的神像，都是人创造的，如果还要当作神去膜拜，那就等于将人类创造的东西抬高到神的位置，是对神的亵渎。于是在这些宗教文明中，绘画和雕塑艺术都受到严重的抑制。对人及飞禽走兽等的写实性绘画和雕塑没有多少发展的空间。可是人们还是克制不住对美的追求，于是就把美术创作的主要精力倾注于非具体形象的抽象性装饰纹样中。这一点在伊斯兰教的工艺美术中体现得非常明显，不管是墙壁上，还是地毯上，都画满了变化多端、繁复华丽的植物花纹和几何图案。

基督教最初其实也是反对偶像崇拜的，但是从传教的角度来说，形象描绘要比语言说理直观得多，有利于信徒，尤其是那些没什么文化的信徒理解、接受和崇拜。而且从理论上讲，耶稣是上帝在人间的代表，既是神也是人，是有具体的形体的，怎么就不能给他画个画像呢？于是基督教就没有像伊斯兰教那样严格禁止画像和雕像。

早期基督教绘画主要画在教堂的墙壁上、穹顶上，或者用玻璃片镶嵌而成的窗户上，内容以圣经故事为主，主旨当然还是宣扬教义和精神，营造出神圣的气氛，唤起教徒虔诚的信仰。对于那时候的基督教画家来说，重要的不是表达有生命的、肌肉丰满的人物形象，而是表现崇高的宗教精神。

同时基督教又认为，世上一切都是上帝创造的，而上帝创造的都是真实的，于是欧洲人在绘画技法上逐渐地务求写实，讲究描摹草绘，光影透视，要求惟妙惟肖、纤毫毕现，油画就应运而生。到了文艺复兴时期，人文主义兴起，提倡“人性”，虽然当时的绘画题材大部分还是基督教的内容，但是画中的形象开始变得生动、平和，越来越接近生活中的人的形象。

佛教也曾经犹豫过要不要搞偶像崇拜，早期的佛教没有造像，总是尽量避免佛祖形象的出现，只有一些象征释迦牟尼的脚印、莲花、菩提树供信徒们膜拜。但是公元前4世纪，希腊马其顿帝国的征服者亚历山大大帝横扫埃及和波斯帝国，向东一路打到印度河流域。印度西北部犍陀罗地区（今天巴基斯坦白沙瓦一带）成为亚历山大帝国的一部分，被希腊人统治了一百多年，形成了一种兼有印度和古希腊艺术风格的犍陀罗文化。佛教兴起之后，犍陀罗又一度成为印度北方佛教传播的中心。古希腊人把神看作完美的人，乐于利用绘画和雕塑展现神的形象，于是犍陀罗的工匠们按照希腊、罗马神像，特别是太阳神阿波罗的样子，来雕塑佛像，长相和服饰都是欧洲式的，不过头有点大，全身比例一般约为六倍首甚至五倍首，显得短粗低矮，不如希腊、罗马雕刻比例协调。以后伴随着佛教的传播，犍陀罗艺术从中亚向东扩散，传播到中国、朝鲜、日本。我们国家的传统雕塑和绘画都深受犍陀罗艺术的影响。

佛教对古代中国美术的发展起到了很大的推动作用，艺术家创作的动力往往就是传播佛教。佛教雕塑自然不用说，甘肃敦煌莫高窟、天水麦积山石窟、山西大同云冈石窟、河南洛阳龙门石窟、重庆大足石窟，都是佛教为我们遗留下来的宝贵艺术遗产。

佛教对中国绘画艺术的推动可能更加深刻一些。从西汉到唐代这一千多年的时间里，佛教绘画在中国画坛一直是处于统治地位，可以说唐以前中国的绘画主要就是佛教绘画，绘画是为佛教服务的。潘天寿先生说：“因宗教思想的灵化，佛教寺院差不多成为美术的大研究所。”后来文人画取代了佛教绘画的地位，文人画画多半是为了自己欣赏，自娱自乐，即使是这样，很多人创作的时候仍然喜欢采用佛教故事作为主题，可以说“二三千年来，佛教与吾国的绘画，极是相依而生活、相携而发展”。

(五)建筑

宗教还影响人类的建筑风格。世界各地的古代文明都曾经建造过高耸入云、气势雄伟的塔形建筑：欧洲哥特式教堂塔、中国的八角塔、缅甸的塔銮、印度的佛塔、玛雅人的太阳神塔、埃及的金字塔。

修建这些高塔的目的往往是相同的——通天。因为人类总是迫切地希望能够与上天或者神灵沟通，让他们听到自己的祈祷，或者让自己更清晰地领会神的旨意。唐诗中说“不敢高声语，恐惊天上人”，但事实是人们生怕上天不知道自己的存在，争相修建高耸入云的塔，这样能离神灵近一些。

不仅如此，高大建筑物的巨大体量会使置身门前的人产生压迫感、恐惧感、崇高感，不由自主地屈服于神的威灵。于是越是宗教发达的古代文明，建造高大建筑物的热情越高。相比之下，古代中国的建筑贴着地面向四方延伸，与追求高度的西方建筑迥乎不同，似乎也可以用古代中国宗教文化相对不发达来解释。

第三节　从迷思中走出的现代文明

一、医疗

医疗是古代宗教重要的社会功能之一。早在现代医学兴起之前的几千年里，治疗和预防疾病这项工作一直是由神负责的。可以说，一种宗教倘若不能治病，便不能够生存。

一个宗教领袖除非能够治病，否则很难成功。几乎每一个宗教创立者、圣人或先知，据信都拥有治病的能力。很多圣人如果想表现自己的非凡神力，就要医好一两个病人。在中国，道教和佛教最初流行时，都是因为它们号称可以治病和长生才被信仰的。

据圣经记载，耶稣在传道途中医好了很多病人，名声传遍了整个叙利亚，成群的人前来追随他。传说即使最后被钉在十字架上，一名盲人士兵被他的血溅到眼睛上，还能重见光明。

耶稣借行医以传道给后来的传教士树立了榜样，可以说基督教在全世界的传教活动都伴随着医疗手段。在中世纪修道士有照顾病人的责任，修道院里有种植草药的园圃，有照顾病人的医护所。近代基督教进入中国以后也是借助医疗传教。各地教会的第一个信徒往往是那些被传教士治好的病人。不少人发现西方医学很灵验，往往远道而来，就治于教会医院。在东北，有一个传教士名字叫司大夫，以外科手术闻名遐迩，被称为“奉天圣者”，很多病人经他医治之后进而信教。

迷信和宗教曾经是医学发展的强大动力。原始医学一般与巫术密切联系在一起。古人们总是认为疾病是恶灵附身引起的，如果有一个巫师可以通过一连串复杂的咒语和仪式驱除了这个恶灵，病人也就好了。所以走遍全世界你会发现，大多数宗教，不论是西伯利亚披着熊皮跳舞，相信万物有灵的原始萨满教，还是像佛教、天主教这样组织庞大、思想深邃的成熟宗教，都会通过某种驱魔祛邪的仪式来给人治病。我国商朝和周朝的时候巫、医都是并称的，直到春秋战国时期，巫和医才逐渐分开。

巫师的驱魔仪式可能只起到一些心理安慰的作用，但是在巫术发展的过程中，巫师们也会积累一些草药知识，比如说有些植物能起麻醉作用，有些植物能镇痛，有些能解毒，有些能加速伤口愈合。他们可能误认为这不是这种植物本身的性能，而是相信这种植物具有某种魔力，于是在施行巫术时，就会兼用草药治病。

有一些巫师甚至能够在活人身上实施颅骨钻孔手术，而他们的手术工具仅仅是打磨锋利的石片。在世界许多地区都发现过做过这种手术的人头骨，而且病人并没有当场死亡。因为钻孔的骨头边缘已经钝化了，说明手术过后病人又活了相当长一段时间。之所以要在颅骨上钻孔，可能是病人头痛或者患有癫痫，巫师们认为是鬼怪在脑袋里折磨着病人，需要将其赶走，所以要开个洞，在某种程度上这种钻孔手术只是一种驱魔仪式，但是却起到了颅骨减压的作用。

这种治病的巫术逐渐发展成为医学。在世界各地的宗教里，常常会有一些专门负责医疗的团体。有的团体是由一群供奉某个医药神的僧侣们组成，号称拥有医疗的超自然力量；有的团体则是由教会有意识地组织起来的。欧洲各地都有以治病为基本职能的天主教修道会，如奥古斯丁会、圣灵会等。曾经还出现过一个庞大的医护骑士团，一边作战，一边照料受伤的战士和病人。这些组织在不断发展中变得高度专业化，开始分科，就像现在的医院科室一样，比如美洲西雅族印第安人中有八个医疗社团，有的专治烧伤，有的专治蚂蚁叮咬，等等。

要掌握医疗技术，需要很长时间的训练、专门的设施和图书，而积累、保存、传承这些东西又需要大量的人力和经费，专门的宗教医疗团体能够满足这些要求，这就使得医学的发展成为可能。而现代的医疗组织——医院也很可能是起源于这些宗教团体。

二、科学

5 世纪，战火将罗马帝国的文明与辉煌扫荡一空，破坏殆尽，只留下遍地文盲。在“黑暗的中世纪”，修道院成为承前启后的文化机构。相当数量的古希腊罗马时代的文献著作是在基督教修道院里保存下来的。很多修道院里都有图书馆，修士们每天都要花一定的时间读书学习，他们收集各种书籍，抄写手稿，在昏暗的灯光下学习、思考和演算。

修道院的神甫们在传教的同时，还教授拉丁文、艺术和哲学。在修道院中涌现了许多当时非常卓越的学者。除了少数的几个例外，西欧中世纪数百年的思想家们都是修道院教育出来的。6 世纪以后，修道院开始从纯宗教教育扩展到普通教育，招收俗家弟子，可以住读，也可以走读。课程设置也愈来愈规范。

到了 11 世纪，随着经济的发展，欧洲社会产生了对高级人才的需求。教会开始创办大学，意大利的博洛尼亚大学、萨勒诺大学、巴勒摩大学，英国的牛津大学、剑桥大学，德国的海德堡大学，法国的巴黎大学、奥尔良大学等都是这样诞生的。大学教师的工资由教会发放，教会还为贫困的学生提供助学金和奖学金，帮助他们完成学业。学位制度出现了，还形成了最早的四大专业：文学、神学、法学和医学。巴黎大学和牛津大学以神学著称，博洛尼亚大学的特长是教会法和民法，萨勒诺大学则是近代医学的起源地。

教会鼓励对天文、医学和数学的研究。数学较为抽象，不会对神学构成直接的威胁，而且在修建教堂的时候很有用。可是数学发展起来了，就为后来自然科学的发展奠定了基础。教会之所以重视天文学是觉得可以通过这门学问证明上帝的存在，发现上帝制定的规则，重视医学也是为了代表上帝拯救灵魂。这种对天文学、医学研究的大力提倡，到中世纪晚期，终于孕育出了哥白尼的日心说和维萨留斯的解剖学，近代自然科学终于破土而出。

由于天主教会在文化上占据统治地位，中世纪的大学都在不同程度上要受到教会的控制，课程设置上神学必不可少，教师也大多数都是传教士或基督徒。后来随着文艺复兴、宗教改革、科学革命和启蒙运动的兴起，大学逐渐摆脱教会控制，实现了彻底世俗化，变成了现代大学。

基督教是一种宗教，但是在基督教神学中却包含科学思维。因为上帝是看不见、摸不着的，于是基督教神学家们很认真地希望运用逻辑推理来让人相信上帝的存在。比如神学家阿奎那说：一个东西之所以会运动是因为被别的东西所推动，推动它的东西又一定被其他东西所推动，那么向前追溯下去，必然有一个最初的推动者。这个第一推动者就是上帝。基督教的经院哲学还常常争论一些荒唐的问题："天堂里的玫瑰花有没有刺？""上帝能否创造出一块自己举不起来的石头？""天使吃什么？""一根针尖上能站多少天使？""到世界末日，死人复活时，是青年还是老年？"虽然都是在论证上帝的存在，以及各种神学问题，但是各式各样的逻辑思辨方法却在这些高度抽象的争论中发展起来，后来这种严格论证的精神被近代科学所继承，成为科学发展的基础。

近代科学的各个学科在一千多年前的古希腊几乎都能找到源头。阿基米德、亚里士多德，人们都如雷贯耳。可是如果单指望古希腊人，这些科学的种子永远也发不了芽。因为在古希腊人的观念中，自然万物都是有生命的，每一种自然事物本身也是有神性的，探索自然就是对神的冒犯和亵渎。那科学还怎么发展呢？而基督教却认为，自然是上帝创造出来的，上帝将它交给人类去"管理"，也就是说人类拥有支配自然的权力。这样科学家才可能放心大胆地探索自然。

古希腊人认为最高级的、最高贵和最受尊崇的活动是智力活动，而手工技艺是奴隶做的事，是粗鄙卑贱的工作，有损于哲学家的尊严，所以古希腊文化中不会产生做科学实验的意识。而在基督教的《圣经》里，上帝创造世界，肯定是自己动手干的，耶稣则本来是一名木匠，亚当和夏娃被上帝安排住在伊甸园里，也要负责修理和看守这个院子，所以手工技艺对基督教徒来说是光荣的事情，做科学实验也没什么不好意思的。

有一些对现代科学家来说必不可少的信念也来自基督教，比如相信自然界是统一的，有规律的，人类理性可以认识这些规律。

在世界上其他一些古老文明的观念中，神无时无刻不在变化，命运的发展充满了不确定性，也就是无法认识的。而在基督教《圣经》中，上帝创造了世界，并用七天时间创造了万物和人类，他的创造行为井然有序。也就是说，世界不是混乱不堪的，这是科学家探索自然规律的前提条件，否则还怎么研究呢？

在基督教看来，上帝要求人类管理自然界，因此人类必须理解和懂得自然。人是按照上帝自身的形象创造出来的，具有上帝的智慧和头脑，因此人类也能够理解和懂得自然。而且既然世界是上帝创造的，那么万事万物都值得去了解。而科学研究必须以观察和实验为基础，完全忠实于客观事实，对事实的尊重就是对上帝的坦诚。在基督徒的眼里，既然自然界是上帝的杰作，研究自然、揭开自然的奥秘就是颂扬上帝的智慧，许多基督徒就是为了颂扬上帝才去研究科学。

近代很多著名的科学家就具有双重身份，既是潜心钻研的科学工作者，又是虔诚侍奉上帝的教职人员：布鲁诺是修道院里的僧侣，哥白尼是教堂里的牧师，伽利略是教会大学的数学教授，遗传学的创始人孟德尔是一个修道院的院长，德国物理学家普朗克长期担任教会执事，负责处理教会的日常事务。

由于对基督教教义的坚信，反而触发了科学上新的发现，这样的例子在近代科学发展史上比比皆是。牛顿相信上帝创造这世界之后，就撒手不管了，由自然规律主导这个世界的运转，他发现的力学规律正体现了上帝的存在。辛普森发现用于缓解疼痛的氯仿，是受到《圣经》中上帝让亚当沉睡之后取下其一根肋骨创造夏娃的启发。巴斯德认为只有神才能创造生命，于是他发明了消毒法，证明了生命不能自然发生。从对上帝的虔诚信仰出发来从事科学研究，这种执着对于推动科学发展作用很大。

一批又一批上帝的信徒通过探索自然规律来感受上帝的光辉，在宗教的狂热中研究自然，而不是因为有用才研究。科学恰恰是在对看起来没有用的事物的研究中发展起来的。相比而言，中国古代的科学家都很注重研究的实用性，宋应星的《天工开物》、李时珍的《本草纲目》、徐光启的《农政全书》等，目的性都很强，首先提的问题就是这东西能拿来干什么，研究的动力和潜力显然是不同的。

结　语

人类摆脱蒙昧时代已有几千年。即使现代文明兴起后，理性和科学使人类变得无比自信。但是我们的血管里仍然流淌着原始祖先的血液，祖先的思维印记在现代社会的文化和生活中随处可见。以理性和科学的眼光看，那也许是愚昧可笑的，但是人类文明也因此显得斑斓而有趣。

参考书目

1.[法]柏格森:《道德和宗教的两个来源》，王作虹、成穷译，贵州人民出版社，1996 年。

2.[法]列维–布留尔:《原始思维》，丁由译，商务印书馆，1985 年。

3.林惠祥:《文化人类学》，商务印书馆，1991 年。

4.[美]乔治·彼得·穆达克:《我们当代的原始民族》，童恩正译，四川民族研究所，1980 年。

5.[美]P.R.桑迪:《神圣的饥饿:作为文化系统的食人俗》，郑元者译，中央编译出版社，2003 年。

6.[英]詹姆斯·乔治·弗雷泽:《金枝》，赵昍译，陕西师范大学出版社，

2010 年。

7.[英]詹姆斯·乔治·弗雷泽:《魔鬼的律师——为迷信辩护》,阎云祥、龚小夏译,东方出版社,1988 年。

8.赵林:《基督教与西方文化》,商务印书馆,2013 年。

第三章
国家的兴起

第一节　文明与权力

一、起源

在原始社会早期,社会组织还比较简单,一个部落或者氏族公社往往通过召开平等民主的全体大会商议解决公共事务。可是后来随着社会组织越来越复杂,人群不断分化,出现了一个获得全体成员公认的,道德上、才能上都很出众的权威代替大家作出决断,这就是酋长或者国王。

酋长或者国王是从哪儿来的呢?古人云:“非我族类,其心必异。”世界各地的古代民族都不太喜欢外地人,觉得只要不是自己民族的人,肯定有古怪,还是躲远点好。可是他们却往往希望自己的首领是外来的。

传说中世界各古代文明的君主总是有一个异于常人的出身,除了从天而降,或者为神灵所生之外,很多时候都来自一个遥远的国度,出身高贵,但由于某些原因被遗弃或放逐。这类传说几乎在所有古代文明中都出现过:王是一个外来者,他绝不是“我们”中间的一个。建立金国的女真人传说其始祖完颜函普是高丽人,朝鲜族传说其始祖之一昔脱解来自遥远的龙城。17世纪的蒙古编年史《蒙古源流》将成吉思汗的先祖说成是具有古印度王族血统的吐蕃王的后裔。在五世达赖喇嘛所著的《西藏王臣记》中,吐蕃的第一个王聂赤赞普是印度众敬王的后裔,因相貌异常而被父亲放逐,才来到西藏。

东南亚早期历史上受印度文明影响比较深的国家如柬埔寨等,也乐于将第一个国王的来历比附于印度:柬埔寨第一个王混填据说出自北印度,而印度尼西亚的几个小国则认为他们的君主源出于南印度;伊斯兰教传入以后,他们又与穆罕默德扯上关系。西方人也同样有到外地认祖归宗的强烈愿望。古罗马人传说他们的始祖埃涅阿斯是古希腊的特洛伊王子,而历史上长期领导亚美尼亚反对波斯和阿拉伯统治的马米科尼扬家族,据说是来自中国。

在古代,这类传说之所以在各个文明中都有,是因为一个最初的王要建立王权,必须有一个不同凡响的出身:能从天而降最好,如果不是,那么至少也要将自己的始祖比附于一个遥远的、受本国人民崇敬的高度文明的国度，否则不足以证明自己的血统高贵。

除了牵强附会、强攀高枝之外，也有真的请个外国人当国王的情况。8世纪与9世纪之交，东斯拉夫人形成了以诺夫哥罗德为中心的部落联盟，但是氏族部落彼此纷争不断。最后，他们相互商议："我们为自己寻求个王公吧，由他来治理我们，根据法律裁决我们的纠纷。"于是他们去请北欧海盗留里克兄弟来为王，建立起东斯拉夫人的第一个王朝留里克王朝。这不仅是因为外来的国王比较高贵，也是因为他不会介入当地贵族之间的矛盾。古代不少日耳曼部族宁可选一个外族人为王。直到一百多年前，希腊、保加利亚等国独立时，还是要从德国或者别的国家请来一个贵族担任国王。我们今天看来，或许觉得匪夷所思：好不容易争取到了独立，怎么却叫个外国人来做国王？可在古代人的思维里，这是非常自然的事情。

二、职责

在现代人的想象之中，古代国王一定是大权独揽、权力无边，其实这是现代人对古代社会的误解。在人类社会刚刚出现领袖的时候，国家权力还不是很发达，领袖的一个重要的职责就是代表人民，通过各种宗教祭祀活动，与大自然的神秘力量及神灵沟通、周旋，为民众谋福利。所以他们必须谨言慎行，不能以任何方式得罪神灵，以免给民众招灾惹祸，这份工作相当辛苦，有时候甚至可以说是遭罪。

在古代，日本天皇每天早晨必须头戴沉重的皇冠，像一尊塑像那样，连续几个小时端坐在座位上，手、脚、头、眼，全身所有部位都不能动弹。日本人认为，他身上任何极微小的不合常规的地方，都会打破自然的平衡。万一天皇的身体向某个地区移动、倾斜，或者他的目光注视到了某一个地区，那里就可能发生战争、饥荒、火灾等灾难。为了保证国家风调雨顺、和平稳定，万民安居乐业，他必须忍受这种煎熬。

古埃及第二十王朝（新王国时期）的国王也很苦，无论白昼黑夜，他的一言一行，包括处理公务，判决案件，走路、洗澡、睡觉，都有明确规定，饮食上也有要求，只能吃小牛肉和鹅肉，只能喝一种特制的酒。

不管他们做得好不好，只要出现了灾难，人民往往会追究国王的责任。《圣经》中记载，以色列人的领袖摩西率领自己的人民脱离埃及法老的奴役。在逃亡途中，每当遇到困难，民众就严厉谴责摩西没有尽到责任，甚至想要惩罚他。

有的时候，这些国王可能连命都保不住。在尼罗河上游的一个部族中，每逢天气干旱，酋长又求不来雨，臣民便在夜间对酋长发起进攻，抢走他的财产，把他赶走甚至杀死。在西非一些地区，求雨失败的国王会被捆绑起来，带到祖坟前暴晒。有的部族在灾荒之年不断鞭打国王，直到天气变好为止。有的国王因为年老体衰不能胜任祈福求雨的责任而被处死。在南太平洋的纽埃岛上，人们每逢粮食短缺就怪罪国王，将其杀死。许多国王就这样死于非命。

这么遭罪，还有生命危险，当然也就没有人愿意当国王。那怎么办？在西非有些地区，国王去世后，贵族们会召开一个秘密会议决定王位继承人，选中了谁，就突然把谁抓了起来，捆绑起来关进小屋子，直到他同意继承王位才放出来。有些有资格继承王位的人意识到危险，就全副武装，时时戒备，坚决抵制任何要立他为王的企图。

中国君主也辛苦，商朝开国之君成汤执政初期，遭遇连续五年大旱。传说人民认为这是因为成汤征战杀伐、作孽太多，得罪了天帝。于是成汤准备举火自焚，以祭天帝。这时突然风起云涌，大雨滂沱，万民欢腾，成汤因此得救。其实气候变迁跟成汤一点关系都没有，可他是君主，必须对天下丰歉、安危福负责。古代中国的帝王不管是不是发自内心的，每逢国家出了天灾人祸，往往要发布罪己诏，向全国人民道歉。

有的时候，君主工作不努力，态度不认真，还会受到朝廷大臣的惩罚。春秋时期，楚文王有一次出门打猎，三个月后才返王宫。另一次由于爱上了一个美女丹之姬，一年不上朝。辅政大臣保申拍案而起，要用荆条笞打之刑予以惩罚。楚文王说我愿意改正，刑罚就免了吧。保申不肯，楚文王只好趴在地上，让保申用荆条在背上轻轻打了两下。受罚之后楚文王还说不痛。保申抗议道：君子受刑本身就是耻辱，你还说不痛，哪能这样不知廉耻呀！气得要投水自尽。楚文王赶紧向保申认错，杀掉猎狗，丢掉工件，撵走了美女，保证以后忠于职守，一心治国。

另一个叫鬻拳的大夫与楚文王的较量更加激烈。有一次楚文王拒绝接受大臣的意见，鬻拳忍无可忍，竟拿出武器威逼文王。事后鬻拳自断一足以谢罪。楚文王并没有因为受委屈而报复鬻拳，而是安排鬻拳看守宫门。后来楚文王率军队抵抗西方巴国的侵略，虽说把敌人赶跑了，可是伤敌一千，自损八百，回城的时候，鬻拳拒不开门：你没完成任务，继续作战。楚文王无奈，只好又带兵到东北方向去攻打黄国，将黄国军队打败之后才撤兵回国。可是由于劳累过度，楚文王还没有回到国都就死了。

金太宗完颜吴乞买也是一个受过大臣们惩罚的帝王。完颜吴乞买是金朝第二个皇帝，他继承的是哥哥金太祖完颜阿骨打的皇位。当时金朝刚开国不久，国库里积蓄不多，完颜阿骨打与群臣约定，这笔钱只能打仗时才能动用。不论是谁胡乱挥霍都要打二十大棍。完颜吴乞买继位后也是很节约的，但是嗜酒，一次趁夜里偷偷进入国库里拿了些钱，出宫大快朵颐。第二天群臣发现后，便一齐动手，连拖带架把他请下来，摁在地上打了二十棍子，再把他扶回去。完颜吴乞买还得恕群臣无罪。有这么一帮负责任的大臣，这皇帝能不兢兢业业？于是金太宗真的成就了一番伟业，先是灭掉了辽朝，然后又夺走了宋朝的半壁河山，俘虏了包括辽天祚帝、宋徽宗、宋钦宗三位皇帝。

总之，君主二字代表的不仅仅是权力，也是一种职责，为了执行好这个职责，君主应该有所付出。

三、礼仪

以现代人的眼光来看，中世纪西欧人的日常行为是十分野蛮的。即便是贵族也只能生活在暗无天日、漏风漏雨的城堡里，地上铺的是草，摆几个木板钉起来的桌子、板凳就算是家具了。国王邀请贵族们参加宴会，一整头猪烤熟了直接端上来，大家直接用手撕着吃，端一盆汤上来，只有一把勺子，大家轮着用。喝酒只有一个酒杯，大家轮着喝。吃饭吧唧嘴，乱吐骨头，撩衣服挠痒痒，随地吐痰，用袖子揩鼻涕，有时候忽然站起来跑到柱子后面撒泡尿。喝多了可能还要骂人、打架，言谈举止都粗俗不堪。

但是随着历史的发展，人们慢慢变得有教养、懂礼貌了。吃饭要用餐具，各吃各的；吃肉也得切好才能上桌；擤鼻涕、吐痰，开始用手帕了；大小便也得挑地方；动不动就打架的事情少了；人与人之间，尤其是男人对女人变得彬彬有礼了。

人为什么会变得讲文明、懂礼貌呢？这可能还得感谢历史上的那些君主们。

在原始社会，人们讲的是你死我活、弱肉强食的"丛林法则"，战争和武力就是彼此交往的方式。在这种环境中，谁如果讲究文明礼貌就不可能生存下来。各种武装力量较量到最后，有一个人铲除所有对手，一统乾坤，这个人就是君主。君主是什么人？他其实是垄断一个国家中所有暴力的人。君主出现以后，这个国家中只有他才能够行使暴力，社会才能够进入平和的状态，文明才有了产生的可能。

但是仅仅过上安宁平静的生活还不够，如果生活不够富足，人们也很难对文明礼仪感兴趣。在古代社会，君主聚敛了大量财富，在人民普遍贫困的条件下，他率先拥有了华丽的衣服、精美的食品、珍稀的珠宝，如果这些都不重要的话，他至少拥有一条手绢、一个痰盂、一套餐具。他已经可以讲文明了。君主拥有了讲文明的一切条件，接下来的问题就是，他为什么一定要讲文明呢？我们可以看看《史记》里记载的这个故事：

汉高祖刘邦原本是个出身平民的无赖，跟他打天下的那些功臣也没什么文化，打败项羽建立汉朝以后他们依旧如此，在朝廷上喝酒，争吵不休，甚至拔剑往柱子上砍……一个叫叔孙通的儒生告诉刘邦，解决（朝廷场面混乱）这个问题的唯一办法是制订礼仪。刘邦同意了。

礼仪制订好了之后，刘邦要求所有人按照礼仪朝贺。司马迁在记述了当时的盛况：天亮之前，司仪引领诸侯大臣依次进入殿门，两边宫廷卫队，骑兵步兵，雄壮肃立，衣甲鲜明，旌旗招展，司仪传令："趋！"所有的大臣齐刷刷站到台阶两旁，文官站东边，面朝西；武将站西边，面朝东，等皇帝坐车从后宫出来，就依次向皇帝朝贺，无不诚惶诚恐，肃然起敬。行礼完毕，摆酒宴。所有大臣也都伏地叩首，按官爵高低依次起身向皇帝祝酒。酒过九巡，司仪再传令："罢酒。"有御史负责全程监督，发现哪个不合礼仪，就把他拉出去责罚。

这样,从朝会到酒宴,没有一人敢大声喧哗,也没有一人敢失礼。对此,刘邦喜出望外地感叹:“吾乃今日知为皇帝之贵也。”

刘邦和大臣们的这一套礼仪其实就是我们所说的文明礼貌。刘邦作为一个皇帝,大臣在他面前随心所欲就是蔑视他的权威,所以刘邦必须制定一套礼仪来约束这些大臣们,建立起一种至高无上的权力秩序。从此,大臣们在刘邦面前说话、走路、吃饭都得一板一眼,所以说在宫廷里讲文明是君主统治自己的大臣所必须做到的,君主和他的大臣们也就成了率先讲文明的模范。

为了讨好君主,争取晋升的机会,贵族们必定很在意自己的行为举止是否讨人喜欢,或至少不能惹人讨厌,所以积极地学习和倡导宫廷礼仪,并且将之视为身份的标志。到了近代,城市资产阶级开始兴起,尽管他们的力量越来越强大,可是仍然被贵族们视为没文化的暴发户。于是资产阶级开始竭力学习和模仿贵族们的一举一动。他们的做派很快又受到中产阶级的模仿,中产阶级的行为举止又逐渐被工人阶级模仿,于是文明礼仪逐渐向全社会扩散,成为通行的行为规范。可见文明礼仪多半是君主和贵族为了显示自己的权力和等级而发明的。

四、饮食

除了行为举止拿腔作势之外,有权势者还通过吃来展示自己崇高的社会地位。

食物是人维持生命必不可少的物资,但是它并不仅仅是用来吃的。在原始社会,由于生产力水平低下,食物常常处于短缺的状态,当一部分人开始掌握比他人更多的食物的时候,食物就开始成为社会阶层的分化器,成了衡量社会等级的尺度。

在很多原始部落,有权有势的人往往通过举办大规模的宴会来显示自己的权威。在北美洲西北沿海的印第安人部落中,如果一个年轻人要想确立自己的社会地位,就要拿出潜心积攒多年的财产,找个理由大摆一次宴席,邀请部落里的人们都来参加,越奢华越好,吃的东西越多越好,除了吃,还要给客人派送好多礼物，总之给大家留下的印象越深刻，那么他的地位就越高贵。这种宴席叫“夸富宴”。有时候这种夸富宴甚至能够挑战部落头领的地位，如果原来部落头领不能及时搞一次至少是同一档次的宴席，便会名誉扫地，把头领的位置让给别人。一个部落头领一生中会多次遇到这种挑战。除了北美洲之外，太平洋乃至东南亚等地都有这种风俗。

国家出现以后，阶级反过来又决定了食物。不同等级的人吃什么往往有硬性规定。在中国西周时期，贵族食肉，平民食藿，“肉食”与“藿食”就成了两大不同阶级的身份符号。当时身份地位不同，吃饭的餐具都不一样。天子的规格是“九鼎八簋”，代表了最高级别，诸侯七鼎，大夫五鼎，士三鼎，都是青铜的，平民只能用鬲，陶器。各阶层必须各守其规，不得僭越。

从古往今来的餐饮时尚变迁中，我们可以看到贵族的没落和中产阶级的兴起。古代的上流社会总是在餐桌上竭力展示自己与其他等级的不同，而越来越富足的中产阶级则总是乐此不疲地想要抹杀这种差别。

当人类社会还不那么富足的时候，饭量大的人通常都享有很高威望，并且被传为美谈，能吃说明占有的食物丰富。柯尔克孜族的神话英雄玛纳斯就食量惊人，“木盆里的肉堆成了小山岗”，而他“只抓了三次”就吃光了，“肉汤像一个小湖水那么多”，而他却一气吃净喝光。古罗马皇帝克劳迪亚斯·亚尔比诺一餐能吃掉五百个无花果、一篮子桃，十个瓜、九公斤葡萄、一百只小鸟、四百只牡蛎。古罗马帝国晚期篡夺皇位的蛮族将领马克西米努斯每天能喝一坛酒，吃二三十公斤肉。在中世纪的骑士文学中，暴饮暴食被认为是勇武的象征。比如，丹麦英雄奥吉尔的食量相当于三个农民，一口气能吃掉四分之一头大牛。

既然越能吃说明你地位越高，那么从外形上看，越肥胖当然也就显得越高贵。我们国家唐朝以胖为美，毛里塔尼亚和汤加人一直到今天仍然如此。

当社会生产力水平进一步提高以后，贵族们往往喜欢用堆积如山的食物来显示自己的高贵。公元前 8 世纪亚述帝国的皇帝纳齐尔帕二世为了庆祝其宫殿落成，举行了一场持续十天之久的盛宴，邀请了近七万名客人，吃掉了一千头肥牛、一万四千只绵羊、一千只羔羊、几百头鹿、两万只鸽子、一万条鱼、一万只沙漠鼠及一万只鸡蛋。

到了封建社会，鸡鸭牛羊猪鱼不再稀罕，普通的土地主也可以吃到脑满肠肥的时候，达官贵人又开始吃稀奇的东西，比如说欧洲贵族吃天鹅、海豹、海豚、孔雀的脑子、火烈鸟的舌头，中国人吃鱼翅、燕窝、猴脑、熊掌。好吃不好吃另说，一般人反正吃不到。

等到平民暴发户也能吃到这些东西的时候，贵族们又开始在菜肴精致上下功夫。厨师原来多为地位最低等的奴隶，现在则获得了艺术家一样的地位和声望。而烹调也变成一种艺术，厨师研究的已经不仅仅是食物的色香味了，甚至还要考虑到舞台风格、戏剧手法，如古罗马皇帝黑利阿迦巴鲁斯，给豌豆镶上金边、用玛瑙装饰扁豆、用琥珀包装蚕豆、用珍珠点缀鱼。他曾经用大量的蓝色酱汁仿造海洋，然后把鱼摆在里面，好像还在海里游一样。要不就是预先准备了无数的玫瑰花藏在宴会大厅的顶棚上，酒过三巡时他一声令下，玫瑰花瓣如瀑布般落下，把客人都埋在里面。

在中国，孔子也主张食不厌精，脍不厌细。在《在红楼梦》里，贾母在大观园请客吃饭(《史太君两宴大观园》)，刘姥姥吃了一道茄子，说“告诉我是个什么法子弄的，我也弄着吃去。”凤姐解释了一番：“才下来的茄子，把皮刨了，只要净肉，切成碎钉子，用鸡油炸了，再用鸡肉脯子并香菌、新笋、麻菇、五香豆腐干子，各色干果子，都切成钉儿，用鸡汤煨干，将香油一收，外加糟油一拌，盛在磁罐子里封严，要吃时拿出来，用炒的鸡瓜一拌就是了。”[①]如此精致复杂的料理使贵族与平民的餐桌再次拉开距离。

可是烹饪术很容易被模仿并广为流传。当资产阶级兴起的时候，宫廷贵族们的烹饪食谱很快也出现在了这些暴发户的餐桌上，连御膳房的大厨可能也会在高薪的诱惑下“跳槽”。日渐衰落的贵族们囊中羞涩，没有别的可炫耀了，又开始讲优雅，制定出各种烦琐的餐桌礼仪：

不管椅子多舒服，都得正襟危坐。除了面包以外，任何食物都不可以直接用手抓。刀叉按固定的顺序在人们面前摆成一排，只能由外而内地取用，左手持叉，右手持刀，刀刃不可向外。切割食物不可出声。红酒配红肉，白酒配白肉，且只能用三只手指轻轻握住酒杯的腿，把酒倒在舌头上。舀汤的时

① (清)曹雪芹、(清)高鹗:《红楼梦》,浙江古籍出版社,2016年,第273页。

候,汤匙要由里向外,喝的时候要以45°角送入口中,不能一边吹一边喝。鱼刺、骨头,不能直接吐出来,要用餐巾捂住嘴,轻轻吐在餐巾上放入盘内。

人们只有经过一定的训练才掌握这些餐桌礼仪。餐桌上的行为和礼节,成了一个人贵族气质的表现。人们考虑的重点不再是吃什么,或者怎样烹制,也不需要吃很多,重要的是以什么样的方式吃。越是高级的宴会,礼节就越是精细烦琐。

对于一些人来说,吃常常不是单纯地填饱肚子,吃的每一口食物其实都附着权力和文化。

五、婚姻

中国古代的帝王后宫一直是人们津津乐道的谈资,也是电视剧热衷的题材。三宫六院七十二妃,美女多得要命。杜牧在《阿房宫赋》中形容,看宫室里好像繁星闪耀,那是妃嫔们早上起来打开了梳妆镜;看宫室外的河流上涨,那是妃嫔们在倾倒洗脸水;听见隐隐有雷声,那是妃嫔们一起乘宫车游行。因为人太多了,许多绝代佳人很可能熬得人老珠黄也无缘帝王的宠幸。这种悲剧曾经被很多文人嗟叹不已,成为封建帝制的一大罪状。不过这种禁锢人性的嫔妃制度并不是因为这些君主好色或者变态,也绝非中国特色,而是世界性的普遍现象,具有深远的历史来源。

首先,对于原始人来说,男女之间的结合不仅仅是两个人为了爱情或者繁衍下一代,它的意义要重大的多。

原始人认为人与自然界是相互感应的,雨水是由于天地交合而产生,就好比男女结合,而人在天地之间进行结合,就可以诱使天地交合,从而形成降雨。另外人的生殖行为可以影响动植物的繁殖,男女结合可以促使农业丰收,于是性就变成了一种求雨和祈祷五谷丰登的巫术。

在古代埃及、印度、希腊、中国,以及南美的印第安人部落中,都不同程度地存在着这样的祭祀活动。在古希腊,一年一度最为隆重的酒神节既是欢庆丰收的盛会,又是祈求丰产的节日。人们在神像面前表演歌舞和戏剧,歌舞表演进入高潮的时候,人们就在祭坛之下结合。

国王和酋长在巫术和宗教统治的时代，其实就是负责与神灵沟通的人。他的身体状况和生育能力更加关系本国本部落农作物和牲畜的生长。如果他能够频繁地繁衍后代，人民就会非常庆幸，因为这意味着庄稼和牲畜也能够大量地繁殖和生长。国王和酋长的生育能力，是民众丰收和幸福的保证。为了天下太平，五谷丰登，给国王和酋长多安排几个妻子又算得了什么呢？

既然关系如此重大，国王的身体健康，尤其是生育能力就非常重要了，古人对政治领袖的身体强壮有严格的要求。有的民族一见酋长有白头发或者皱纹，就会寻找年轻力壮的人继位。

西太平洋地区特罗布来恩群岛的酋长，统治着六十多个村庄。每个村庄必须为他提供一位妻子，这样他就拥有六十多位妻子。这六十多位妻子可能还负有监视酋长的职责，以便每个村子都可以及时知道酋长的身体状况（也就是进行巫术活动和政治活动的能力），及时作出政治判断。不过除了巫术上的意义之外，国王的婚姻更多的是一种政治上的需要。每个村庄送给酋长的那位妻子，实际上是那个村子与酋长之间的纽带，婚姻的确立表明村庄与酋长之间建立了牢固的政治关系。

事实上，政治婚姻在古代文明世界中非常普遍。比如说，商朝末年，周人和羌人结成了部落联盟，姜太公作为羌人的首领，辅佐周文王、周武王，最后两家联手推翻了商朝。周朝建立之后，羌人作为革命战友，自然也要分享胜利果实。姜太公受封于齐，成为赫赫有名的齐国的开国之君。周天子还特别宣布齐国有征伐其四周邻国的权力，这是很高的待遇了。周朝分封了很多诸侯，当然是以他们自家人，姓姬的最多，其次就是姓姜的。

不仅如此，周天子还与羌人通婚。从周文王开始，西周十二位天子，每隔一代即有一位姓姜的王后。其他姬姓诸侯如郑国、鲁国、卫国，也往往娶姜姓女子为妻，而姜姓诸侯如齐国、许国、申国、吕国也多娶姬姓女子。这种世代联姻，使周人与羌人结成了一种牢不可破的利益共同体，一损俱损，一荣俱荣。羌族把女儿嫁给周王室，也是一种政治投资，因为将来的周王会有一半羌族血统，一定会维护羌族的利益。

而当这种政治婚姻破裂的时候，也对西周的灭亡产生影响。西周最后一个天子周幽王爱上了历史上著名的“红颜祸水”褒姒，为了逗褒姒开心，不惜

“烽火戏诸侯”,他还想要把原来的太子废掉,让褒姒的儿子当太子。而太子的母亲恰好是一位重要的姜姓诸侯申侯的女儿。

申侯当时镇守西陲,负责防御一支叫作犬戎的游牧民族。周幽王废掉太子就意味着申侯的外孙做不了下一任周天子,一直以来的政治规则被周幽王不可遏止的爱情所践踏,也意味着周人与羌人的联盟突然破裂了。申侯干脆联合犬戎攻进了西周的首都镐京,杀掉了周幽王,西周就此灭亡了。

申侯最后还是想办法让自己的外孙当上了周王,也就是周平王,周平王把都城从镐京迁到了雒邑。东周由此开始。可是周人和羌人的政治同盟已经不复存在,周朝的统治再也没有过去那么稳固了,从此诸侯纷争、天子衰微的春秋战国时代开始了。

其他还有很多例子。比如三国时期的孙权为了巩固跟刘备之间的联盟,就把妹妹嫁给了刘备,汉朝对匈奴、西域,唐朝对吐蕃、回鹘和亲,辽与西夏联姻等等。在西方,比较著名的有 11 世纪初的基辅大公雅罗斯拉夫,为了创造有利的国际政治环境,娶了瑞典公主为妻,又把自己的几个女儿分别嫁给了法国、挪威、匈牙利的国王。基辅大公国进入最鼎盛时期。1503 年英格兰国王亨利七世把女儿嫁给了苏格兰国王詹姆士四世,奠定了两国合并的基础。1810 年拿破仑迎娶了奥地利公主玛丽·路易莎为皇后,法奥两国结成了军事同盟。

为了巩固政治联盟,两个国家,甚至两个家族之间可能会一代又一代地联姻。选择面过窄,必定导致近亲繁殖。今天我们懂得遗传学知识,都知道近亲结婚产下的子女中遗传病、畸形儿和先天愚的发生率极高,而且常常不孕不育。

西汉十一位皇帝,好几个寿命都不长,七位皇后生不出儿子,原因都是近亲通婚。中国自周代以来都是实行嫡长子继承制,如果皇后无子,而其他后妃有子,就可能招致争夺皇位继承权的激烈斗争。如果皇帝一个儿子都没有,朝臣们会推选一位旁系子孙为帝,这时拥立皇帝最有功劳的大臣就往往权倾朝野。如果皇帝去世得早,皇太子小小年纪即位,朝政又往往被外戚,比如说国舅操纵。在权臣外戚的明争暗斗之中,西汉最终走向没落。

中国历史上另一个近亲结婚导致的悲剧发生在西晋。晋武帝司马炎与其姨表妹结婚，生了个智力上有障碍的儿子司马衷，也就是后来的晋惠帝。这位晋惠帝还在做太子的时候就是朝中公认的低能，即位之后国家政事一件也管不了，却闹了不少笑话。有一年各地闹饥荒，百姓饿死很多。惠帝知道后问大臣：好端端的人为什么会饿死？大臣说：没粮食吃。惠帝说："何不食肉糜？"皇帝这样愚蠢，大权自然旁落。皇后贾南风企图把持朝政，惹出了长达十六年的"八王之乱"，最终导致了西晋的灭亡。

清朝也深受近亲婚配之苦。清朝皇室主要与蒙古博尔济吉特氏、乌梁海氏两大家族通婚。这么小范围的世代通婚，后果可想而知。清代皇帝总体上越到后来生育能力越差，子女夭折的比例越高。康熙皇帝生了五十多个孩子，其中儿子三十五个，活到成年的二十四个，最后是九子夺嫡；乾隆皇帝二十七个孩子，十七个儿子，七个夭折，十个长大成人。道光皇帝九子十女。咸丰皇帝两子一女，但只有一个儿子活到成年。清朝最后三个皇帝同治、光绪、宣统，居然齐刷刷地一个孩子没生出来，清朝最后的五十年基本上是靠慈禧太后撑起来的。

近代欧洲也是这样。欧洲历史上影响力最大、统治范围最广的哈布斯堡家族原本只是奥地利的一个伯爵而已，但是通过广泛的联姻，该家族成员出任了欧洲许多国家的国王，16 世纪后期德国、奥地利、匈牙利、波希米亚、荷兰、米兰、西班牙、葡萄牙的统治者全是这个家族的成员，可以说哈布斯堡家族统一了大半个欧洲。为了巩固其统治，哈布斯堡家族频繁地进行家族内近亲结婚，在一个半世纪中有十多次二代、三代内的直系亲属婚姻。哈布斯堡家族的座右铭就是："让其他人发动战争，快乐的奥地利人，就去结婚吧！"但这个家族的后代体质却日渐衰弱，智力低下，性情暴戾，痴呆儿很多，而且多半活不到 10 岁。到 1700 年，因为绝后，哈布斯堡王朝结束了对西班牙的统治，从此衰落。

当近亲婚配早已在民间百姓中成为禁忌的时候，各国皇室却不约而同地乐此不疲。他们的目的当然是想要保住尊贵的皇冠，可是最终往往以悲剧收场，历史也在近亲结婚中转变了方向。

六、血统

对于有一些古老文明来说，近亲婚配是出于维护血统的纯洁。古埃及法律不允许平民兄妹结婚，但是法老不仅可以娶自己的姐妹为妻，而且个别法老甚至还立自己的亲生女儿为王后。因为古埃及人认为法老是神在人间的化身，为了保持法老的血统纯正，就不可避免地要求法老近亲结婚。这种近亲通婚的风俗在古埃及历时长达两千年之久，直到公元前30年被罗马帝国征服时才结束。

与之类似，南美印加帝国的王室因为他们自称是“太阳神”的后代，为了维持血统纯正，只能与“月亮神”的后代，也就是自己的姐妹结婚。日本天皇为了防止平民们亵渎了皇室的血统，千年来只与藤原氏等大贵族，或者王室内部通婚。典籍中关于日本皇室近亲结婚的记载比比皆是。

近亲婚配的结果就是，这些外表显赫的法老、天皇们往往都身体残疾。考古学家用X光扫描著名的少年法老图坦卡蒙的木乃伊后发现，他生前脊柱严重弯曲，脖子不能自由扭动，脚也是畸形的，必须靠拐杖才能走路。最后因为不小心摔倒导致腿部骨折，再加上感染了疟疾，这位法老年仅19岁就去世了。

日本的大正天皇，是明治天皇唯一活到成年的儿子，智力有障碍，常常在大庭广众之前做出一些可笑的举止。如在观看军事演习时，他会突然跑下检阅台，打开士兵的背包乱翻一通。一次，当他出席国会开幕式的时候，心血来潮，一边傻笑，一边把讲演稿卷成圆筒，放在眼睛上，对着外国使节们乱照一气。日本政界元老感到不能再让他这么闹下去了，1921年决定由皇太子裕仁摄政，而这位裕仁天皇也不是很健康，小时候就特别虚弱瘦小，脊柱侧凸，不能挺直腰板，必须长时间坐在一种矫正椅上，眼睛也近视得很厉害。

除了最高统治者之外，很多贵族也很在意血统的问题。比如说中国古代的门阀士族就是这样。东汉时期，中国出现了一群被称为“士族”的豪强地主。他们既是一群政客，世世代代在中央和地方当大官；又是一群自命清高的知识分子，以儒学经术传家，崇尚名节；也可以说是一帮地方实力派，他们的庄园经济实力很强，多少都拥有自己的武装。

曹魏时期，魏文帝曹丕施行九品中正制，由地方上的士族评定本地人物德才品行，分为三等九级，作为朝廷用人的依据。这样一来士族们肯定相互提携，把自己的亲朋好友评得很高。不是那个圈子里的，再有才也不会获得好评，即所谓“上品无寒门，下品无世族”。而且一个宗族延续的越长久，祖上做高官的人越多，累世公卿，就越被看重，越有可能被朝廷重用，于是这个宗族就会越发地繁荣。士族把国家政治权力都垄断了，就变成门阀，也就是靠门第出身掌握权势的政治集团。到东晋时期，这种形势尤为突出。

在北方，北魏建立以后，鲜卑族本来没有士族门阀这一套，孝文帝拓跋宏实行汉化改革，也效仿南朝，把鲜卑族的宗族姓氏分出等级，作为朝廷任用官吏的标准。

于是当时全中国都是以门第高低选贤任能。不过每个地区最高级的姓氏还不一样，从中原迁到江东去的称为“侨姓”，王、谢、袁、萧为大；原本就居住在东吴的称为“吴姓”，以顾、陆、朱、张为代表；仍然留在中原生活的称为“郡姓”，关东以崔、卢、李、郑、王为大；关中以韦、裴、柳、杜、杨、薛为首；北魏汉化了的鲜卑贵族称为“虏姓”，最大的是元、长孙、宇文、于、陆、源、窦。

这个圈子是非常严格的，士族只跟士族往来，绝不与庶族寒门为伍，正所谓“服冕之家，流品之人，视寒素之子，轻如仆隶，易如草芥，曾不与之为伍”[①]。所以那个时候修家谱是一个很重要的学问。祖上有谁，做过什么官，家谱都得写得明明白白，有根有据。

士族之间通过婚姻的纽带拉帮结伙，平时可以互相扶持，一有变故还可以互相援助。这样的话，门第就几乎成为选择结婚对象的唯一标准。士族和庶族不能通婚，同为士族不同等级也不能通婚。可是士族通婚的范围太小了，尤其是名门望族，就那么几个，导致大量的近亲通婚、近亲繁殖，子孙在体力和智力上都越来越虚弱，动辄生病猝死，骑马都嫌累，出门只能坐车。读书也不行，考试的时候要请人代考，参加宴会不能现场作诗，只能事先请人写好再背出来。从西晋到东晋，再到南朝宋、齐、梁、陈，士族中的人才日渐凋

---

① （宋）李昉等编：《文苑英华》（卷 760），中华书局，1956 年，第 3987 页。

零。士族门阀开始衰落。隋唐时期，随着科举制的推行，靠门第做官的机会越来越小，门阀士族基本上退出了政治舞台。

第二节　国土的维系

对于古代的国家来说，交通常常是维持统治的关键。如果国土面积小，比如像古希腊的城邦国家还好说，如果是个幅员辽阔的大国，如何把朝廷的命令传达到地方，如何把地方的赋税运送到中央，如何偏远乡村发生叛乱的消息及时上报朝廷，如何将驻扎在营地的部队迅速地运送到前线，都是很让人发愁的难题。

一、道路

在没有现代交通工具的年代，人们能做的就是至少把路修得好一点。

修路可以说是古代帝国的必修课。古罗马人酷爱修路，这是他们在长期的对外扩张战争中养成的良好习惯。从罗马共和国时代开始，为了能让罗马军团迅速集结，奔赴战场，并且把部队的军需粮草运送到前线，每征服一个地方，罗马人的首要任务就是修路。每一个罗马士兵不仅是浴血沙场的战士，也是挥舞铁锹的筑路工人，逢山开路，遇水架桥。军队打到哪里，道路就修到哪里，道路修到哪里，哪里就会被罗马纳入版图。

他们筑路的工艺技术相当高明：先把路基夯实，上面铺一层大石块，石块之间用沙土填缝，上面再铺一层火山灰（火山灰可以作为一种天然的水泥），然后再铺上一层沙石，距离罗马比较近的重要路段还要花岗石板作路面，非常坚固耐用。主干道宽十二米，路两侧有排水沟，中间略为凸起，雨水能很快流走。道路两旁还要种上树，为行军士兵遮挡阳光。至今在欧洲很多地方，当年的罗马大道还在发挥作用。罗马帝国灭亡以后，中世纪的欧洲人曾经想重修这些大道，但是都达不到当年的水平。

罗马帝国的道路网以罗马为中心向四周辐射，南至北非，北至不列颠，覆盖整个西欧、南欧及亚洲和非洲的部分地区，总长度约有七万八千千米。

帝国的每一行省也都有适合本地具体情况的道路网，与从罗马辐射出来的主干道相连,共同构成四通八达的道路交通系统。据说,从欧洲的任何一条大道开始旅行,只要不停地走,最终都能走到罗马。所以罗马皇帝尤里安说“条条大道通罗马”。

罗马帝国扩张到一定程度,战争渐渐少了,罗马大道又成了帝国的经济命脉。这些密集的道路网络将各个行省的商贸中心、主要城市、殖民地都连接起来。每一条道路上都有巡逻队按时巡察,非常安全,很少有盗抢劫掠、杀人越货的事情,每隔一段距离还设有商站,为来往商人提供食宿。在这些大道上,四轮马车不停地往返奔驰,将欧亚非三大洲的特产和财富都聚集到罗马。历史上记载罗马人过着纸醉金迷、奢侈腐化的生活,那都是建立在这个道路网的基础上的。

罗马大道还是罗马帝国传递信息的主要手段。道路上每隔十多千米就设有一个驿站,每个驿站都备有驿马、信使。信使一个个训练有素,他们可以驾着马车,一站一站地将帝国的政令、文件传递下去。为了避免传递过程中信息被扭曲，他们还必须有能力回答人们对其所传递的政令和文件提出的问题，所以没点文化还不行。这套信息传递系统可以说是当时世界上最先进、最快捷的。帝国的政令、军令和法令,各行省的请示汇报、紧急军情、献礼进贡,以及各种私人信件、商业往来等,都是通过这些道路系统、信息网络来传递。罗马与各行省因此紧紧地连接在一起。当某个行省发生骚乱或者出现不安定苗头的时候,皇帝很快就能知道,然后下命令给距出事地点最近的军团,在事态恶化之前,迅速出兵平乱。

罗马大道为罗马帝国的长期统治可以说是立下了“汗马功劳”。

罗马大道仿自波斯。著名的波斯帝国大道从伊朗高原通往爱琴海,全长两千六百千米,沿途共有一百一十多家休憩站。古希腊历史学家希罗多德记载说:“世界上再没有比这批波斯信使跑得更快了。他们是波斯人的一大发明。他们说,路程需要多少天,也就有多少匹马和多少个男人分布在道路沿线整装待发。每天的路程配备一个骑马信使和一匹马。无论下雪或下雨,还是夜间道路难行,都不能阻挡他们以最快的速度跑完规定的路程。第一个急使将消息传递给第二个,第二个再传给第三个,这样依次传递下去……”

波斯帝国大道又是波斯人从亚述帝国继承来的。早在公元前8世纪，亚述人就用石块和砖修筑了四通八达的道路，有些路段甚至还铺上沥青。每隔二十千米就建一个驿站，并且还挖一口井。

南美洲的印加帝国也建立了一个遍布全国的道路网，以首都库斯科为中心，从东到西、从南至北全长两千五百千米，把整个帝国联成一个整体，而且大多修在安第斯山脉的崇山峻岭里，有的道路海拔超过五千米，有的就是在岩石上凿出来的台阶。遇到河流，印加人就拉一道用绳子编起来的吊桥。这些道路是印加帝国存在和正常运转的基础。印加人没有马，所以传递消息只能靠人跑。不过他们有一种神奇的植物——古柯，吃了以后让人特别兴奋，不知疲倦，可以一口气飞奔五千米。所以印加人是每五千米设一个驿站，换下一个人继续跑。印加人也没有文字，传递消息还得靠这些信使先背下来，口口相传。好在古柯这东西还能增强人的记忆力，要是还怕不保险，就用几根不同颜色的绳子，打上结作为记号，结绳记事。

中国也是这样。秦始皇统一六国之后就忙着修路。山东六国虽然被武力扫平，但是要想把六国故地真正地纳入秦的统治之下，使大秦帝国真正的统一，还必须把它们连接在一起。秦始皇修的路叫作“驰道”，以咸阳为中心，一条向东通往齐国和燕国，一条向南通往吴国和楚国，“江湖之上，濒海之观毕至”。路面用锤夯实，每隔三丈种一棵松树。史书上记载说路宽五十步，相当于六十九米，一般认为不太真实。考古学家实地测量，应该是四米五。这两条驰道之外，秦始皇还在从巴蜀到云南的崇山峻岭之中修了一条道，因为地形地势所限，这条道只有五尺宽，所以叫“五尺道”。

除了驰道之外，秦始皇还修筑了一条军用“高速公路”——直道。这是秦朝在万里长城之外的另一项浩大工程。秦直道全长一千八百余里，从咸阳城附近的甘泉宫一直延伸到今天包头市西南的九原县，穿越整个鄂尔多斯地区。修筑这条道路的目的是为了出兵塞外，威慑和打击匈奴。直道竣工以后，秦军骑兵只需要三天三夜就可以从咸阳杀到阴山脚下。公元前215年，秦始皇派蒙恬统领三十万秦军北击匈奴，使匈奴溃不成军，“不敢南下而牧马”。

放眼世界，很多幅员辽阔的伟大帝国都狂热地大规模修筑高等级公路。为什么？这是统治和捍卫一个纵横几千里的帝国的基础。君主需要用最快的速度传达他的旨意，获悉各地的情况，还需要用最低的花费把军队送到边疆去抗击侵略，让商人们能够顺畅地往来。因此，古代世界的帝国统治者们不约而同地选择了修路。

二、运河

除了修路之外，如果这个帝王更具雄才大略，更有想象力的话，他还可能让人开掘一条运河。在这方面，中国的京杭大运河可谓是最杰出的代表。

在谈到中国古代文明的时候，人们总是不忘提起黄河和长江，认为这两大河流孕育了中国五千年的悠久文化，养育了在两岸繁衍生息的华夏子孙。但是在长江、黄河之外，还有第三条河流在两千多年的悠悠岁月中，直接影响着历史的走向，那就是中国人用双手挖掘出来的京杭大运河。京杭大运河北起北京，南至杭州，沟通海河、黄河、淮河、长江、钱塘江五大水系。它是世界上最长的一条人工运河，全长近一千八百千米，是苏伊士运河的十六倍，巴拿马运河的三十三倍。中国境内的大江大河有一个特点，多数是自西向东流，只能横贯东西，不能沟通南北，京杭大运河则是唯一沟通南北的河流。

为这条运河挖第一锹土的人是春秋时期的吴王夫差。当时吴国战胜越国、楚国以后，夫差雄心勃勃，打算北上中原争霸，就开凿了一条运河，南起长江，北至淮河，称为邗沟。这条运河为吴国运兵北上打败齐国帮了大忙，后来成为京杭大运河的重要组成部分。

真正使大运河连通长江和黄河两大流域的是隋炀帝杨广。史书上说隋炀帝痴迷于江南的秀丽风景，同时也喜爱江南的奇花异石和美女，于是一声令下，“发河南、淮北诸郡民，前后百馀万，开通济渠。自西苑引谷、洛水达于河；复自板渚引河历荥泽入汴；又自大梁之东引汴水入泗，达于淮；又发淮南民十馀万开邗沟，自山阳至杨子入江。渠广四十步，渠旁皆筑御道，树以柳；自长安至江都，置离宫四十馀所”。[①]

① （宋）司马光：《资治通鉴》，中华书局，1956 年，第 5618~5619 页。

不过修这条运河的真实目的绝不仅仅是为了旅游，而是为了巩固来之不易的统一局面。589年，隋朝出兵南下灭掉了陈朝，三国魏晋南北朝近四百年的动荡和分裂就此结束，但是国家还远远谈不上统一。四百年分裂造成的种种隔阂，并没有随着军事征服而消失，南北相互视为异族。江东豪强不甘失败，陈朝灭亡之后第二年就发动全境叛乱，只是因为被隋朝及时镇压下去南北才没有再次分裂。

隋炀帝开凿运河的首要目的其实是为了沟通南北，确保江南发生叛乱的时候北方的军队能够及时南下平叛。运河开通之后，他率领几千艘船，二十万人下扬州，这样的视觉效果对于江南的世家豪族来说是相当的震撼，隋朝在江南的统治从此得到巩固。可以说，京杭大运河把南北分裂的中国缝合在了一起。

另一方面，开凿运河也是出于维护北方边疆安全的考虑。当时在隋帝国的北面有两个潜在的敌人：西北是突厥，东北则是高句丽。高句丽是一支很强大的力量，最鼎盛时占据了朝鲜半岛的北部及辽东半岛的大部分地区。虽然当时无论是突厥还是高句丽都无法单独对隋帝国构成威胁，可是如果突厥和高句丽联手入侵，隋朝会陷入两线作战的危险境地。于是隋炀帝决定先下手为强，攻打高句丽。运河在这场战争中扮演了非常重要的角色，把从淮南、江南、岭南等地征调的部队、军粮、刀箭、铠甲和攻城器械，源源不断地输送到北方前线。后来隋炀帝因为杨玄感叛乱，不得不匆忙撤军，丢弃在辽东城下的军械物资堆积得像小山一样。可见大运河为这场战争提供了多么重大的运力支持。只可惜高句丽还没攻打下来，隋朝就被国内的叛乱所颠覆。

继隋而起的大唐王朝是中国历史上最强大、最富庶的王朝之一。它之所以如此强盛，除了唐太宗、武则天、唐玄宗这几个杰出帝王的英明领导之外，很大程度上得益于对大运河的充分利用。

在唐朝统治时期，关中地区人口不断增长，但是粮食生产却日渐衰退，根本不能满足长安居民的生活需要。此时淮南已发展成为全国重要的粮食产地，军粮民食都要通过运河从江淮调运。武则天长期住在运河枢纽洛阳。唐玄宗则是让人想方设法把运河从洛阳通到了长安，“旁通巴汉，前指闽越。七泽十薮，三江五湖，控引河洛，兼包淮海。弘舸巨舰。千舳万艘。交贸往还，昧旦永日”。唐朝初年，每年运到关中的粮食不过二十万石，但到了唐玄宗开元年间，每年从洛阳西去的船只成千上万，粮食的运输量迅速增加，最高达到一年四百万石。不仅有粮食，各地运来的土特产也是应有尽有。

运河一直修到长安城城东望春楼下，形成一个大湖，名曰广运潭。负责漕运的水陆运使韦坚为了讨唐玄宗欢心，特意在广运潭上搞了中国历史上第一次全国土特产博览会，调集了全国各地几十个郡的船只聚集在湖上，每条船上都挂着牌子，标明来自哪个地方，满载着当地的土特产。广陵郡的织锦、镜子、铜器、海鲜；南海郡的玳瑁、真珠、象牙、沉香；豫章郡的各类名瓷、茶具；宣城郡的宣纸和毛笔，二三百条船，首尾相连，浩浩荡荡，绵延好几里，蔚为壮观。大运河不仅堆积出了一个无比繁华的“盛唐气象”，也将偌大的帝国连为一体。

后来安史之乱爆发，朝廷不断利用运河将军需物资运往西北，支持平叛战争。乱军要切断大运河的运输，而朝廷则竭力确保漕运的安全，为此发生了多次战役，比如说著名的睢阳之战，六千八百名唐军在十三万乱军的围攻之下，坚守汴河重镇睢阳十个月之久，非常惨烈，虽然睢阳最后还是陷落了，守城唐军全部牺牲，但是因为这段时间朝廷的物资供应得到了保证，唐军成功地收复了长安和洛阳，扭转了平乱战争的局面。

安史之乱平息之后，藩镇割据接踵而来。河北、山东的地方军阀不把朝廷放在眼里。朝廷的财政收入 90%来自江淮地区，几乎全靠大运河转运。很多历史学家们认为，经历了安史之乱这样大规模的内乱，唐朝之所以还能够维持一百四十四年之久，多亏它掌握着这么一条大运河。

世界历史上最热衷于挖运河的是美国人。美国独立以后，东部大西洋沿岸的港口城市费城、波士顿，在与西欧的贸易中率先兴起，成为 19 世纪以前美国的政治经济重心。但是从东部沿海去往西部内陆的交通很不方便，货物运输主要依靠马拉牛拽的大篷车。东部和西部之间交通不畅，这对于一个新兴的国家来说是不利的。中西部有一条纵贯南北的密西西比河，西部地区的居民去东部沿海不容易，去南方的新奥尔良，或者北方的加拿大却很方便。新奥尔良当时是法国殖民地，加拿大是英国殖民地，华盛顿因此不无忧虑地说：“西部居民的忠诚‘悬于一线’，因为他们的经济利益更多地依靠新奥尔良和蒙特利尔,而不是东海岸。”

为了改变这种局面，美国人决定开凿一条沟通东海岸与西部内陆的运河,这就是伊利运河。工程从 1817 年开始,耗时八年才完成。伊利运河长三百六十四英里，从纽约州首府哈德逊河畔的奥尔巴尼一直通到五大湖东岸城市水牛城(布法罗),把东部的哈得逊河与西部的五大湖区联为一气。

这条运河成为沟通东西部的第一条水路通道。发起开凿这条运河的纽约州州长德威特·克林顿满怀信心地说:“这条运河将带来前所未有的内陆大贸易。美国最富饶最广阔的几个地区都可以利用这条运河,建立一个巨大的市场。”如他所预料的那样,西部的大批谷物、面粉和肉类开始通过这条运河源源不断地运往东部沿海。原本以种植玉米和养猪为主,自给自足的西部农民变成了面向市场生产粮食和肉类的农场主。东部沿海的工业产品也在西部找到了市场。大批的移民就在歌声中向西部进发,寻找土地和财富。

随后二十年中,美国各州出现了一个开凿运河的热潮,大小几十条运河沟通东西南北。到 1840 年,总长度达三千三百多英里,比从纽约到西雅图的距离还要长。美国成了当时世界上运河最为发达的国家。

1803 年，法国把包括新奥尔良在内的二百十一四万平方千米的北美殖民地路易斯安那卖给了美国,整个密西西比河流域都成为美国领土。之前开凿的运河与密西西比河相连,变成了一个更加四通八达的河运网络。利用这个河运网络,商人可以将东部生产的工业品贩运到西部,再买入西部的面粉和牛肉沿着密西西比河运到南方,卖掉之后买入当地的棉花和蔗糖,沿着海岸线运回东部。或者是反过来,东部的工业品沿着海岸线运到南方,换取蔗糖和咖啡，再沿着密西西比河运到西部换成粮食和肉，再通过运河运回东部。以这个三角贸易为基础,一个紧密联系的全国市场初步形成,美国东部、西部、南方成为一个不可分割的整体。

三、铁路

当工业革命来临的时候,一种新的交通手段出现了,那就是铁路。1825 年世界上第一条铁路在英国开通运营。火车跑得快,装得多,相对于内河航运更加便捷,因此得到世界各国的重视。到 19 世纪末,欧亚和北美大陆已经布满了血管一样纵横交错的铁路。

铁路对于一个国家的一体化意义非同小可。19 世纪上半叶的德国政治上邦国林立，经济上贫困落后，为数不多的矿区和工业基地都处于遥远偏僻、交通不便的边境地带。德国的有识之士看到英国的铁路成就之后,立即意识到德意志民族的机会来了。一心致力于德意志统一的经济学家弗里德里希·李斯特把全国铁路网视为实现这一理想的两把钥匙之一,与关税同盟相辅相成,“为实现将德国各邦统一成为一个伟大而智慧的民族而共同奋进”。1835 年德国第一条铁路通车,二十五年之后,所有大城市都有铁路相连,到 1880 年,德国铁路总里程居然达到三万三千多千米,超过英国,成为欧洲第一。铁路对德国的最大意义在于将国内分裂割据的各个邦国连接起来,形成一个统一的国家,一些过去连马车都不曾到过的偏远地区的居民也被纳入铁路网之中,德意志民族终于可以攥成一个拳头。

美国也是这样。从 1830 年开始,挖够了运河的美国人又像发疯了一样横跨北美修筑铁路,到 1888 年美国的铁路里程比整个欧洲加起来还要长四万多千米。大批移民坐上火车向西部进发,在铁路沿线不断建立新的城镇,进一步推动了西部地区的经济发展。更重要的是，铁路把东西横跨六个时区,南北纵越三十个纬度的美国,如此幅员辽阔的一块大陆的所有海岸都连为一体,变成一个不可分割的国家。

俄罗斯的西伯利亚大铁路也是如此。20 世纪以前,西伯利亚和远东地区与俄罗斯的欧洲部分几乎是隔绝的,对于沙俄这样一个庞大的帝国来说,这种状态是很危险的。1904 年全线通车的西伯利亚大铁路,西起莫斯科,东到符拉迪沃斯托克,横贯俄国东西,绵延九千三百多千米,是迄今为止世界上最长的铁路。它像一条锁链一样把俄罗斯的欧洲部分和亚洲部分串在了一起,使之成一个整体。

而将本国的铁路延伸到边境之外,也成为一种蚕食邻国土地的办法,因为铁轨铺到哪里,势力就会渗透到哪里。近代我国东北的中东铁路就是一个典型的例子。这条铁路自西向东横贯黑龙江、吉林两省,与俄国铁路首尾相连,成了西伯利亚大铁路的一条支线,名义上实行中俄“共管”,实则由沙俄大权独揽。以后中东铁路又增加了一条从哈尔滨到大连的南北支线，变成了一个“T”字形铁路网。当时的道胜银行董事长道出了真谛：“当第一辆直接来自莫斯科的火车停靠在太平洋岸边时，俄国人想和沿途地区政治上、经济上化为一体的强大浪潮，马上就会汹涌澎湃起来。”①

20世纪初日本也加入进来，与俄国打了一仗，也就是日俄战争，夺取了长春以南这一段，改称为南满铁路。日本人把这段铁路从沈阳延伸到丹东，与朝鲜的铁路相连。这样，日俄两国瓜分了中东铁路，也就瓜分了东北三省。东北的煤炭、铁矿和大豆通过铁路运回他们国内，他们国内生产的产品也源源不断地倾销到东北来。东北逐渐成为他们国家经济圈的组成部分，经济上越来越紧密，文化上也会逐渐靠拢。后来日本人还要求在东北再修五条新铁路，遭到张作霖拒绝。张学良主政东北以后，日本人再次提出这个要求，张学良不但拒绝，更计划建筑一条与南满铁路平行的铁路线。这条铁路线当然是要把东北三省跟中国关内连接在一起。这也是日本人后来发动九一八事变的原因之一。

正是因为铁路的这种作用，世界各国在修筑铁路的时候尽量避免与有可能与之为敌的邻国连通，修到边界即止，或者故意把轨距修得跟邻国不一样。

四、信息

一个国家除了必须确保各地方交通上的联系之外，信息上的联系也不可或缺。在空间上，中央的号令传达给地方，地方的报告传递给中央，怎么才能彼此准确理解。在时间上，前一代人的经验总结、历史教训、制度设计，到了下一代，怎么才能不被遗忘、扭曲，顺利地继承和发扬。这都是维系一个国家必须解决的问题。

人类历史上最为和谐、有效的信息传播方式其实是口语。传播者凭借口

---

① 密汝成：《帝国主义与中国铁路1847—1949》，上海人民出版社，1980年，第87页。

语，顶多加点手势，就可以将信息准确有效地传递给受众。没有什么比面对面口头交流更清楚直接的了。但是这种信息传播方式对人类经验知识的传承没什么好处。人们还来不及思考，话就已经从耳边消失了。所以在文字发明之前，人们要想记住祖先的故事、经验和教诲就只能把它们编成谚语、俗语、歇后语，而且尽量要合辙押韵，才能记住不忘。

如果我们注意一下古代文学史，就会发现越是古老的年代，人们越喜欢创作押韵的作品。这正是为了在文字印刷不发达的年代，便于人们口头传颂。上古时代的各大文明几乎都有自己的史诗，古希腊的《荷马史诗》、古巴比伦的《吉尔伽美什》、印度的《罗摩衍那》、波斯的《列王纪》、北欧的《贝奥武夫》、日耳曼人的《尼伯龙根之歌》、我国藏族地区有《格萨尔王传》、蒙古族地区有《江格尔》。今天西藏和内蒙古还有一些流浪艺人能够说唱史诗。西藏大学整理过一个老说唱艺人讲的《格萨尔王传》，总计近六十万行，六百多万字。据说还有人能唱七百万字的。

古代汉族人对诗尤其重视。从春秋时期的《诗经》《楚辞》，一直到汉赋、唐诗、宋词、元曲，全都押韵合辙，富有音乐感。唐代的科举考试甚至曾经“以诗取仕”。政府为什么需要官员会写诗？因为会写诗说明具有传播信息的能力，这是官员重要的能力。今天韵文为什么没落？因为我们不再需要口头传播了。

显然，只靠口头传播是无法统治国家的。所以在国家的形成过程中，一种能够将口头语保存下来的信息传播手段出现了，那就是文字。

从人类文明发展的历史来看，文字最初被发明的时候，是被用来记录法律、制度和历史的，注重的是时间上的传承，所以它的媒介必须经久不朽。古埃及人的文字刻在石板上，古巴比伦的汉谟拉比法典刻在石柱上，商朝人和周朝人喜欢把祖先的功绩铸在青铜器上。这是国家权威的象征，对于早期国家的成立非常重要。

时间上的经典传承可以采取这样的办法，但是对于空间上的信息传播来说，石碑和青铜器就显得过于笨重，于是人们又发明了一些比较轻便的媒介。轻便的传播媒介使政府能够向偏远的地区发布消息，控制相当大的一片区域。古王国时期的埃及有点类似现代的联邦国家，管理上较为松散，世袭州长各霸一方。而到了中王国和新王国时期,埃及人开始使用莎草纸(把一种类似于芦苇的植物的茎切成薄片,排在一起,压制而成的纸)书写文字,从此法老的命令可以迅速传到各地,地方上有什么事情,中央也会很快知晓。州长们被置于中央的严格监督之下,国家变得统一而强大。

在古代中国,商朝和周朝也都是很松散的方国、诸侯联合体,常常彼此征伐。然而到了春秋战国以后,中国人普遍使用竹简和丝帛写字,几百个小诸侯国便逐渐兼并成大诸侯国,最后成为统一的帝国。到了东汉,中国人发明了更为轻便的纸,此后两千余年统一的中华帝国便成为古代中国的最显著形态。

在欧洲,古罗马共和国兴起之后,莎草纸大量从埃及流传进来,整个国家也变得统一而且集权,不久便成为大肆扩张、攻城掠地的古罗马帝国。可见,一种轻便的传播媒介有助于国家权力的集中统一。西罗马帝国后期,埃及被伊斯兰势力所控制,莎草纸的供应锐减,欧洲人不得不改用羊皮纸记录信息。中世纪早期修道士们每天主要工作之一就是把莎草纸上的文献转抄到羊皮纸上。羊皮纸是用绵羊、山羊或者其他的兽皮制成的,比莎草纸耐用,利于时间上的经典传承,但由于工艺相当复杂,价格并不便宜,制作一本《圣经》,至少需要三百张羊皮,显然也不容易搬运,并不利于空间上的信息传播。相应的,中世纪的欧洲教会势力凌驾于世俗政权之上,各国诸侯林立、遍地割据的特征。传播学者哈罗德·伊尼斯因此认为:“莎草纸有助于帝国官僚体制的发展,这一体制与辽阔的国土相关。羊皮纸有助于教会阶层制度的发展,这一制度与时间相关。”①

直到12世纪,造纸术传入欧洲,羊皮纸为轻便的纸所取代,欧洲各国的世俗政权才逐渐变得强大起来,松散的统治开始趋向于紧密。

文字类型的不同也会导致国家形态的不同。最早的文字是从图画发展而来的表意文字。早期的苏美尔楔形文字、埃及圣书字和中国的甲骨文、金文都是表意文字。后来又出现了用字母拼写的表音文字,希腊文、拉丁文及

① ［加］哈罗德·伊尼斯:《帝国与传播》,何道宽译,中国传媒大学出版社,2013年,第142页。

所有现代欧洲文字，印度的梵文、阿拉伯文，还有藏文、蒙文、满文，都是表音文字。

表音文字对于宗教传播是非常有利的，这种文字比表意文字容易学习和记忆，只要会说话，掌握拼写规律就可以了。人们也许不理解宗教经典的含义，却知道它该如何去读，照着书念也能颂扬上帝和真主。宗教因此能够将自己的教义传播得更远。实际上我们可以看到，佛教、基督教、伊斯兰教起源的地方恰恰使用的都是表音文字。

表意文字更有利于维持一个庞大统一的帝国。在一个幅员辽阔的地域，各地的人们因为彼此距离遥远，相互隔绝，很容易发生分化，各地有各地的方言土语，渐渐地连语言都不通了。语言不通的族群往往会演化出不同的文化，变成不同的民族。欧洲就是这样，罗马帝国灭亡后，法兰克帝国一度统一欧洲，但是9世纪法兰克帝国也瓦解了，统治的地区逐渐演变成今天的法国、德国和其他一些小国家，完全是不同的民族。欧洲就再也没有统一过。为什么？很大一部分原因是人们的语言差别越来越大，相互听不懂。

如果用耳朵听的语言不通了，那么能够将人们拉在一起的就剩下用眼睛看的文字了。可是欧洲人用的文字是表音文字，口中发什么音，字母就怎么拼。语言不同了，文字也就跟着变了。德国人听不懂法语，也同样看不懂法国人写的字。变成两个国家也就是自然而然的了。

中国其实也存在这种问题。各地方言土语差别非常大，往往谁也听不懂谁，分化成不同的民族可能性是很大的。幸好中国的文字是表意文字，字形和读音没有必然联系，自从秦始皇统一文字之后，所有的中国人，不管你说的是什么方言，都在使用同一种文字。比如说“吃”，各地方言有的念“七”，有的念“恰”，还有的念“夹”，可是写出来都是一个“吃”字。山东人听不懂四川话，可是能看得懂四川人写的字，广东人和东北人也可以用笔交流。中国的文化就这样一直没有分裂，历代王朝一个个地崩溃，可是总是会奇迹般地还原。

第三节　军人与政治

军队是国家政权的主要成分，是执行政治任务的武装集团。正因为如此,由谁来保卫国家安全,维持政权统治,意义大不一样。当军队的成员结构发生改变的时候,国家的政体也可能随之改变。

一、古希腊罗马时代的变迁

在公元前 11 世纪至公元前 9 世纪的古希腊,也就是《荷马史诗》中记述的时代,驾驶战车驰骋疆场的英雄是战争的主角。战争双方的将领们常常是驾车来到战场,然后从车上下来进行一对一的决斗。这种决斗的结果很大程度上决定战争的胜负。《荷马史诗》中曾描述一位战士:“他的高大、俊美的马匹,鬃毛洁白胜似雪,奔跑迅速如疾风。他的战车嵌着金银、装饰得很精美,他的盔甲黄金制成重的令人惊异。” 这显然不是一个出身平民的士兵的装束。马匹、马车和盔甲在当时都是非常昂贵的装备,只有贵族才负担得起,也只有贵族才有时间和条件接受驾车技术和格斗技能的训练。这就意味着,贵族主宰了战场。与之相适应，希腊社会形成了一套贵族主导的政治生活模式,一切权力集中于贵族会议手中。

公元前 8 世纪,古希腊进入所谓的古风时代,城邦国家开始形成。战争的规模和激烈程度都提高了。单打独斗的英雄和容易受到地形限制的战车逐渐被重装步兵部队所取代。重装步兵部队是由自耕农组成的。他们通常拥有一定财产和土地,平时大都在家务农,战争需要时才入伍参战,全套的武器装备包括矛、剑、盾、头盔、胸甲及胫甲都由自己购买和保养。当重装步兵取代战车兵的地位后,中产阶级在政治上的发言权就越来越大。于是在古希腊的许多城邦中,公民大会拥有最高权力,民主政治成为潮流。

海战也升级了。《荷马史诗》时代的英雄们漂洋过海乘坐的二十桨船,逐渐被更大的五十桨船所取代。后来为了获得更快的航速,每舷两排桨位,由一百名桨手驱动的二列桨坐舰出现了。到希波战争时期,需要一百七十名桨手和二十名水手的三列桨座舰成为海战主力，还有更重型的四列桨座舰和五列桨座舰。当时的雅典拥有二百艘三列桨战船组成的舰队，也就意味着其海军至少有四万人之多，远远超过了其重装步兵的数量。而在这些战船上划桨的一般是城市中的贫民。一旦海军全部出动，城邦中几乎全部的贫民都会出现在战船上。既然在战争中占据这样重要的地位，贫民阶层也必然会要求在政治上得到更多的回报。于是雅典的民主政治进一步扩大，成为古希腊城邦中民主的典范。

罗马共和国的兴起及其向罗马帝国的转变与其军队的变迁也是同步的。王政时期的罗马军队是以当时的三个部落为基础，每一个部落提供一千名步兵和一百名从贵族子弟中挑选的骑兵。相应的，这一时期罗马的权力中心是由各氏族族长组成的元老院，可算是贵族政体。

但是王政后期，罗马军队发生了变化。公元前7世纪末，国王塞尔维乌斯·图里乌斯以财产为标准，将公民划分为五个等级，每个等级提供数目不同的森都利亚（或称百人队），第一等级出八十个，第二、三、四等级各出二十个，第五等级出三十个森都利亚。第一等级中最富有者还组成十八个骑兵森都利亚。此外，另有五个非战斗性森都利亚，工匠、乐师和号手各两个，无产者只有一个森都利亚。各等级的森都利亚都自备武器装备，第一等级配备着全套武装，第二和三等级依次减少，第四等级为轻装步兵，第五等级只有投石器。这种以财产资格为基础的征兵制度使公民兵制取代了氏族武装。

这样一来，自备武器并且占有土地的公民就成为罗马军团的主体，平时挂甲归田，战时披甲上阵。这些有产者的切身利益与国家的利益密切相关，不仅在战场上保卫国家安全，也积极在政治上参与国家治理。于是森都利亚大会（公民大会）逐渐取得了与元老院分庭抗礼的地位。这种制衡正是共和政治的基础。公元前510年左右，罗马建立了共和政体。在之后的四百多年中，以财产资格为基础的征兵制度一直是罗马共和国巩固和发展的重要基础。

但是随着罗马的对外扩张，罗马军团需要应付越来越复杂的战争环境，需要持续地在广阔的环地中海地区战斗和驻扎，需要派出更多的兵力执行任务。公民军队不足以应付。同时，由于小农经济的破产和连绵不断的战争造成的大量公民兵阵亡，有资格服兵役的公民人数越来越少，继续按照当年划定的等级征召士兵已经相当困难。于是公元前107年出任执政官的马略实行了军事改革，以募兵制代替征兵制，取消财产资格限制，不论何种地位的公民都能成为招募的对象，于是大批的无产贫民加入军队。军队的成分因此发生了变化，公民兵队伍被完全脱离社会生产的职业化常备军所取代。

此举虽然解决了兵员不足的问题，但是却给罗马共和国的政治带来了微妙而深刻的影响。以往的军人退役后可以回到自己的家园继续生活，但是现在士兵们离开战场便无处可去，他们生存的唯一途径就是追随甚至依附于指挥自己的将军，领取军饷或者从战争中获得丰厚的战利品。他们的利益与共和国脱离，却与将军捆绑在了一起，于是他们很容易成为将军实现野心的工具。罗马帝国时代的历史学家阿庇安记录说："士兵不是依照祖先的习惯而征募的，也不是为他们祖国的利益；他们不是为公众服务，而是为那些把他们组织起来的个人服务；他们为这些个人服务，不是根据法律的力量，而是因为私人的许愿。"①

马略改革为军事独裁制的成长提供了土壤。苏拉、凯撒依靠武力相继成为无任期限制的独裁官。凯撒的敌人曾经怒斥道："他一个人从人民手中夺取了管理公款，军队和选举的权力，而加于自己的身上，从元老院手中夺去了任命行省总督的权力；在各方面，他就是法律，以代替一切法律，他是一个最高统治者，以代替有主权的人民，他是一个专制君主，以代替元老院的权力。"

凯撒的甥孙屋大维在以武力击败其他拥兵自重的将领之后，掌握了全部军事、行政、司法、宗教大权，公元前27年，被元老院授予"奥古斯都"的称号，意为"至圣至尊"。尽管屋大维仅仅自称为"第一公民"，他建立的统治制度只是称作"元首制"（元首即第一公民或首席元老），但共和政体已被君主专制政体所取代。罗马帝国的时代开始了。

---

① ［古罗马］阿庇安：《罗马史》（下），谢德风译，商务印书馆，2011年，第435页。

二、欧洲封建社会的形成和瓦解

欧洲封建社会的出现与战场上主力兵种的变化也密切相关。5世纪，在蛮族入侵的汹涌浪潮之中，西罗马帝国土崩瓦解，欧洲西部成了日耳曼人的天下。这一时期，骑兵开始拥有压倒步兵的战场优势。而帮助骑兵成为战场主角的是马镫的发明和使用。

相对于人类使用马的历史，马镫发明可以说非常晚。在没有马镫的时代，骑马是一件力气活，必须用腿夹住马的肚子，双手紧紧抓住缰绳或者马鬃，否则就得掉下来。骑手基本上就僵化在马上，什么大动作都不敢做，因为如果他手持刀剑，用力砍杀，或者挺着长矛向敌人冲刺，很可能把自己摔出去。他也不能穿太重的盔甲，否则更容易滑下来了。所以在古代欧洲的许多战役中，骑兵只能冲到敌人阵地的一定距离之外，投掷标枪，然后调转马头离开。标枪也扔不远，为了保持平衡他们只能小心翼翼地用前臂投掷标枪，腰腹肌肉都用不上，力量有限，很难给敌人造成严重的伤害。亚洲的骑兵，比如说匈奴人，在马上使用弓和弩，杀伤力肯定要比投掷标枪大，但是本质上也只是一个移动比较迅速的弓弩手，不与敌人接触，其最大的优势就是机动性，能够迂回攻击。

所以马镫发明之前的骑兵尽管机动性很强，战斗力却很差，一个步兵可以轻松地把他从马上拽下来，摔个半死。因此在当时世界各地，骑兵都不是作战的主力。在古希腊、罗马时代，赢得战争的决定性力量是装备有盾牌、长矛、短剑等武器的密集型步兵方阵。骑兵主要是配合步兵，执行侦察、骚扰等任务，经常是骑着马快速抵达战场之后从马上下来像步兵一样作战。苏格拉底的学生，古希腊历史学家色诺芬在战争中曾经对他的士兵们说："我们比骑兵根基巩固得多，他们悬空在马背上，不但怕我们，而且怕落马。"[①]他甚至嘲笑说骑兵唯一的优势就是逃跑。

---

① ［古希腊］色诺芬：《长征记》，崔金戎译，商务印书馆，1985年，第69页。

世界上现存最早的马镫是中国十六国时期的鲜卑人制造的。实际上，马镫出现的时间应该更早。自从有了马镫，骑手只要踩住马镫就可以保持平衡，不用紧抓着缰绳，双手腾出来的就可以使用各种兵器，做各种大幅度的动作。披着厚重铠甲的重装骑兵随之出现了。以前的轻骑兵主要是射箭、投标枪，尽量不与别人直接拼刀拼枪地对抗，但重装骑兵就不同了，人马皆披重甲，有速度，有冲击力，用长矛可以很轻松地把步兵刺穿。大批重装骑兵轰轰烈烈地向步兵阵营践踏而去，势不可挡。世界历史从此开始了骑兵天下无敌的时代。

8 世纪初，法兰克帝国的宫相，著名的查理·马特组建了一支重装钢甲长矛骑兵，并且靠这支部队在普瓦提埃战役中成功地击败了阿拉伯人的轻骑兵，制止了阿拉伯帝国的进一步扩张。从此，骑兵正式成为西欧战场上的主角，步兵则成了骑兵的辅助力量。

组建重装骑兵成本很高。中世纪早期的欧洲马很少，也很贵，买一匹马花的钱差不多可以买六头牛，盔甲也都要到铁匠铺量身定做，再加上武器，装备一个重装骑兵所需要的钱几乎能买四十五头母牛。骑兵作战需要专业化的战斗技能。骑马、舞剑、格斗，从幼年就要开始训练。由谁来负担是一个大问题。

当时西欧生产力水平很低，社会生产以农业为主。国家没有足够的经费装备和供养一支重装骑兵。于是查理·马特想出了采邑分封的办法，把土地分封给出身贵族的骑兵，由依附在土地上的农民来供养他们，从此形成制度。国王将土地划分割成一块一块的采邑，授予大封建主，大封建主再将这些采邑划分为更小的单位，封给自己的封臣，封臣还可以继续分，从上到下形成层层分封的等级制，从骑士到国王，都在封建等级中占有一席之地。从 9 世纪开始，西欧封建社会逐步确立。欧洲的封建社会就在中国人发明的小小的马镫的推动下诞生了。正如英国史学家林恩·怀特说的那样："很少有发明能像马镫那么简单，但也很少有发明能像马镫那样在历史上产生了如此巨大的催化影响。”①

在金字塔形的欧洲封建制度中，作为塔基的农民失去了土地和自由，成了依附于封建领主的农奴，而位于金字塔顶端的国王日子也不好过，各级领主在其领地上独立执法征税，彼此混战，丝毫不顾及国王的感情和愿望。国王只不过是最大的一个封建领主而已，无权干涉贵族领地里的事务，国家只不过是一个松散的政治联合体，没有什么统一权威。这种状态一直延续到步兵战胜了骑兵，重新夺回了战场的主导权才有所改变。

公元 13 世纪和 14 世纪，战争在西欧成了家常便饭。镇压起义的、宗教引起的、反对地方割据的、国与国之间的战争越打越多、规模越打越大。骑士一方面不把国王放在眼里，桀骜不驯，另一方面无组织无纪律，作战效率不高。于是西欧的国王们开始考虑不再指望骑士，转而使用步兵。

当时有几种步兵完全可以与重装骑兵抗衡，运用得好足以战而胜之。比如对骑士的铠甲有相当杀伤力的英国长弓手。最著名的长弓手就是侠盗罗宾汉，英国人把他颂为长弓手的祖师爷，其实他的年代要比长弓手真正兴起早一百多年。史料记载，一个训练有素的长弓手，如果瞄准射击，一分钟可以射十二支箭，不瞄准的话一分钟可以射十五支箭，比 20 世纪以前的步枪发射速度都要快。而且长弓的威力惊人，二百米距离可以穿透锁子甲，一百米距离可以贯穿鳞甲和板甲，简直就是骑士的噩梦。在英法百年战争中，英国步兵借助长弓，多次取得对法国重装骑兵的胜利。1415 年的阿金库尔战役，六千英军对阵三万法国骑士，结果法军阵亡七千到一万人，其中包括三个公爵、九个伯爵、九十二个男爵。另有一千五百名骑士被俘，其中包括两个公爵、一个元帅。此战法国损失了将近一半的贵族骑士，可谓元气大伤。英军仅伤亡大约五百人。六千名英军中有五千都是长弓手，可谓是英国长弓手的全面胜利。法国骑士对长弓手非常痛恨，抓住长弓手即使不杀，也要剁掉用来拉弦的右手食指和中指。而长弓手在胜利以后也喜欢在被俘的骑士面前展示自己的这两个手指头，后来就成了一种表示胜利的手势。

---

① ［英］李约瑟：《文明的滴定：东西方的科学与社会》，张卜天译，商务印书馆，2018 年，第 75 页。

弩（十字弓）也可以有效地射穿骑士的铠甲，它的射程没有长弓那么远，发射速度也没那么快，但是长弓手需要很多年的练习，而弩这种武器只需要经过一些简单的训练就能够掌握，而且长弓弓体很长，拉开需要很大的力气。长弓手不停地拉弓，终究会疲劳，弩手却没有这个问题，因为弩是靠机械的力量发射的。使用这种武器的人还可以很容易地隐蔽在城墙、灌木丛或是其他什么东西后面，发动远距离偷袭。中世纪的骑士通常都是从 7 岁就开始练习武艺、苦练十四年才能获得骑士头衔，而一个农民只需练习几小时就能用弩杀死一名骑士，可算是欧洲中世纪最有效的骑士杀手。因为看起来实在太不公平，简直是对骑士的侮辱，后来天主教会禁止在战争中使用弩。

15 世纪的瑞士雇佣兵也可以说是骑兵天敌，瑞士雇佣兵都是些体格强壮、性格坚韧的山里人，很穷，没有马，盔甲也很少，主要武器就是人手一杆六米多长的长矛。二百五十六名长矛兵，排成十六乘十六的密集的方阵，每个长矛兵将自己的长矛搁在前一个人的肩上，始终保持整齐的队形，然后敲着战鼓，踩着鼓点像一个大刺猬一样稳步前进，或者小跑冲锋。骑兵在这样的方阵面前无计可施。靠这种战术，瑞士雇佣兵多次击败奥地利重装骑兵。虽然是雇佣兵，谁给钱替谁卖命，但是只要付了钱，他们就为雇主奋战到底，从不临阵脱逃。据说在 16 世纪初法国与西班牙争夺意大利的战争中，西班牙国王查理五世攻入罗马，守卫梵蒂冈的来自其他国家的卫队全部逃散，只有瑞士雇佣兵顽强坚守，为掩护教皇撤离而进行了惨烈的战斗，最后一百八十九名瑞士雇佣兵中有一百四十七人阵亡，这让当时的教皇非常感动，决定世世代代只雇佣瑞士人来保卫教皇。至今瑞士雇佣兵仍然是梵蒂冈唯一指定的军队。打出了品牌之后，各国王室也争相聘请瑞士兵作为皇家卫队。在法国大革命中，七百八十六名瑞士雇佣兵组成的国王卫队一直坚持到最后，执着地保卫路易十六，抵抗冲进凡尔赛宫来抓捕路易十六的起义群众。路易十六说不要伤害法国人民。这些瑞士雇佣兵既要保护主人又要服从主人的命令，最后无一生还。

长弓手、弩手、瑞士长矛兵都可以有效地对付骑兵。到了 16 世纪，军事技术再次有了发展，大炮和其他火药武器的出现对重装骑兵更加不利，他们的盔甲和城堡简直成了笑话。早期的火绳枪穿透力很强，但是装填弹药很慢，开完一枪不待再装填弹药，骑兵已经冲到眼前了。为了弥补这个缺点，西班牙人把火枪兵和长矛兵混编成一个大型方阵，用长矛兵保护火枪兵。后来刺刀的发明使长矛与火枪合二为一，长矛兵也可以省却。

荷兰的奥兰治亲王莫里斯和瑞典国王古斯塔夫·阿道夫二世把手持火绳枪的士兵编成密集的三排横队，齐步前进，协调一致地进行射击，第一排发射之后，停下来装子弹，第二排上前发射，然后停下来装子弹，第三排再上前发射，形成一个不断向前席卷的火力网。火炮被应用于野战后，骑兵更是不堪一击。这一切都表明重装骑兵对西欧战场的统治已经结束。

步兵在将战场主角让给骑兵几百年之后，重新回到了舞台的中心。这一转变不仅让西欧各国的统治者们改换了战争的思路，更强有力地冲击了欧洲的封建制度。

步兵所需要的装备很便宜，13 世纪中叶，装备一名骑士所需的费用大约为三十二英镑，而装备一名长弓手只需要一英镑多一点，如果是弩手还能更便宜。雇用瑞士长矛兵比自己组建军队花的钱还少。这笔经济账让国王们喜出望外：完全负担得起，论战斗力也不比骑士差，最重要的是听话。于是雇佣兵成为 16 世纪至 18 世纪欧洲主流的军队类型。国王们从此以后再也不用看骑士们的脸色了。骑士们没了用武之地，他们的特权便渐渐被国王剥夺。贵族阶层的政治和经济地位急剧下降，以骑兵战争为基础的封建制随之走向瓦解。

一个卑贱的农民用长弓就可以杀死一名武艺淳熟的贵族骑士，一群普通的山里人用长矛阵就可以对抗一群装甲骑兵的冲锋。至少在战场上，平民与贵族们平等了。而且因为他们可以组成可怕的军事力量，来对抗政府，平民的政治地位和社会地位由此提高。14 世纪 30 年代以后，在瑞士、英国和弗莱梅这些最早发生步兵革命的地方，平民在政治上的影响有了显著提高。英国的平民从 1332 年开始在议会中单独举行会议，在立法活动中开始发挥积极作用。

三、从雇佣兵到公民兵

但雇佣兵是“为钱而战”的军队，绝大多数士兵来自不事生产者或危险分子。比如18世纪的英国陆军兵源主要有三类人：军官招募而来的志愿者；以参军为条件而获释的罪犯和负债人，各教区抓来的贫民，包括乞丐、算命先生、无业游民、在教区内无人认识或无法讲清自己的来历的可疑人员。他们没有国家的概念，为谁而战都行，在帮助国王们驯服了傲慢的贵族，也强化了王权。于是封建制度瓦解之后的欧洲各国开始流行绝对君主制。

1789年，法国发生了轰轰烈烈的大革命。洛克、卢梭等思想家倡导的人民主权理论在革命中得到实践。人民主权理论宣称：人民是国家真正的主人，是国家最高权力的来源。保卫国家正是公民的基本权利之一。法兰西第一共和国因此以征兵制代替了募兵制。1793年宪法第107条规定：共和国的全部武力由全体人民组成之；第109条规定：所有法国男子皆是兵士，他们均应受使用武器的训练。这意味着，法国军队将是一支全民皆兵的公民军队。这样的军队是与人民主权的政治理念相一致的。

公民军队充满爱国热忱，其理想、情操和抱负与雇佣兵不可同日而语，战斗热情也要高得多。接下来的二十多年中，法军在拿破仑的指挥下，不仅把反法联军赶出了法国，而且一直打到维也纳、柏林，打到意大利和俄国，征服了大半个欧洲。欧洲其他列强七次组织反法同盟，被法国打垮了五次。法军的辉煌胜利使欧洲其他国家都意识到公民军队的优势。曾经多次惨败于拿破仑手下的普鲁士第一个模仿法国，废除雇佣军，建立公民军队。其他国家也竞相效尤。

在人民主权理论指导下建立的公民军队反过来成为这种近代政治理论流行的有力推动者。为保卫国家而流血牺牲的公民很自然地要求对国家的前途命运发表意见，献计献策。君主专制变得不合时宜，民主政治成为理所当然。

20世纪的英国军事史学家富勒在《战争指导》一书中点明了实行征兵制所带来的变化：“民主使所有的人在理论上居于平等的地位，而征兵制则使所有的人在实际之处于平等的地位。”“滑膛枪创造了步兵，而步兵建造了民主。……一人一枪成为了一人一票，直到选票和枪都要以百万来作为计算的单位。这样一来，导致了世界上最伟大的政治性和军事性的转变。”①

第四节 战争与近代国家的进化

中世纪早期的战争，不过是封建君主招呼手下那些自备武器的骑士所进行的速决战。一般一两天之内就分出胜负。但是经过“军事革命”之后，在16世纪的一百年中，西欧只有不到十年时间处于和平时期，17世纪不打仗的日子更少，只有不到四年。这两百年中，欧洲几乎每三年便爆发一场战争，而且战争的规模越来越大，影响越来越广。

一、政府能力

欧洲几个主要国家的军队规模扩大了十倍，这么庞大的军队，从招募训练、衣食住行、指挥调度，以及装备物资的生产、运输和分配，都需要有效的组织和管理，而且军队越庞大，组织和管理就越复杂。

如此复杂的工作，从中世纪继承下来的那种效率低下的行政体系是根本不能胜任的。于是欧洲兴起了一场行政管理方面的革命。各国都进行了一些官僚机构的改革，在17世纪中期以后逐渐形成了一科层制的管理方式：职务分等，权威分层，层层节制；部门科室，职责分明，权限固定，协调活动；处理事务公事公办，统一标准；职员必须经过充分的专业训练，地位按等级划分。这种管理方式一直到现在都是全世界各国政府乃至其他社会组织普遍采用的方式。可以说如果没有军事革命，我们的政府可能不会有现在这样的高效率。

近代军队要充分发挥出团队的力量，良好组织性、纪律性非常重要。瑞

① ［英］J.F.C.富勒:《战争指导》，绽旭译，解放军出版社，1985年，第25页。

士长矛兵就很典型,并不注重于单兵的作战能力,而是强调在战斗中要保持队形,临危不乱。所以近代军队要求每个士兵都穿着统一的军服,使用标准化的武器,按标准化的精确动作进行训练和作战,并且绝对遵守纪律,服从上级,互相协作。于是在近代早期的欧洲军队里,逐渐形成了一种独特的生活方式和价值观念,崇尚标准化、等级制、服从精神,以及与他人合作的精神等。标准化、等级制、服从精神、协作精神这些观念,在今天看来已经成为现代社会的重要特征,在当时却是新生事物。后来,欧洲许多工厂、机关,甚至学校都有意识地引入了这种军队文化,以改善其内部管理。所以说军事革命产生的军队文化,在塑造欧洲社会的现代性方面发挥了重要作用。

战争最明显的影响还是在国家财政上。招兵买马,扩充军备需要大笔的经费。16 世纪初,当法国国王路易十二向意大利雇佣兵首领贾科默·特里弗尔基奥询问征服米兰需要什么时,得到的回答是:“您必须准备好三样东西——金钱、金钱以及更多的金钱。”17 世纪末的英国政治学家查尔斯·戴弗南特更明确地指出,“整个战争艺术已经沦落为金钱的问题:现在那些最能找到为其部队提供食物、着装和工资的金钱的君主……是最有成功希望的”。

于是欧洲的君主们开始想方设法地收税, 尽可能地把以前覆盖不到的地区、人口及经济领域都纳入收税的范围中来。近代化的税收体制逐渐形成。而战争一旦爆发,国家还必须在短时间内筹集大笔的战争经费。现代的金融技术也慢慢发展起来,包括银行信贷、保险、金融债券。在近代战争中,国债的作用非常重要。谁能以更低的成本借到更多的资金,谁就能在未来拥有更大的发展机会。

当时英国和法国争霸欧洲, 不少学者认为最后英国之所以能够战胜法国,很重要的一个原因是因为英国发行国债的水平比法国高。1752 年时,英国国债利率大约为 2.5%,而法国国债利率是 5%左右,在此后的八十年间,法国国债利息基本都是英国的两倍以上。当时英国政府负债累累,每年的财政收入有一半都得用来支付国债利息。假如那时英国的国债利息跟法国的一样高,英国政府毫无疑问得宣布破产。而正因为英国有着比法国远为发达的证券市场,英国政府不仅坚持了下来,还能融到更多资金发展国力,维持其庞大的军事力量。英国从18世纪到20世纪初都一直拥有世界最强大的海军，主宰世界两个多世纪。而法国则在金融技术的比拼中败下阵来，最后造成财政危机，引发了一场法国大革命，连国王路易十六都被送上了断头台。

二、计划经济

战争的压力迫使国家必须尽一切可能将国家的经济潜力都发挥出来，将有限的资源运用到最需要的地方去，最终一种强大的经济体制诞生了，这就是计划经济。

计划经济这种经济体制源于早期空想社会主义的设想。为数不少的学者认为，马克思和恩格斯尽管进行过热烈的探讨，不过并没有把"有计划的社会生产"作为社会主义经济的本质特征。[①]而最早采用了计划经济模式的也并不是社会主义国家，而是第一次世界大战中的德国。

早在19世纪70年代普鲁士统一德意志联邦之初，为了迅速实现工业化，满足扩张需要，德国走上了一条国家主导下优先发展重工业的特殊工业化道路，从而实现了德国的发展飞跃。有了这种政府干预社会经济发展的经验，第一次世界大战爆发仅仅十天之后（1914年8月8日），德国就成立了战时工业委员会和战时原料管理处，以确保军工、军需生产，为了应付战争造成的食物短缺，德国又先后建立起了战时粮食公司、中央饲料局、中央马铃薯局、战时动植物油脂管理局、中央水果蔬菜局、战时粮食局、帝国谷物局、帝国服装局等机构，把国民基本的消费需求也纳入了政府计划管理，最终发展出一种战时计划经济的新模式。

其实当时西方各国都在采取类似的经济体制，以适应战争的需要，美国历史学家约翰·巴克勒等人编写的《西方社会史》描述当时的情况时说："在每个国家，获得民族统一的政府开始计划并控制经济与社会生活，以发动'全面抗战'。市场自由的资本主义制度被废除了，至少在战争期间是这样。

---

① 参见任晓伟：《社会主义计划经济的历史和理论起源》，人民出版社，2009年，第53~55页。

政府计划委员会由此获得特权，并规划人民的生产与消费。政府推行了限额配给、控制价格与工资，甚至限制工人的行动自由等措施。只有在如此严格的控制下，国家才能最大可能地调动军事力量。因此，尽管各国情况略有不同，但西方列强普遍都转向了由当时领导层控制的计划经济。”

英国、法国无不如此，美国的政策甚至被批评为“军事社会主义”，但是都没有德国的计划经济发达。以这种强大的经济体制为基础，第一次世界大战中的德国几乎是以一己之力东抗俄国，西抗英法。在美国人到来之前，德军在东线多次获胜，甚至迫使俄国退出了战争，在西线与英法至少也打了个平手，而且德军始终是在别人的国土上作战。

第一次世界大战结束以后，德国自认为受到了不公正的待遇，一心想要复仇。希特勒上台以后，连搞了两个“四年计划”，使德国经济迅速从凡尔赛和约的残酷打击之下恢复了过来，从 1933 到 1939 年，德国重工业生产增加了 2.1 倍，其中军备生产增加了 11.5 倍，从而有实力在第二次世界大战初期横扫整个欧洲。

苏联的计划经济比德国更胜一筹。俄国在第一次世界大战末期爆发了十月革命，建立苏维埃政权，遭到英、法、日、美等十四个协约国成员联合武装干涉，国内反革命叛乱也此起彼伏，最严重的时候，80%以上的国土被占领，两个首都(莫斯科和彼得格勒)受到直接攻击。苏维埃与主要原料和燃料基地、冶金中心、粮食棉花产区、煤炭、石油和金属矿区的联系都被切断。工厂停产，居民挨饿，苏维埃政权陷于极端的困难境地。

列宁在十月革命爆发之前，长期流亡欧洲各地。德国的战时计划经济给他很大的启发。他认为：“在战争期间，为了集中人民的力量，不得不由一个中央机关来调节 5000 多万人的全部经济生活。既然这一点能够在代表少数金融大王利益的一小撮容克贵族的领导下做到，那一定同样也能够在代表受饥饿和战争折磨的十分之九的居民的利益的觉悟工人的领导下做到。”[①]于是列宁实行了一系列统称为“战时共产主义”的非常措施，要求所有的工商企业都实行国有化，农民必须把全部余粮交给国家，发动全体人民为前线

① 《列宁全集》(第 28 卷)，人民出版社，2017 年，第 348~349 页。

服务，把全国变为一个军营。尽管出现了种种不良后果，但毕竟保证了前线武器、弹药、军服和粮食供应。在战时共产主义经济政策的支持下，几百万红军在几条战线同时作战，迅速击溃了国内外敌人，使苏维埃政权生存了下来。

苏联共产党的领导人认为这种经济体制有很大的优越性，于是在战争结束之后也仍然延续，建立起高度集中的计划经济体制。后来苏联在第二次世界大战中能够抗击纳粹德国的进攻，在冷战期间能够与美国抗衡四十多年，计划经济体制功不可没。

三、科学技术

除了政治、经济上的影响之外，战争对科学技术的影响也是非常大的。战争从古至今都是刺激科学发展和技术发明的一个强有力的动因。很多科学成就的突破都是为了在战争中取得优势，比如说对抛物线的研究很大一部分原因是为了弄清楚炮弹的飞行轨迹，以便让大炮打得更准确；微积分的发明则是为了计算大炮的最大射程。第二次世界大战期间，为了加快计算弹道的速度，美国人发明了电子计算机。日本 1942 年占领世界橡胶的主要来源地南太平洋、马来亚，切断了盟军的橡胶供应，由此推动了合成橡胶的研究开发。

战争尤其刺激了医学的发展，外科学就是 16 世纪在战争中发展起来的。因为在战场上大量的士兵受到的刀伤、枪伤、烧伤都是外伤，战地医生积累的经验越来越多，实践的机会也越来越多，于是外科学诞生了。青霉素的推广使用也是在战争中。青霉素是英国生物学家弗莱明在 1928 年偶然发现的，但是因为它很难培养，一直未得到广泛的使用。在太平洋战争中，美军需要在南太平洋上的热带岛屿上与日军展开争夺，气候湿热，蚊虫滋生，一时间美国士兵因疟疾等疾病造成的非战斗减员比作战伤亡人数还要多。美国政府这才下决心在一年内花费了两千万美元建造了二十一个大型青霉素生产工厂。

有的时候，战争也无意之中为科学研究提供了某些特殊的机会。在医学上，很多开拓性的人体试验是违背伦理道德，甚至可以说违背人性的。但是在战争环境的掩盖之下，有些医生在难以保证人权的敌方俘虏身上，甚至平民身上进行了恣意妄为的试验。比如第二次世界大战期间，德国医生对关押在集中营里的犹太人、吉卜赛人、波兰人、苏联人进行了极寒冷冻实验、真空减压实验、男女绝育实验，以及各种药物和病毒实验，或者摘取他们的器官作研究，大批的被试者在痛苦中死去，幸存的也生不如死。日本的 731 部队也是这样，拿中国人、苏联人、朝鲜人做实验。

正是因为科技能够解决战争中遇到的迫切问题，所以人们总是在战争爆发的时候特别重视科技，特别尊重科学家和工程师。在中国技术史上，宋代是一个高峰。因为宋朝从头至尾一直处于辽、西夏、金、蒙古的军事压力之下，所以特别鼓励科技特别是军事技术的研究。朝廷出资研制火器，并设有庞大的军事工业机构——京师南北作坊、弓弩院、军器监，地方也设军器作坊，还奖励民间研究军事技术。

在西方历史上，有不少科学家都曾经利用军方的资助来维持他们的研究。包括伽利略和达·芬奇。第二次世界大战时期，交战各国也是不惜血本，增加军事科研经费，投入大量人力物力。不少成果在第二次世界大战前夕已经发芽、开花，正待结果，由于战争催化，新的成果一蹴而就。科学家的地位也大大提高，英国科学家可以与政府高级官员、将军平起平坐地研究问题。

大战以后，美苏之间的军备竞赛也刺激了科技的发展，空间技术、导弹、氢弹、激光、遥控等都是在这种背景下诞生的。当时美国的科学家中流传着这样一个笑话：无论是同步加速器还是大型计算机或者随便别的什么实验，只要说一声“苏联人可能抢在我们前面”，军方就会全力拨款支持。

李约瑟博士曾经绘制过一张中西科学技术发展对照的示意图（如图 3–1）。

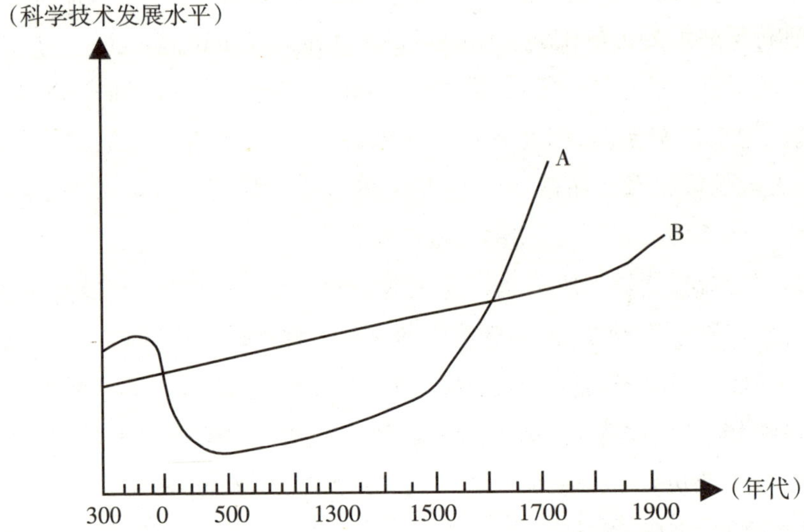

图 3-1　中国与西方科学展示意图

A:西方　B:中国

在这张示意图上,我们可以清楚地看到:中国科学发展在公元前 300 年至公元 1800 年,基本表现为一条平缓的斜线,18 世纪后才稍微有点上翘;而西方科学发展则是“跌宕起伏”,公元前略高于中国,4 世纪时,则跌落到一个很低的水平;4 世纪至 16 世纪一直比中国低,16 世纪后陡然上扬。很多人都奇怪这是为什么?

其实如果把中西方古代战争次数与科技分值的曲线放在一起就会看到,科技发展的趋势与战争的发展趋势是一致的(如图 3-2,图 3-3)。

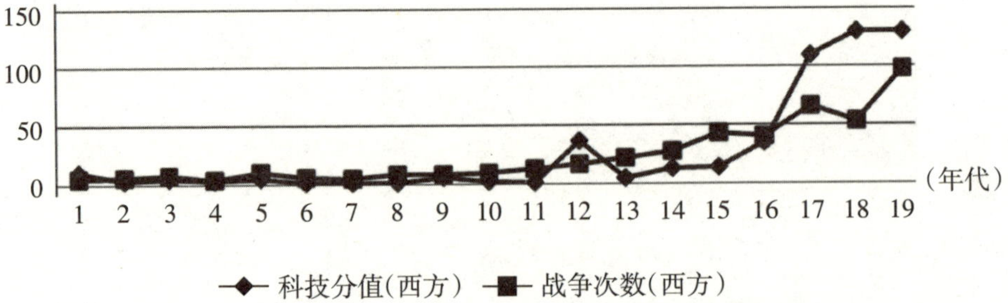

图 3-2　1 世纪至 9 世纪西方战争次数、科技分值变化趋势图

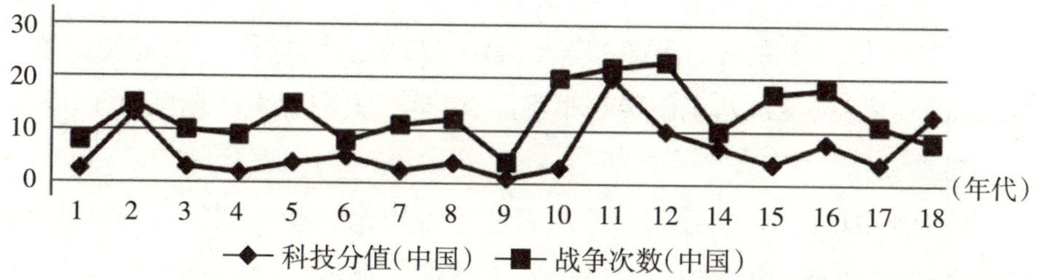

图 3-3　1 世纪至 18 世纪中国战争次数、科技分值变化趋势图(13 世纪数据剔除)

战争的曲线高,科技的曲线就往上走,战争不那么频繁了,发明创造就下滑。在公元前,古希腊城邦之间的战争、希波战争、伯罗奔尼撒战争相当频繁,罗马兴起以后又不断对外扩张,战争规模很大,欧洲科技发展就比较快。4 世纪西罗马帝国灭亡后,中世纪西欧国与国之间很少发生大规模战争,科技也就一直徘徊在比较低的水平。而 15 世纪以后,战争越来越多,科技水平也就迅速提高。相比之下,中国的战争多数发生在王朝更替时期,而且多是内战,对外战争远远不如西欧那么频繁,科技发展速度也就比较平缓。这样说来近代中国之所以科学技术水平落后于西方,原因很大程度上就在于中国人面临的战争压力小,没有动力去发明创造。①

战争是国家竞争最激烈的形式。既然是竞争,我们实际上也可以把国家想象成一种生物,用进化论来解释。物种总是在激烈的生存竞争中不断进化的,国家也是在战争中进化的。近代欧洲国家之间发生的战争远比中国频繁,比中国进化得快也是情有可原的。

四、妇女解放

战争对人类社会的影响很多时候是人们料想不到的,比如妇女解放就是从第一次世界大战开始的。

人们常说“战争让女人走开”。事实上,战争更多的是让女人走出家门。

① 参见靳清、贾全星:《基于战争视角的“李约瑟之谜”的一个新解释》,《中国经济问题》,2014 年第 2 期。

第一次世界大战是一场前所未有的可怕战争，规模大、时间长，主要参战国甚至不得不把一半左右的男性都送上战场。战争消耗物资巨大，需要源源不绝的枪炮、坦克、飞机乃至服装等军需品，可是男人们都上战场厮杀了，谁来开动机器呢？

于是各国政府开始号召妇女从家庭中走出来，参与到社会劳动领域。欧洲各地到处都是招聘女工的海报。肥皂厂、制药厂、炸药厂、煤气厂、电厂，甚至军工厂里，都有很多女工，很多人从事的都是体力劳动。女司机、女保安、女售票员、女邮递员、女警察已经成为社会上司空见惯的现象。在英国，驾驶汽车和电车的妇女数量增长了十倍。到 1918 年，妇女劳力占欧洲全部劳动力的四分之一。俄国妇女甚至占到了全部劳动力的 43%。这不仅证明了妇女对战争做出了贡献，而且也意味着妇女涉足了传统上专属于男人的社会领域。

战争打破了旧框框，为妇女开放了许多令人尊敬的职位。1914 年，整个法国只有几百个女医生和十几个女律师。但在战争时期，她们的人数大量增加，女律师甚至被允许出现在军事法庭上做辩护。学校非常热情地欢迎女教师来校任教，教师变得越来越女性化，男性开始担心自己将会被从这一行业中排挤出去。在一些乡村，女教师成为社会团体的代言人。姑娘们发现她们现在可以进入从牛津大学到巴黎神学院所有高等学府读书。

经济上妇女实现了独立。战争时期的工资很高，特别是在兵工厂工作的妇女，她们的工资是传统职业所挣工资的两倍，实际已达到中产阶级上层的水平。

妇女并不是被强制征集来从事各项战时工作的，大多数都是自愿为国。因此，国家和社会不可能对妇女的贡献熟视无睹。既然一个为国家打仗的男人有选举权，那么为国家而工作的女人也应该获得选举权。争取妇女选举权的抗议浪潮在欧洲迅速传播。

英国社会意识到，再把妇女排斥于选举权之外显然是不公正的。1918 年，英国通过法律规定年满 30 岁的女业主，或者是男业主的妻子享有选举权。这是女性获得普选权的前奏，九年之后，英国妇女取得了与男子同等的选举权。德国因妇女在战争中的杰出努力而建立了“妇女荣誉节”，德皇也许诺让妇女在政治生活中发挥更大作用。这种做法在一定程度上是希望以妇女的选举权问题来缓和阶级矛盾，避免革命的爆发。不过革命还是爆发了。革命之后成立的魏玛共和国也在宪法中规定，德国女性与男性享有同等权利。德国妇女开始享有选举权，妇女不仅加入了各种政党，有些还成为国会议员。芬兰、丹麦、冰岛、荷兰也相继给予了妇女以选举权。1918 年，美国国会也通过宪法第 19 条修正案宣布："合众国公民的选举权，不得因性别缘故而被合众国或任何一州加以否定或剥夺。"美国妇女自此享有与男子同等的公民权。到 1919 年，除了瑞士之外的几乎所有的西方国家，妇女都获得了选举权被选举权。

妇女们的解放不仅表现在广泛的就业和获得了部分选举权方面，而且还表现在社会思想观念的转变上。传统的英国社会尽管强调"女士优先"的绅士风度，但其实是把妇女置于一个需要细心呵护的弱者地位，而男人才是社会真正的唯一的主宰。第一次世界大战中妇女为国家所做的贡献在一定程度上改变了整个英国社会对妇女的传统偏见。

妇女们变得越来越自信，开始在公共场合吸烟，自由自在地去酒吧。衣着上日趋开放，穿短裙成为流行的时尚。性观念也越来越趋向自由，非婚生育的比率上升，战争结束的 1918 年与开始时的 1914 年相比，非婚生育率上升了 30%。

从此，几千年的男权社会再也无法压制蓬勃兴起的妇女解放运动，人类社会文明的发展向前迈进了一大步。

第五节　民主的悲喜剧

一、信息传播

一些人对中国长达几千年的专制皇权统治嗤之以鼻，认为这是中华民族很多劣根性的源头。很多人感叹，为什么聪明的中国人就不能像古希腊和古罗马人一样，发展出民主和共和的体制来呢？其实，这件事怪不得我们的祖先,古代文明究竟实行民主还是专制,其实跟国家的面积大小是有关系的。

如果我们把历史和地理结合起来观察的话,你会发现古代那些著名的、高度中央集权的帝国,如阿拉伯帝国、蒙古帝国、土耳其帝国、俄罗斯帝国、中华帝国,一定是疆域辽阔、领土广袤。而古希腊的民主政治则是在一个个建立在半岛和海岛上的小型城邦国家中产生的。孟德斯鸠就曾发现国家的面积大小与政体的关系:"如果从自然特质来说,小国宜于共和政体,中等国宜于由君主治理,大帝国宜于由专制君主治理的话,那末,要维持原有政体的原则,就应该维持原有的疆域,疆域的缩小或扩张都会变更国家的精神。"①

为什么国家大就要专制,国家小才能民主共和呢?因为古代社会的信息传播能力有限。

在古希腊民主产生时,字母才开始使用不久,绝大多数希腊人还不识字,信息只能口口相传。口头传播也就是人与人面对面交流和沟通,这种交流和沟通非常有效率,人人都能清楚地表达自己的意见和思想,而说话的对象也能够及时地作出回应和表态,赞成或者反对。这正是民主的基础。但是口语传播只能在有限的时间和空间中进行,一个人只能与很小的一群人交流,所以古希腊的城邦国家成了古代民主的先驱。

也正是因为传播方式的限制,苏格拉底曾经提出:"我国的当政者在考虑城邦的规模或要拥有的疆土大小时似乎应该规定一个不能超过的最佳限度……国家大到还能保持统一——我认为这就是最佳限度,不能超过它。"②亚里士多德也认为:"最美的城邦,其大小必然有限度。"③

文字传播兴起以后,借助一些轻便的传播媒介,比如莎草纸和纸,国家可以将政令传播到远方,统治广袤的土地和众多的人口。这种信息传播虽然比口头传播先进,但是由于普通人在纸上写点什么只能自己欣赏或者给朋友看一看,只有君主和政府才有能力在全国范围内收集信息、表达意见、传

① [法]孟德斯鸠:《论法的精神》(上),张雁深译,商务印书馆,1961年,第126页。
② [古希腊]柏拉图:《理想国》,郭斌和、张竹明译,商务印书馆,1986年,第137页。
③ [古希腊]亚里士多德:《政治学》,吴寿彭译,商务印书馆,1965年,第354页。

播思想，所以文字和纸的发明实际上使人类文明走向了专制和中央集权，而且越是疆域广阔、人口众多的国家，必定越专制。

这种局面什么时候改变的呢？要等到大规模印刷术发明之后。众所周知，活字印刷术是中国人发明的。但是汉字并不适合活字印刷术，所以活字印刷术在中国其实没有普及推广。古代中国人用的绝大多数还是雕版印刷。什么文字适合活字印刷术呢？拼音文字。英文准备二十六个字母就可以了，芬兰语才十九个字母。所以活字印刷术传播到欧洲以后受到了热烈欢迎。

15世纪中期，德国人古腾堡发明了印刷机，可以快速大量地印刷纸张。这种大规模印刷术很快得到广泛应用，五十年之内就印刷了大约三万种，一千两百万份文字读物。最初古腾堡印的是圣经，可是后来人们很快就开始不定期地印一些报道战争、节庆、天灾人祸、奇闻轶事的小册子，再后来就变成了报刊。

大量印制的报纸、杂志传播最新的消息，将千里之外的人和社会都联系在了一起。大批统治阶层之外的知识分子也能够广泛传播自己的思想，公众的意见变得越来越重要。当街头巷尾的贩夫走卒都对正在发生的政治事件了如指掌的时候，建立一个民主政府也就为期不远了。英国19世纪思想家卡莱尔就曾说过："发明了印刷，民主就是不可避免的。"这就是为什么在古希腊文明之后又经过了两千年，民主政治才重现人间。

可见传播媒介和手段不同，人类的政治形式也不同，进一步说，传播媒介和手段不同，政治家的风格也不同。在口头传播时代，一个政治家如果希望把自己的建议变成法律或者国家政策，就必须具备说服他人的能力，所以演讲是从政的必备才能。在古希腊，一个希望获得影响力或者保持自己影响力的政治家必须不断发表演说，说服公民大会通过他的提议。而且他的演说还需要具有足够的吸引力，否则他可能当场被反对派或者公民轰下台来。有时候演讲能力可能比政治上的真知灼见更加重要，雅典有一些年轻人甚至在没有任何军功的情况下，仅仅因为具有演说能力就取得了重大政治影响。苏格拉底就曾经提醒一名刚当上骑兵军官的年轻人，即使当一名骑兵军官也得学会演讲。

而在大规模印刷时代，政治人物为人们所熟悉主要是因为他们的文字，而不是他们的演讲，所以这时候的政治家文笔都非常好。普鲁士的弗里德里克大帝是一位文学写作的高手，他写过除史书及诸多关于政治军事的书籍外，还作曲、写诗。伏尔泰说：“他写的书比同时代的王公贵族们生养的私生子还多。”美国总统杰弗逊和林肯都以精通写作而著称，英国首相丘吉尔甚至还获得过诺贝尔文学奖。他们的声望很大一部分建立在他们善于寻找合适的词语来表达思想上。中国近代的革命领袖也是这样，孙中山、毛泽东、邓小平，都留下了上百万字的文集。

20世纪初，一种新的传播工具又横空出世，这就是广播。广播传播速度之快、范围之广是以往任何传播手段都无法比拟。有了广播，政治家的声音可以传播到千家万户，演讲的能力再次变得重要起来。但是这种传播是单向的，政府灌输信息给民众，一个人说，无数人被动地听，反而使民众更容易受政治家摆布，其实有利于极权政治的形成。希特勒和墨索里尼都非常善于发表慷慨激昂的广播演说，煽动德国群众的民族主义情绪。为了让每一个德国人都能听到元首的声音，德国政府生产了大批廉价的收音机，给予收音机生产商很大的补贴，使家家户户都能买得起，所以有人说没有广播希特勒不可能上台。当然希特勒的对手们也都很擅长演讲，英国首相丘吉尔就是英国广播公司（BBC）的常客。法国投降之后，戴高乐流亡英国领导法国抵抗运动，也是通过广播号召法国民众抵抗侵略，加入争取自由的战斗当中，第二次世界大战期间，戴高乐先后通过英国广播电台发表过近七十次广播讲话，他也因此被称为“麦克风将军”。德国入侵苏联的第十一天，斯大林也通过广播发表演讲，号召全体军民要与法西斯做殊死战斗。

当电视走进千家万户的时候，民众对信息的接受，从被动地听变成了主动地看。即使政府放给民众看的都是对自己有利的东西，可是民众很可能不会像政府希望的那样去观看。整个看电视的过程是画面呈现和观众参与相结合的过程，政治家无法再单方面地向民众灌输思想。民众对电视节目的参与越来越多，他们对政治的参与也必然越来越重要。希特勒式的极权统治在世界上渐渐销声匿迹，民主再次成为主流。

但是在电视媒体时代，因为屏幕上的图像源源不断地涌来，人们根本顾不上思考。人们看电视的时候不可能像读书看报那样，耐心地分析归纳、理解判断，思考各种各样精妙的观点，不再探询因果，不再关注逻辑，对社会和政治事件也缺乏持续性的热情，只求视觉刺激。那么对于电视台来说，做好一台电视节目的成功诀窍就是：越短越好，绝不要复杂，复杂了没人看，这样一来民主还是民主，可是形式又变了。

在电视时代，政见不同的政治家也会进行电视辩论，但是长篇大论的演讲是没有人听的，往往只给发言者五分钟时间阐述对某一件国家大事的看法，然后他的对手用一分钟进行反驳。时间再长，观众就可能感到不耐烦。这种电视辩论，措辞是不是得当，证据是不是充分，逻辑是不是严密全都无所谓，有时甚至连语法也被丢到一边，观众不会在意。取胜的关键多是演讲者的外表，长得帅不帅，眼神如何，怎样微笑，够不够幽默。至于演讲者的观点其实没那么重要。如传播学者尼尔·波兹曼在《娱乐至死》一书中所说："我们无法知道谁最胜任总统或州长或参议员，但我们知道谁的形象最能排解和抚慰我们心中的不满。我们看着电视屏幕，像《白雪公主和七个小矮人》中邪恶的皇后一样问道：'镜子，墙上的镜子，告诉我，谁是世上最美的人？'我们常常把票投给那些性格、家庭生活和风格在电视屏幕上表现出色的人。古希腊哲学家在两千五百年以前就说过，人常常以自己的形象塑造上帝。现在，电视政治又添了新招：那些想当上帝的人把自己塑造成观众期望的形象。"①

1960 年尼克松和肯尼迪进行了美国历史上第一场电视直播的总统竞选辩论。尼克松天生容易出汗，肯尼迪故意让人调高了空调的温度，尼克松满脸都是汗，观众看见了都认为这是他紧张，不自信的表现。尼克松最终败给了肯尼迪。

20 世纪末，美国的总统选举变得越来越娱乐化，美国 20 世纪最后一位总统比尔·克林顿爱好音乐，擅长演奏萨克斯管。1992 年 6 月，当美国所有的民意测验结果表明克林顿几乎没有机会当选总统的时候，他戴上墨镜，拿起了萨克斯，走进一个收视率很高的电视脱口秀节目，当场吹奏了一曲《伤心旅店》，这是猫王的成名曲，一举赢得了美国选民的青睐。这次参加脱口秀成为他赢得大选最终当上美国总统的转折点。在他之后，不管是小布什，还是

① ［美］尼尔·波兹曼：《娱乐至死》，章艳译，广西师范大学出版社，2004 年，第 175 页。

奥巴马，竞选的时候都要发动大牌音乐明星帮着造势。很多歌星为他们写歌,或者是帮他们站台演唱。

那么如果两个总统候选人各自都有大牌歌星支持会怎么样呢？得乡村音乐者得天下。因为乡村音乐来自美国腹地,覆盖的地域广大,人口众多,号称有八千万听众,远远超过其他流派音乐的听众。当年小布什的当选可能就得益于美国乡村音乐。他本人就是个乡村音乐迷,常把乡村歌手请到白宫去做客和表演。有不少乡村歌手给他造势。而他竞选连任时的对手克里则喜欢摇滚乐,支持克里的音乐界人士不是摇滚明星,就是灵歌天后。选举结果,恰巧是小布什获胜。奥巴马竞选的时候则是把几乎整个流行音乐界都纳入自己麾下,从乡村到摇滚,从说唱到蓝调。而他的对手罗姆尼只得到一个摇滚歌手的支持。

如今电视的时代也要过去了，我们正处在一种新的传播时代——互联网时代。在互联网时代,任何人都可以发表见解和观点,并且传播给成千上万的受众，所以互联网时代必然是一个前所未有的民主时代，谁也阻挡不了。互联网时代的政治家什么样？也许是要最接近普通人的那一个。

2016 年当选的美国总统特朗普虽然是个富翁,但是说话、做事的方式和风格及思维之简单,都非常平民化。这样的人在网络时代就是战胜了老练的政治家希拉里。在这次竞选过程中,电视时代的竞选方式不奏效了。电视辩论,希拉里明显占上风,娱乐界几乎全都站在希拉里一边。可是选举的结果是没完没了发推特的特朗普赢了。这也许就是互联网时代的政治。

二、征收赋税

当然民主的基础还不仅仅是信息传播,经济学家陈志武提出,财富是掌握在统治者手里还是民众手里,也决定着民主命运。

英国的议会一向被政治学家们誉为“议会之母”,其历史可以追溯到八百年前的《自由大宪章》。而《自由大宪章》的出现居然是因为国王缺钱。

中世纪欧洲各国土地由大大小小的贵族和骑士封地组成。在自己的封地里,贵族们享有相当大的独立性。而国王只不过是最大的贵族而已,能够完全支配的人力物力仅限于自己的领地，不能对贵族们随心所欲地颐指气使，征兵征税超过一定限度都会受到抵制。平时相安无事还好说，一旦有个天灾人祸，国王就得看贵族们的脸色。

签署《自由大宪章》的英国国王外号叫作“失地王”。这个无能的国王在欧洲大陆上屡战屡败，几乎把领地丢了个干净，穷困潦倒地回到了英格兰。他想要收复失地，就得整顿军备，想要整顿军备就得加倍征税，于是遭到贵族们的强烈反对。1215年贵族们召开会议，逼迫他签署了《自由大宪章》。《自由大宪章》一方面详细规定了国王在封建规则下能做什么和不能做什么，比如说未经同意不得征税；另一方面，承认了臣民包括财产权和人身安全在内的各项权利非经依法审判不得剥夺和损害。这实际上意味着国王的权力并非是至高无上的，国王只能在法律的约束下行使权力。如果国王违反了法律，臣民有权强迫他遵守。英国议会就是在这样的理论基础上产生的。

但国王只是因为穷困潦倒才暂时服软，当他喘息过后，便不再承认《自由大宪章》的效力。以后的英国国王也都跟他差不多，只有手头拮据的时候，才会接受议会对王权的制约，只要经济上还宽裕，国王的权力就会膨胀，议会即使不被解散也形同虚设。

1640—1649年，英国爆发革命，国王查理一世掉了脑袋。在十年的共和国时期，大量皇家土地被共和派拍卖。到1660年查理二世复辟的时候，皇室收入已经无法维持日常开销，没有议会拨款便家无隔夜之炊。这样，又经过几番较量，英国才完全树立了民主宪政体系。

反过来说，如果国王一直财大气粗，民主就没什么指望了。比如从14世纪到17世纪，法国国王一直是欧洲最富有的国王。正因为国王太富裕，不需要通过议会这样的民意机构帮他敛财——征税，所以与其他西欧国家比，法国的议会制度发展相当缓慢，在大革命爆发之前，法国一直是西欧最为专制的国家。西班牙1188年就有了能够约束王权的议会，比英国更早。可是哥伦布1492年发现美洲大陆之后，大量金银财宝被运回西班牙，装进国王的腰包，议会的作用也就慢慢消失，王权变得越来越绝对。

由此可见，只有当统治者需要向人民征税的时候，民主才有了机会。这种现象其实早在民主政治刚刚诞生的古希腊罗马时代就已经出现了。比如说古希腊的民主典范雅典。在雅典城邦形成之后相当长的一段时间里,城邦的财政收入主要来源于一个银矿。这个银矿属于城邦,开采的收入也都归城邦所有,财政上不依赖于人民,这一时期雅典实行的是贵族政体。由贵族元老组成的,并且终身任职的战神山议事会来决定城邦重大事务。后来梭伦改革,根据财产多寡,将所有雅典公民分为四个等级,第一、二等级的公民有资格当选执政官,但是必须向国家捐献财产;第三、四等级的公民不需要出钱,但是要为国家当兵。城邦财政收入的很大一部分来自民众,雅典的民主时代也从此开始。

罗马共和国也是如此。早期的罗马共和国每年对全国所有公民的财产征收1%的税作为国家财政的主要收入,实行共和制政体,最高行政和军事长官是执政官,由贵族元老院选举产生,元老院之外还有公民大会,公民大会每年选举十名保民官,保民官有权否决任何有损平民利益的法案和法令。执政官、元老院、公民大会分享权力又互相制衡,所以叫共和国。后来共和国不断地扩张,在征服过程中直接占有了许多土地、矿山,被征服地区每年还要给国家上缴大量的税收。国家变得非常有钱,国内公民的财产税都免于征收了,这个时候罗马共和国就变成了罗马帝国。

从这个角度讲,中国古代一直盛行专制王朝也很好理解了。中国古代讲究"普天之下,莫非王土",所有的土地产权都归国家所有,国家是最大的地主。农民种田就得给国家交租,因为国家大,每年收上来的田赋极为可观。皇帝不缺钱,自然也就与民主无缘。

不过在中国历史的某些时候,皇帝手头拮据也会低头。最明显的要数19世纪的清朝。当时鸦片战争的赔款和镇压太平天国的军费几乎把国库抽干,而且由于战争的破坏,田赋也收不上来,晚清政府是真穷了,只能靠厘金和关税这两种工商税支撑局面。这些税不仅不能硬抢,还得放水养鱼,才能越来越多。于是中国的商人们一夜之间获得了几千年来少见的政治发言权,当时他们被称为绅商。20世纪初兴起的地方自治运动中,各地绅商普遍通过参与地方自治,实际参与了国家政治,他们讨论和向政府建议的事情涉及城市自治的方方面面,诸如水利、交通、慈善、商务、卫生,以及工程建造、地方财政等。正是在他们强烈要求之下,清政府被迫宣布预备立宪。在随后成立的各省咨议局中，绅商也都握有很大的发言权，不遗余力地与政府权力相抗衡，迫使各省总督、巡抚不得不将预算和税收都交给咨议局讨论。可见，即便如中国皇帝般专制，权力也不是所有的时候都能够通吃。

由此我们可以总结出来一点，那就是民主只会在政府穷困潦倒的国家出现。国库钱越多，君主肯定越专制，因为他们不需要靠老百姓的钱养活，比如古代中国；相反，越是朝廷或政府负债累累的国家，君主必然越依赖老百姓交税，有求于百姓，王权受到的制约就越多，民主自然有所发展，比如英国。

三、因时而异

民主的确是好东西。但是在很多时候，我们会发现在一些特殊的时候民主很可能给国家造成麻烦。现代的政治学家亨廷顿在《变化社会中的政治秩序》中说："人当然可以有秩序而无自由，但不能有自由而无秩序。必须先存在权威，而后才谈得上限制权威。在那些处于现代化之中的国家里，恰恰缺少了权威。"[①]也就是说，在社会动荡的时期，权力集中比民主更有利。

我们可以举法国为例。在第二次世界大战之前，法国叫作法兰西第三共和国，实行的是议会制政体。1940 年 5 月 10 日，纳粹德国进攻法国，一个半月之后法国即告投降。领导海外法国人继续抵抗的戴高乐就认为，造成这种悲剧的根本原因就在于法兰西第三共和国的政治体制有很大缺陷，政府太不稳定，三天两头就倒台了，从 1875 年至 1940 年，法国更换过一百零二届政府，而英国只更换过二十届政府，美国只更换过十四任总统。这种体制大大减弱了政府的效能和威信，最高领导人根本没有办法也没有时间进行应有的改革。法国因此处在长期的政治危机之中，即使在战争威胁越来越大的时候也仍然是这样。最后在希特勒的闪击战面前，法国唯有投降。

所以第二次世界大战刚刚结束，戴高乐就大声疾呼废除旧制度，制定新

---

① ［美］塞缪尔·P.亨廷顿：《变化社会中的政治秩序》，王冠华、刘为等译，生活·读书·新知三联书店，1989 年，第 7 页。

宪法，创建使政府更加强大的新制度。可是戴高乐的主张当时并未得到法国人民的认可，法兰西第四共和国重蹈了第三共和国的覆辙，十三年里竟然换了二十五届政府，政局始终动荡不安。1958 年阿尔及利亚危机爆发，驻阿的几十万法军发动叛乱，法国面临内战和分崩离析的严重局面，政府软弱无力，根本无法收拾。应全国人民和多数政治势力的恳求，戴高乐以救世主的姿态出山执政，刚一上台就制定新宪法，加强总统权力，削弱议会权力，将过去的议会制改造成一种接近于总统制的政体。总统不仅可以任免总理、部长，主持内阁会议，还可以解散议会、缔结条约，甚至在紧急时期可以便宜行事，而议会的要想对政府提出不信任案，则要受到比较大限制，不能再过分地干预政府了。这就是法兰西第五共和国，从此一直平稳运行到今天。

近代北洋政府统治时期的中国也是如此。清帝逊位以后，中国社会迎来了期慕已久的民主共和。全国人民参与政治的热情高涨。第一届国会选举时的选民人数达到三千四百多万，超过当时中国总人口的 10%，许多政党社团一经成立，人们踊跃加入，北京甚至“人人无不挂名一党籍，遇有不相识者，问尊姓大名而外，往往有问及贵党者”[①]。各个政党对党员的要求非常宽松，不问宗旨和理念是否一致，纯属拉帮结伙。很多人在不同的政党里都有党籍。黄兴有十一个党籍，章太炎有五个党籍，梁启超有三个党籍。赵秉钧说：“我本不晓得什么叫做党的，不过有许多人劝我进党，统一党也送什么党证来……同盟会也送得来，我也有拆开来看了的，也有撂开不理的，我何曾晓得什么党来。”[②]

于是千奇百怪的人相聚在一起，组成千奇百怪的党，提出千奇百怪的理论。绝大多数党派既无明确政纲，也无固定组织，更谈不上什么民众基础，在很大程度上，只能算是那些政客们争权夺利的工具。结党纯粹是为了政治倾轧、排斥异己。《神州女报》批评说：“参众两院成立以来，无日不以争意气为事，置国事于不顾，负吾民之重托。月余以还，殊无成绩可言，况其间一开常

① 冰心：《北京社会之面面观》，《时事新报》，1913 年 1 月 3 日。

② 包遵彭等编撰：《中国近代史论丛·第 1 辑》（影印本）（第 8 册），正中书局，1979 年，第 88 页。

会，正常事虽不多覯，而拍案叫骂，挥拳捣乱，固千篇一律，书不胜书焉。”[①]民主政治因此陷入党争泥潭。“用一人必求同意，提一案必起纷争。始以党见忌人，终以攻人利己”[②]，以至于“议案丛脞，累日不能决一条，经月不能颁一律”[③]。

《中华民国临时约法》作为宪法性质的根本大法，赋予参议院同意权与弹劾权，却没有给予政府制约议会的权力（如提前解散议会，重新选举立法机关），造成政府“对于内政外交及紧急事变，几无发展伸缩之余地”[④]。

第一届国会弹劾、质询案层出不穷。第一期常会半年多时间里通过各类议案四十二件，仅众议院就提出九件弹劾案，十九件建议案与查办案，一百七十三件质问书，涉及政府工作的各个方面，并先后迫使国务总理赵秉均、财政总长周学熙辞职。第二期常会时参议院曾五次要求国务总理段祺瑞到院接受当面质问。众议院也曾经要求段祺瑞就财政部总长陈锦涛、次长殷汝骊受贿一事接受口头质询。质询第二天，财政总长陈锦涛、次长殷汝骊（后逃匿）等人均被北京政府免职，不久后被逮捕。

《晨钟报》抱怨：“吾人所习见者质问也，查办也，弹劾也，举外国国会数年数十年不一行使之职权，诸公月一行使之，日一行使之。数月以内无日不在与政府交战之中。”[⑤]

从 1912 年到 1928 年，中国组建了五届国会，颁布七部宪法，换了十个国家元首，换得最勤要数国务总理，一共四十五任，平均每年更换三任。其中维持时间较长者二三年，短者二三月，甚至有二三天就下台的。政治的动荡与变乱，无形之中削弱了中央政权的控制力量。

政局频频变动，制度越来越脆弱，北洋政府越来越缺乏权威，举国混乱

---

① 《参众两院纪略》，《神州女报》，1913 年第 4 期。

② 李剑农：《中国近百年政治史》，商务印书馆，2011 年，第 356 页。

③ 中国史学会、中国社会科学院近代史研究所编，章伯锋、李宗一主编：《北洋军阀（1912—1928）》（第 2 卷），武汉出版社，1990 年，第 1380 页。

④ 孙曜编：《中华民国史料》，载沈云龙主编：《近代中国史料丛刊·第 2 辑》，文海出版社，1966 年，第 303 页。

⑤ 《敬告国会议员诸公》，《晨钟报》，1917 年 1 月 10 日。

却无力收拾，直至最后名存实亡，在社会舆论的眼中几乎失去了存在的意义。《东方杂志》评论说：“今之政府，装饰品耳。换言之，为对外有交际而其交际须于北京行之，故不得不设此偶像以与之周旋。其实疆吏固不以政府视之，即人民亦并不以为必需之物也。”[①]当1926年国民革命军誓师北伐的时候，北洋政府几乎是在全国人民的欢呼声中被抛弃了。

所以对于一个国家来说，民主并不是任何时候都好。对于一个处于内忧外患之中的国家来说，要想恢复社会秩序，抵制外敌侵略，权力的集中是更好的，有时候甚至是必然的选择。

四、多数人的暴政

如果从古希腊时期算起的话，民主诞生至今已经有两千五百多年的历史了，但是在其中两千三百多年里，它给人们留下的印象都不太好。

在雅典民主的黄金时代，公民可以直接参与和管理城邦事务，城邦的最高权力机关是公民大会，每月召开三至四次，一年共四十次，遇有紧急事务还可召集非常会议。基本上每隔九天左右雅典的公民就要聚集起来，对城邦大事自由发言或展开激烈的辩论，最后采取投票或举手的方式，按“少数服从多数的原则”作出决议，凡20岁以上的男性公民都有权参加。为了避免城邦被有权有势的人操控，公民大会甚至定期举行放逐投票，公民在陶片上写下认为应该放逐的名字，投进箱子里，得票最多的人就要被放逐十年，被放逐者无权为自己辩护，十天之内必须离开。在君主贵族政体盛行于世的古代，雅典的民主的确是让人惊叹。

可是古希腊的哲学家却将雅典的民主称为“民主的暴政”。大哲学家苏格拉底，西方哲学之父，就是被雅典公民通过投票（281:220），以侮辱神灵和腐蚀青年思想的罪名判处死刑，被迫喝下一大碗毒药。放逐也变得非常随意：雅典政治家阿里斯提德有一次参加放逐投票，身边有一个不识字的人请他帮忙在陶片上写名字，阿里斯提德问写谁，那人说就写阿里斯提德，阿里

① 《杂评》，《东方杂志》，1926年第14期。

斯提德很惊讶,问“你为什么要放逐他?”那人答道:“不为什么,我甚至还不认识这个人,但是到处都称呼他为公正之士,我实在听烦了。”这样的民主在重大问题的决策上很可能造成严重后果,使雅典由盛转衰,并最终导致整个希腊文明终结的伯罗奔尼撒战争就是如此。

这场战争是由于雅典人的贪婪引起的。公元前5世纪末,古希腊诸城邦与庞大的波斯帝国发生了一场长达近半个世纪的希波战争。雅典统帅名叫西门,积极倡议希腊城各邦国家捐弃前嫌,联合起来拼死抵抗,于是希腊各城邦建立一个攻守同盟(提洛同盟),逐渐转守为攻,最终赢得了战争。西门在这场战争中多次指挥希腊联军击败波斯大军,立下了汗马功劳。

希波战争的胜利使雅典进入鼎盛时期,作为盟主,雅典统领着两百多个盟邦,可谓势力强大。但是被胜利冲昏了头脑的雅典人想进一步把这个提洛同盟变成雅典帝国,把昨日还并肩作战的同盟国变成自己的附庸,谁不服就以武力镇压之,没收其舰队,勒索其贡赋。同盟金库也被搬到雅典,成了雅典人的财产。西门指出这么做不对,提洛同盟应该继续存在下去,却在公民大会上被投票表决放逐海外。

最后,不堪忍受雅典欺压的城邦在斯巴达的领导下,建立了一个新的同盟,伯罗奔尼撒同盟,与雅典对抗,掀起了伯罗奔尼撒战争。这是一场希腊诸城邦之间的内战。战争中的头十年,双方不分胜负。公元前422年,战争告一段落。七年之后,战争再度爆发。

公元前416年,西西里岛上的塞盖斯塔和叙拉古两个城邦开战,塞盖斯塔请求雅典出兵支援。冷静的温和派领袖尼西阿斯认为,在一场大规模战争远未结束之时远征西西里非常不明智。但是这时候一个年轻贵族——亚西比德却跳出来,主张再开辟一个战场,远征西西里。亚西比得外表出众,口才也不错,还获得过奥林匹克赛车冠军。他希望能够建功立业,于是在公民大会上发表演说:“西西里人只是一群乌合之众,征服他们易如反掌。……占领西西里就有可能取得全希腊的霸权。”狂热的群众在煽动之下决定出征,并且选亚西比德为将军。

亚西比德的军事才能还是不错的,到了西西里以后,很短的时间里就征服了两个重要的城市。西西里只有大约十九个左右这样大小的城市,如果给亚西比德足够时间的话，这次远征还是有可能成功的。可是这时候，雅典有人传言亚西比德与一宗捣毁神像的案件有关。曾经被视为年轻人的偶像的亚西比德在雅典人心目中的形象一落千丈。公民大会决议要把亚西比德召回受审。亚西比德听闻之后，弃军而逃。公民大会缺席判处亚西比德死刑，并且剥夺了他的财产。亚西比德索性投奔了斯巴达，向敌人透露了全部的远征计划，导致雅典远征军腹背受敌，孤立无援。粮食补给不上，战船也濒于腐朽，前线指挥官向国内请求撤退。但是雅典民众认为撤退有损国威，反而又派出一支援军，坚持要把这场战争打下去。雅典军队一败再败，直到最后五万远征军全军覆没。这场极不明智的远征成为雅典失败的转折点。从此以后，雅典的海上同盟开始瓦解，称霸希腊的梦想灰飞烟灭。

西西里远征之后，雅典又集结一支舰队，在萨摩斯岛附近准备与斯巴达决一死战。这时亚西比德因为勾引斯巴达的王后，在斯巴达也待不下去，又转回雅典一方。他说服萨摩斯岛的雅典驻军帮助他平反，并率领这支部队打了几场胜仗，甚至全歼斯巴达海军新建的六十艘大型战舰，逼得斯巴达求和。带着这样的赫赫战功，亚西比德回到雅典。雅典人好像已经忘了这个反复小人曾经叛国，也忘了他们曾经将他缺席判处死刑，全城出动，欢迎他，歌颂他。过去没收的财产被归还给他，过去控告他的罪名既往不咎，他还被选举为首席大将军，统领海陆两军。

然而好景不长，很快斯巴达人利用一次小小的伏击，掳走了十五艘雅典舰船。此事本不是亚西比德的责任，但公民大会怒不可遏，免去了亚西比德的职务，任命了新的将军。亚西比德只得再次逃走。

公元前 406 年，斯巴达与雅典舰队激战，雅典失利，七十艘舰船被击沉三十艘，雅典岌岌可危。雅典人全民动员，他们把卫城神庙里的金银都融化去换钱，打造了一支一百五十艘船的大舰队，同时释放奴隶组成军队，再与斯巴达决战，终于取得了一场大捷，如果不是突然刮起一场风暴，雅典舰队被迫放弃追击，斯巴达人几乎全军覆没。此战后，斯巴达求和，雅典重获制海权。

此战指挥官居功至伟。但是由于风暴，雅典海军无力救助落水水手，阵亡战士的尸体也没能及时掩埋。雅典公民知道之后群情激愤，在公民大会上将八名指挥官判处死刑，而且不允许他们为自己辩护。六名指挥官惨死，两人逃走。从此军心大乱。冤死的指挥官们尸骨未寒，雅典公民又后悔了，把那些煽动处死将军的人判处了死刑。正如古罗马哲学家西塞罗批评的："雅典人反复无常地并残酷地对待其最卓越的公民的例子确实不少。"①公元前405年，雅典人被斯巴达人彻底击败，被围困三个月后投降了。

如果说在中国几千年的专制皇朝历史上我们看到的是像夏桀、商纣那样的暴君，在古代雅典，我们看到的却是一群暴君。他们背信弃义，对过去的盟友横加欺凌；他们贪得无厌，不但窃夺公款，还勒索贡赋；他们好大喜功，一场大战没打完，又开辟另一个战线；他们听信谗言，屡屡制造冤案；他们冷酷无情，对有功之臣杀伐相向；他们反复无常，刚刚作出的决定转眼就反悔。这些不都是通常我们看来"暴君"才有的特征吗？一个人施暴是独裁的暴政，一群人施暴是民主的暴政。民主的雅典最终用暴政结束了自己的辉煌。

古希腊历史学家希罗多德在著作中借一位波斯贵族的口表述了对民主的不满："没有比不好对付的群众更愚蠢和横暴无礼的了。把我们自己从一个暴君横暴无礼的统治之下拯救出来，却又用它来换取那肆无忌惮的人民大众的专擅，那是不能容忍的事情。不管暴君做什么事情，他还是明明知道这件事才做的；但是人民大众连这一点都做不到而完全是盲目的；你想民众既然不知道、他们自己也不能看到什么是最好的最妥当的，而是直向前冲，像一条泛滥的河那样地盲目向前奔流，那他们怎么能懂得他们所做的是什么呢？"②

两千年之后的法国大革命是另一个民主造成的悲剧。这场革命结束了法国一千多年的封建专制制度，传播了资产阶级自由民主平等的思想，革命期间所颁布的《人权宣言》被誉为新社会的出生证，在世界历史上产生了深远的影响。但是推翻专制皇权之后建立起来的民主政治却成了腥风血雨。

在1793年人权宣言和宪法中，明确宣布"主权属于人民"。法国人民可

① ［古罗马］西塞罗：《国家篇 法律篇》，沈叔平、苏力译，商务印书馆，2002年，第14页。

② ［古希腊］希罗多德：《历史：希腊波斯战争史》（上），王以铸译，商务印书馆，1959年，第232~223页。

以自由地参与国家政治和司法。立法机关的大门必须永远敞开，欢迎民众随时进去旁听。这看起来是多么的民主。于是人民群众茶余饭后全都挤到议会里来，有一次旁听席竟被挤塌了。不但能旁听，他们还可以自由地发表意见。议员们发表演说的时候，他们可以大声表示赞成或反对。赞成的时候大声呐喊，把地板跺得震天动地，反对的时候还是大声呐喊，把地板跺的震天动地。呐喊的内容可能是赞美，也可能是辱骂，但是音量都是一样的。议员们必须声嘶力竭，大吼大叫地把自己的观点说出来，就这样还经常淹没在围观群众的声音里。人们可以自由喧哗，可以无拘无束，可以凭着自己的热情左右政治，群众要是有什么想法，还经常成群结队地跑到议会大厅来请愿，有时甚至携带武器。当局者必须立即作出答复，通常是不答应不行。国家政权在这种局面下毫无权威可言。

司法也是这样。只要国民公会多数决议通过就可以把任何人送交革命法庭，法庭只能执行决议。大批人遭到逮捕，不经过正常的司法程序，没有经过公正的审判就被送上了断头台。1792 年 9 月 2 日，仅仅是因为听到外国干涉军包围了凡尔登的消息，狂热的巴黎民众便在革命的激情鼓动下冲进各个监狱，不经审判，杀死了一千多名被怀疑“反对革命”的犯人，约占在押人数的一半。国民公会和救国委员会在全国人民的一致要求下，不得不顺应民意，开始制订恐怖性法规，实行恐怖统治，逮捕和处死任何意见不同的人，逮捕和处死任何反对他们这么做的人。被拘禁的犯罪嫌疑人可能达到三十万。就连许多革命领导人都被昔日的战友硬安上一个罪名，剥夺一切辩护权利送上断头台。更有大批无辜群众死于非命。有的历史学家估计在 1793 年 9 月到 1794 年 7 月间，有三万五千至四万人丧生，而且第三等级占 84%（其中资产阶级占 25%、农民占 28%、无套裤汉占 31%），贵族只占 8.5%。

狄更斯在《双城记》中为我们如临其境般地描绘了一个难忘的情景——坐在断头台前的妇女们一边编织一边数着掉下的头颅：“二十二、二十三……”当时人们普遍的信念就是“断头台越忙碌，共和国越巩固”，为了自由、平等和博爱，理直气壮地、疯狂地杀人。人头滚滚，血流成河。担任过一年法国首相的历史学家弗朗索瓦·基佐在 1837 年谈道：“民主……是多数下层人反对少数上层人的旗帜。这个旗帜有时是为了最合理的权利而举起，有时却是为了最残酷、最邪恶的激情而举起；它有时是为了反对最不公正的篡权者，有时却是为了违抗最合法的权威。”[①]

五、乌合之众

为什么会这样呢？群体心理学给出了一种解释。

在群体当中，一个人的文明程度会下降。19世纪的法国群体心理学家勒庞指出，孤立独处的个体很清醒，独自一人时是不能去焚烧宫殿或抢劫商店的，即便有这样的冲动，也很容易把它抑制下去或打消掉。而一旦在他进入群体成为其中的一分子时，他就会意识到人多势众的力量。这种力量足以激发出打家劫舍或烧杀抢掠的念头，并且人们会马上听命于这种冲动。因此，当一个人身处集体当中时，不管先前是从事的是科学研究、文艺创作，还是修鞋补锅，都会放弃循规蹈矩的生活，变成一个个胡作非为的人。这就是为什么很多最恶劣的极端无耻的勾当都是一群人共同干出来的。

群体中的人们还会变得非常狂热、非常极端，就像被麻醉了一样，失去理智，失去了自我控制能力，没有了人道主义精神，连自我保护都想不起来。他们能够为自己的信念不惜任何代价，即使是流血和生命也在所不惜，可以残忍地屠杀敌人，也愿意英勇地死在战场上。

当很多个人组成一个庞大的群体的时候，他们的智商不会因为人多势众而提高，大多数情况下反而只能达到群体成员的平均水平甚至更低。“当个人汇集成群体的时候，绝不会有集思广益这样的事情发生，相反的是，群体的叠加只能增加他们的愚蠢，智力反而会大幅度下降。……群体只知道简单而极端的感情；对于别人提供给他们的各种意见、想法和信念，他们或者全盘接受，或者一概拒绝，将其视为绝对真理或绝对谬论。”[②]这就是民主常常走向“暴政”的原因。

---

① ［英］约翰·邓恩编：《民主的历程 公元前508—1999年》，林猛等译，吉林人民出版社，1999年，第149页。

② ［法］古斯塔夫·勒庞：《乌合之众：大众心理研究》，戴光年译，新世界出版社，2010年，第47、49页。

不仅如此，民主还可能将国家引向战争。在人们印象里，独裁者似乎总是与穷兵黩武的战争狂人联系在一起，而民主国家则是和平的代言人。从表面上看，这似乎是有道理的。在专制国家里，一切都是独裁者自己说了算，野心得不到任何约束，当然可以不顾百姓死活地发动战争，反正冲锋陷阵的又不是他。而民主国家就不同了，由于政府由民选产生，不得不对公众及舆论负责。谁都明白，战争将使公民（选民和纳税人）付出流血和财产的代价，如果政府一意孤行地发动战争，最终可能使它在下一次选举时遭到失败。

从历史上看，民主国家的确很少发生内部战争，不易出现自相残杀的悲剧。但是从对外战争来看，民主国家打过的战争一点不比专制威权国家少，甚至可以说，近代历史上人类所经历的几次最为惨烈的战争，恰恰都是"民主制国家之间的战争"。最早实现资产阶级民主的英国多次与拿破仑帝国在欧洲、美洲、非洲和亚洲进行争霸战争，几乎打遍了全球。第二次世界大战的元凶德国和意大利虽然被称为法西斯，但是墨索里尼的法西斯党是在意大利大选中胜出后（共获得65%的选票，375个议席）上台执政的，而希特勒的纳粹党同样是在大选中成为德国议会第一大政党之后获得执政权力的，具有极为普遍的民意基础。

至于今天动辄标榜"民主""自由"的美国更是战争狂。在20世纪50年代，美国先后对七个国家采取军事行动；自60年代开始，美国又先后在越南、老挝和柬埔寨发动了侵略战争。当冷战刚刚结束，美国马上就发动了海湾战争，以后又在科索沃进行干预。21世纪阿富汗、伊拉克、叙利亚的战火硝烟之中无不隐现美国的身影。

这是因为在民主政体之下国家政策很容易被"民意"所控制。而民众常常会过高地估计自己的实力，他们总是相当乐观和自信，觉得自己无所不能，一定能够实现共同的目标，而且他们在道德上也是完美无瑕的，自以为正义一定是站在他们这一边。正因为如此，很多民主国家的选民们会信誓旦旦地要求自己的政府出兵海外，为了报复他国对本国的无理欺凌，或者为了伸张正义，插手他国事务，"拯救"受苦受难的他国人民，甚至"拯救"全世界。

而在专制独裁的国家里，独裁者想要发动战争必须慎重考虑，因为打了败仗或者滥用国力必定动摇他的统治。他和他的少数几个谋士们对本国的实力会有清醒的认识，对是否应该发动战争也可以冷静地从长计议，不易被狂热冲昏头脑，反而不会轻易地参加战争。西班牙独裁者佛朗哥就是一个典型的例子。他虽然在国内实行法西斯统治，却在第二次世界大战中保持了中立，没有参与这场厮杀。

所以很多情况下民主不但不能阻止战争，相反却加速了战争的爆发。1812 年，正是民意和国会促使当时犹豫不决的美国总统对英宣战，试图夺取加拿大；1898 年，同样是民意加速了美西战争的爆发；1914 年萨拉热窝事件发生后，英法国内立刻掀起一股要求"投入战争"的强大潮流；1962 年，民意使美国总统肯尼迪决心封锁古巴；1982 年马尔维纳斯群岛被阿根廷占领后，民意的压力驱使英国首相撒切尔夫人扩大了英阿战争；2003 年美国总统布什发动伊拉克战争时，民意支持率曾蹿高至 71%。可见，如果民意被盲目的民族主义所左右时，即使是民主国家的领导人，也很可能被推向选择战争这条路。

有研究表明，当一个国家正在从独裁制到民主制过渡的时候，会变得更为好战。曾经有两位美国学者对 1811 年至 1980 年间的国际战争作了一项统计分析。结果发现，从完全的独裁制向高水平的民主制转变的国家，卷入战争的概率比独裁国家平均高出三分之二。前南斯拉夫就是一个典型的例子。在所谓的"铁托专权时代"，南斯拉夫各加盟共和国和自治省相对平等和合作，不仅从未发生过战争，连可能引发矛盾和摩擦的争吵也被视为不合法；而自从 1980 年那位铁腕人物去世以后，特别是从苏联解体、东欧剧变以来，南斯拉夫政治摆脱了原有的束缚，各加盟共和国和自治省纷纷独立，并实现民主化，随之而来的就是为边界划分和民族纠纷发生冲突，直至演变成欧洲第二次世界大战结束以来炮火最猛烈的战区。

这是因为在民主化进程中上台的新一代领导人，可能更有雄心和更愿意看到国家的对外关系和国际地位在自己执政下出现的新的改变；而且民主化的进程愈快，权力斗争愈公开，社会遭到的震荡可能愈厉害，社会内部原有的民族沙文主义情绪也愈有可能得到释放。这些都给国际冲突培植了深厚的土壤。

显然，民主是一种存在一定缺陷的政治类型。民众的一时冲动常常会导致国家在重大问题上作出鲁莽和错误的决策，民众被煽动以后的破坏力往往难以控制。

六、让民主成为好东西

那么如何才能避免“民主”变成“暴政”呢？在民主政治发展的过程中，人们想出了很多种避免民主弊端的办法。比如世界各国对选举权和被选举权都作出了限制，最常见的做法就是对选举人和被选举人制定一定数量的财产门槛。

以英国为例，英国是资产阶级革命最早的国家之一，历来规定公民必须拥有一定的财产才能获得选举权。在1832年的选举改革法中，在城市里年收入十英镑以上的房主和年支付十英镑以上房租的房客才拥有选民资格；在农村收入十英镑以上的土地持有者和年收入五十英镑以上的租地经营者才拥有选民资格。看似金额不多，但是在当时只有7%的成年人能够达到这个标准。直至今天，英国的选举法仍然规定：成年男女必须有规定的住所或者营业场所才有选举权。

被选举权要求更高。英国1711年规定：当选郡议员每年土地收入必须在六百英镑以上，市镇议员每年不动产收入要在三百英镑以上。不要觉得几百英镑是个小数字，当时英国全国财政收入也就几十万英镑，按现在的比例就是千万富翁才有竞选地方议员的资格。

法国也一样。尽管法国大革命时期的《人权宣言》宣称：“人们生来是而且始终是自由平等的”，可是制定的宪法却规定“凡年满25岁，有财产并能缴纳直接税的‘积极公民’享有选举权；凡是不符合财产规定的为‘消极公民’，不具有选举权与被选举权”。到了1974年，法国的选举法还规定：连续五次在缴纳四种直接税之一的表册上登记在案的成年公民，才有选举权。想要竞选议员必须交纳一千法郎的保证金；竞选总统，必须缴纳十万法郎的保证金，如果竞选失败，保证金就被没收了。美国也有财产限制，只不过各州标准不同。

为什么只有拥有财产的人才能选举和当选呢？难道民主只能是有钱人

的游戏吗？这种规定有道理吗？

17 世纪和 18 世纪英国人的观念是，只有最优秀的人才有资格承担社会职责。而在一个存在激烈竞争的社会中，更加富有的人显然也就是更优秀的人。你是不是聪明，是不是善于经营管理，是不是懂得处理各种社会事务，都可以通过你是不是富有得到证明。另一方面经济独立才能政治独立。如果一个人拥有足够的财产，他就不需要依附于任何人，比如说地主、资本家，可以完全按照自己的意志对公共事务作出独立的判断，没有人能够利用经济手段左右他的选择；而经济上依附于别人的人，在政治上也很容易被别人所操纵，比如说雇工因为没有独立的经济来源，只能依附于雇主生存，这就使他们缺乏独立的意志和判断，导致见利忘义或盲目跟从雇主的意见，一旦他们拥有了选举权，很可能会出卖手中的选票，从而助长政治腐败。

再者，很多国家的议员都是专职的，因为参议国家政治就应该心无旁骛。这样的话做议员的前提就是不需要工作来养家糊口。一个人如果居无定所、肚子都填不饱，又怎么会想着为别人、国家做事呢？即便是有那份心恐怕也没那份力。

对一个股份制公司来说，通常在这个公司里占有股份越多的人，发言权也就越大。因为公司运营得好，他的收益就高；公司运作得不好，他的损失就大，他当然应该对公司的运营有发言权。国家也是这样。在整个社会财富中占的份额多的人，自然应该有更多的机会发言，因为他是在维护自己的财产，会为自己的决策承担后果。穷人、无产者掌握国家权力，那就等于让一个在这个公司里没有股份的人，或者一个小股民，决定公司的命运，显然有失公平。近代欧洲的君主主义者曾经说过这样一句著名的话，"君主制度是最好的一种统治制度，因为这种情况下国王是这个国家的主人。就像一座房子的主人一样，如果电线出了毛病，他会修好"。一个国家的主人当然会积极努力地使他的财产不断增加。在近代社会，君主制已经不合时宜，但是道理仍然如此：国家就是应该由占有这个国家财富份额比较多的人来治理。这些就是英国人的想法。

后来，随着经济的发展，越来越多的人进入到纳税者的行列，这些人一般是中产阶级。于是拥有选举权的人越来越多。几百年后，人们终于在法律上普遍享有了选举权。

从这个角度来讲,民主与全社会的财富分配结构是有很大关系的。如果一个社会整体上已经很富裕了,大部分人都是中产阶级,民主政治通常就能够搞得很好。因为大部分人在这个国家里利益是一致的。如果贫富分化很严重,还要搞普遍民主,一无所有的穷人凭人数优势取得了对国家政治的决定权,势必会向富人的财产开刀,必然导致社会分裂动荡。

雅典实行的是没有约束的直接民主制度。公民大会至高无上,几百乃至几千个聚在一起的群众受少数政客煽动,难免不被情绪所左右,随波逐流,造成很大的危害。后来的人们发明了很多种不同的民主形式,以避免直接民主造成的危害。

13 世纪至 14 世纪,作为贵族反抗王权的成果,间接民主或者叫作代议制民主在英国出现了。代议制民主是什么意思呢?就是普通公民并不直接参与国家的政治决策,而是由选举出来的代表替他们做这些事。如果民主任由广大民众直接参与,就很难驾驭。一旦换成民意代表,民主就驯服多了。既然是选举,各种社会精英分子、企业家、知识分子、道德模范就比较容易当选,缺乏知识和见识,缺乏基本的政治能力的人就被排除在外,这样国家决策就不至于因为民主而失去严肃性,或者草率行事。

18 世纪末, 英国的立宪政体与北美殖民地的民主政体相结合又衍生出了宪政民主。“宪政”简单地说就是“法治”,就是国家权力的运行,不论行政、立法、司法,都必须严格依按宪法和法律办事。国家权力必须受到法律的约束,不管这个权力是君主行使的,还是人民大众行使的。雅典人在审判八名未能营救遇难水手的将军时,公民大会置城邦法律于不顾,拒绝单独审判他们,而且不允许他们为自己辩护,轻率地判处他们死刑。这其实跟一个暴君滥杀无辜没有什么区别。宪政民主是宪政与民主的结合:一方面宪政是民主的基础。政府依法行政,人民才有参与政治的空间。另一方面,宪政又限制了民主。民主决策也必须在法律的规定下进行。在这种体制下,有一些基本人权只能依照法律而不是民主投票来决定。如著名的美国最高法院大法官罗伯特·杰克逊所说,“人的生命权、自由权、财产权、言论自由权、出版自由、信仰和集会自由以及其他基本权利,不可以受制于投票:它们不依赖于任何选举之结果”。

“共和主义”也是一种限制民主弊端的思想。雅典人的民主实行的是简单的少数服从多数，但是少数服从多数并不总是符合正义的。亚里士多德在《政治学》中指出：“全邦中任何多数，无论为小康之家，或为穷苦的人，倘使把少数人的财物共同瓜分，取为己有，这种多数显然是在破坏城邦……所有这些恃强逞暴的行为都是卑鄙而不义的。”①18世纪的英国政论家埃德蒙·柏克在反思法国大革命时也指出：“我能肯定的是每当一个民主制的政体出现像它所往往必定要出现的严重的分歧时，公民中的多数便能够对少数施加最残酷的压迫；这种对少数人的压迫会扩大到远为更多的人的身上，而且几乎会比我们所能畏惧的单一的王权统治更加残暴得多。”②

如何避免这种情况的出现呢？这就需要一个常常被我们忽视的“共和主义”。共和主义是西方一种古老的政治传统，一般认为由古希腊哲学家柏拉图、亚里士多德创立。它的起源不仅来自古希腊的民主理论与实践，而且更多的来自哲学家们对希腊民主的批判。

“共和主义”主张国家政治生活中的任何一极都不能压迫另一极，强调的是各种利益间的制约，妥协和平衡。在一个共和国，并不是任何时候、任何事情都是多数人说了算。多数人并不能以民主的名义胡作非为。少数人并不是任凭多数人宰割的羔羊。共和制的特点是给所有的人提供同等的保护，保护每一个群体的财产和自由，不论这些人是多数，还是少数。正如美国开国元勋亚历山大·汉密尔顿所说：“在共和国里极其重要的是，不仅要保护社会防止统治者的压迫，而且要保护一部分社会反对另一部分的不公。在不同阶级的公民中必然存在着不同的利益。如果多数人由一种共同的利益联合起来，少数人的权利就没有保障。”③

古罗马可以说是古希腊文明的继承者，早期罗马的文化几乎是对希腊文化的纯粹继承和模仿，但是在政治制度上，罗马共和国并没有采取雅典式

---

① ［古希腊］亚里士多德：《政治学》，吴寿彭译，商务印书馆，1965年，第141~142页。

② ［英］柏克：《法国革命论》，何兆武、徐振洲、彭刚译，商务印书馆，2017年，第165页。

③ ［美］汉密尔顿、杰伊、麦迪逊：《联邦党人文集》，商务印书馆，1980年，第266页。

的民主。它有两个执政官,相当于君主;它有元老院,代表贵族;它有公民大会和保民官,代表平民。在决策过程中三者各司其职,实际上是社会各个阶层利益妥协的产物。这个共和国远比雅典稳定得多,成就也大得多。

英国的代议制是典型的混合政体:国王是君主制的象征,由世袭贵族和各界名流组成的上议院是贵族的代表,选举产生的下议院是民主制的产物。很多英国政论家都认为,如果不保留君主和贵族的成分,英国的议会民主很难运作。孟德斯鸠因此称英国为"裹着君主制外衣的共和国"。

共和主义的民主是可以坐下来谈的民主,不是无政府主义,不是街头政治。你可以发言,我也可以发言,但是要讲规则,在你发言时,我必须听着,轮到我发言了,我再和平地理性地讲。不能说谁跟我意见不一致我就打倒谁,消灭谁,一切都应该大家一起商量,彼此都作一些让步和妥协,这样才不会造成大的社会动乱。梁启超就曾说过:"自己的主张,虽是丝毫不肯放让,对于敌党意见,却是诚心诚意地尊重他。我想一个国民,若是未经养成这种精神,讲什么立宪共和,岂非南辕北辙!"①

现在世界上很多国家虽说建立了民主制度,但是内乱不断,你不服我、我也不服你,你上台我就要打倒你,我上台你也不听我的,要是选举失败了就上街游行,不推翻你誓不罢休。这其实都是缺乏共和精神的体现。

近代许多政治学家,如马基雅维利、哈灵顿、弥尔顿推动古典共和主义理论进一步发展,把基于特定阶级和集团利益的分权制衡转变为基于政府职能的分权与制衡。17 世纪初期,共和思想传入北美并在北美的土地上迅速扎根,形成了特色鲜明的立法权、行政权、司法权三权分立制。

我们常常以为"三权分立"是为了限制总统的权力,免得他独裁,殊不知其初衷恰恰是为了限制所谓代表"民主"的议会。在奠定美国政治基础的费城制宪会议上,美国国父们设计美国政体的一个最重要的原则就是要确保执政者能够按照自己的理念施政,而不是按照民意来施政。人民可以自由表达自己的意见,但不允许民意干扰政府的施政。

---

① 梁启超:《欧游心影录》,商务印书馆,2014 年,第 83 页。

当时最喜欢操弄“民主”的要数议会。很多议员也是自以为就是人民的化身，整天反对政府的施政，好像政府不管干什么都侵犯了人民的利益一样。制宪会议就把议会分成了参议院和众议院两部分，参议院不管各个州的大小和人数多少都是一州两票。众议院虽然是在各州按选民的人数选出来的，却要受参议院制衡。这样参议院就成为少数对抗多数的一个机制，牵制更容易受到大众影响、反复无常的众议院。

随后，制宪会议又赋予总统非常大的权力，使他的政治地位高于议会，可以否决议会的法案，有权任命重要官员和最高法院法官，统帅陆海空三军，还与参议院一起共享对外缔结条约的权力。政府行政就不那么容易受到民意的干扰。

另外，美国的法官们也被赋予更大的独立性，以保证司法独立。法院是美国政体中最不民主的部门，联邦法官由总统任命，并且终身任职。议会虽然享有强大的立法权，可是法院却对所有的法律都拥有解释权，甚至还可以以违背宪法为理由，宣布议会立的某一项法律无效。这样司法也不会受到民意的干扰。

现代中国接受了基于共和主义的另一种民主形式——协商民主。对协商民主的理论探讨发源于20世纪80年代西方理论界，毕塞特、曼宁、科恩、罗尔斯和哈贝马斯等著名学者都对这一课题有过杰出的论述。对于究竟什么是协商民主，目前西方学者并未形成一致看法，但是基本上都认同这是一种协商而非竞争在国家和社会事务治理中起基础性作用的民主政治。我国学者陈家刚总结说，“所谓协商民主，指的是这样一种治理形式：平等、自由的公民借助对话、讨论、审议和协商，提出各种相关理由，尊重并理解他人的偏好，在广泛考虑公共利益的基础上，利用理性指导协商，从而赋予立法和决策以政治合法性”[①]。

其实不论在西方，还是在中国，协商民主都不是新生事物。在古罗马及中世纪意大利的威尼斯、佛罗伦萨等城市国家，重大决策都要经过反复协商，最后才以公开投票作出决定。即使在现代西方民主国家，政党之间、政府

---

① 陈家刚：《风险社会与协商民主》，《马克思主义与现实》，2006年第3期。

与社会利益集团之间也经常通过谈判协商解决利益纠纷和政见分歧。

在20世纪的中国，抗战胜利以后，中国共产党曾经积极谋求和平民主建国，与国民党协定召开政治协商会议。1946年1月10日至31日，政治协商会议在重庆举行。各界代表三十八人。其中国民党代表八人，共产党代表七人，民主同盟代表九人，青年党代表五人，社会贤达（无党派人士）代表九人。基本上形成了左、中、右三种政治势力。

当时的中国人把政治协商会议的召开看作一个崭新的开始，和平在即，宪政可待。国人无不为之奔走相告。民主党派寄予的希望达到了巅峰，幻想能够通过和平方式实现中国的政治改革，建立资产阶级共和国。但国民党难以接受真正的民主改革，政协闭幕之后仅一个多月，国民党的六届二中全会决定由国民党中常会选任本该由各党派推选的国民政府委员，撕毁了政协关于改组政府的协议。

重庆政协尽管被国民党破坏了，但政治协商的形式却在中国开花结果。新中国成立前夕，中国共产党发布“五一口号”，倡议“各民主党派、各人民团体及社会贤达，迅速召开政治协商会议，讨论并实现召集人民代表大会、成立民主联合政府”，获得民主党派和其他民主力量的响应。

1949年9月21日，新政协即中国人民政治协商会议第一届全体会议在北平隆重举行，参加会议的有党派、区域、军队、团体、特邀代表五大类四十五个单位六百六十二名代表。其中共产党员占44%，工农和无党派代表占26%，民主党派占30%。周恩来指出，这种协商民主的特点是“会前经过多方协商和酝酿，使人家都对要讨论决定的东西事先有个认识和了解，然后再拿到会议上去讨论决定，达成共同的协议。……新民主主义的议事精神不在于最后的表决，主要地在于事前的协商和反复的讨论”[①]。

中国人民政治协商会议在当时全国人民代表大会还不具备条件的情况下，代行全国人民代表大会职权，完成了建立新中国的历史使命。第一届全国人民代表大会召开以后，中国人民政治协商会议全体会议以统一战线的组织形式而存在，国家的大政方针，仍要经过人民政协进行协商。

---

① 周恩来：《周恩来统一战线文选》，人民出版社，1991年，第129、54页。

改革开放以来，中国共产党就国家重大方针政策和重要事务与社会各界人士广泛协商,已经形成一种制度。1987年党的十三大报告中提出:“必须使社会协商对话形成制度,及时地、畅通地、准确地做到下情上达,上情下达,彼此沟通,互相理解。”[①]1991年3月江泽民在七届全国人大四次会议、全国政协七届四次会议党员负责人会议上讲话时指出:“人民通过选举、投票行使权利和人民内部各方面在选举、投票之前进行充分协商,尽可能就共同性问题取得一致意见,是我国社会主义民主的两种形式。这是西方民主无可比拟的,也是他们所无法理解的。两种形式比一种形式好,更能真实地体现社会主义社会里人民当家做主的权利。”[②]2007年《中国的政党制度》白皮书第一次正式使用了“协商民主”的概念,指出:“选举民主与协商民主相结合,拓展了社会主义民主的深度和广度。经过充分的政治协商,既尊重了多数人的意愿,又照顾了少数人的合理要求,保障最大限度地实现人民民主,促进社会和谐发展。”[③]2014年习近平同志在庆祝中国人民政治协商会议成立65周年大会上讲话时,指出:“有事好商量,众人的事情由众人商量,找到全社会意愿和要求的最大公约数,是人民民主的真谛。”[④]目前,协商民主已经广泛渗透到我国政治社会生活的多个层次中,不断丰富和发展,并且越来越制度化。

第六节　国际战略与外交策略

一、地缘战略

在世界历史上,国家之间的竞争是非常激烈的。列强诸国起起落落,有

---

① 中共中央文献研究室编:《十三大以来重要文献选编》(上),人民出版社,1991年,第12~13页。

② 中共中央文献研究室编:《江泽民论有中国特色社会主义》,中央文献出版社,2002年,第347页。

③ 中华人民共和国国务院新闻办公室:《中国的政党制度》(白皮书),新华社,2007年11月,http://www.scio.gov.cn/zfbps/ndhf/2007/Document/307872/307872_3.htm。

④ 习近平:《论坚持全面深化改革》,中央文献出版社,2018年,第133页。

些国家面积大，人口多，具备称霸的条件，可是后来却成为任人宰割的羔羊，有些国家僻处边远，地狭民贫，却能够始终立于不败之地，甚至问鼎天下，这是为什么呢？除了政治谋略和民族进取心这些因素之外，他们的命运很大程度上是由自己所处的地理环境所决定的。什么样的地理环境战略上最具优势呢？

第一，最好处在大陆的外围地带，远离是非之地。围棋里有一个基本原则叫作“金角银边草肚皮”，下棋的时候要先占角，后占边，最后才向中央发展，边边角角是最有价值的地方，只要占了外围的这一圈，你就拥有了很大的战略优势。从世界历史的经验来看，国与国之间的竞争也是这样，处在外围的国家在战略上总是更为优越和从容。一方面是因为它比较安全，背后没有敌人，不必两线甚至多线作战，别人打成一团的时候，如果不想参与，也可以置身事外、隔岸观火、伺机而动；另一方面，因为地处外围，往往有比较大的发展空间，扩张相对容易。而中心地带的国家要想扩张付出的代价就会很大，因为它周围的地方都有人占了，很容易跟别人发生冲突。

第二，不能没有大海。自从 15 世纪大航海时代开始以后，海权就成为争夺世界霸主地位必不可少的条件之一，如果一个国家完全是个内陆国家，一寸海岸线都没有，那就别指望称霸世界了。即使你有海岸线，但是在走向大海的时候遇到了难以克服的困难，也很难在国际竞争中取得最后的胜利。

(一)欧洲的地缘战略

在近代欧洲国家之中，根据上述两条标准，战略地理最具优势的当属英国。

英国是个面向着欧洲大陆的岛国，很明显是处于外围地带，大陆上的法国、德国、意大利打得一团糟的时候，英国在战略上总是很从容，可进可退。它同时又很安全，当年拿破仑、希特勒几乎把整个欧洲大陆都征服了，却只能隔着英吉利海峡望洋兴叹，而且英国背靠大海，还可以四处开发殖民地，有广阔无垠的发展空间，难以被封锁。岛国在军队建设上也有个好处：不需要太多的陆军。英国的军事力量主要由海军组成，陆军的规模很小。既然如此，英国就可以把主要的军费都投入到海军上，它的海上力量就变得更加强大。这是与生俱来的优势，所以英国在近代成为欧洲的霸主。

而它的那些对手呢，往往是不管怎么努力，都摆脱不了失败的命运。

近代欧洲历史上的第一个霸主是16世纪崛起的西班牙帝国。当时西班牙兼并了葡萄牙，占据整个伊比利亚半岛，航海是非常便利的。所以西班牙人成为大航海时代的领袖，占据南北美洲大片殖民地，贸易路线从西班牙横跨大西洋到美洲，从墨西哥横跨太平洋，经菲律宾到东亚。"日不落帝国"这个称号最早是属于西班牙的。

但是西班牙在地缘战略上有缺陷，它只是一个半岛，不仅面向大海，还与欧洲大陆上的强国法国接壤。也就是说，它可能遭到海陆围攻，如果英国和法国联手夹击它，它就很难应付。而且伊比利亚半岛刚好处在欧洲和非洲、大西洋和地中海的咽喉地带，交通要道，势必成为众矢之的。当西欧列强争相加入航海和殖民的竞赛中后，西班牙很快衰落了。

接替西班牙崛起的是荷兰。荷兰也是靠海洋起家，凭借着航海技术和对外贸易，建立起自己的殖民帝国，在整个17世纪，荷兰是世界上最强大的海上霸主，对外贸易额占到了全球的一半，一万多艘荷兰商船横行在全球的每一个角落，因此被誉为"海上马车夫"。可是荷兰在地缘战略上还不如西班牙，南边是法国，西面是英国。在海上跟英国打，在陆上跟法国打，在两大强国的夹击之下，到17世纪末，荷兰丧失政治大国地位。

18世纪是英法争雄的时代。法国面积大，人口多，比英国多一倍。但是它的麻烦在于，既有很长的陆地边界线，又有很长的海岸线，军事上究竟应该以陆军为重，还是全力以赴发展海军就比较头疼。有限的国防经费总得分两处花。西班牙、荷兰也存在这个苦恼。而且不管是陆地边界安全，还是海上安全，法国都不好保卫。在陆上与法国接壤的国家很多（荷兰、比利时、德国、瑞士、意大利），英国只需利用法国与其他国家的矛盾，从中挑唆，就可以牵制法国，取得战略上的主动和优势。

在海上，历史上法国曾经有过雄心勃勃的扩张计划。法国海军很长时间里是英国海军的主要对手。但是法国同时面对大西洋和地中海，必须维持两支舰队。如果这两支舰队要汇合在一起必须经过直布罗陀海峡。而直布罗陀海峡却在英国人的控制之下（1704年西班牙王位继承战争中直布罗陀被英国占领，并且在战后被西班牙割让给英国）。因此，在与英国的对抗中，法国海军总是不能捏成一个拳头。

所以尽管法国无论是面积还是人口都大大超过英国，农业也很发达，但是由于地理上的缺陷，在与英国近一个世纪的争霸中一直处于被动地位，最终败给了英国。19 世纪成为英国人的世纪。

在近代欧洲，德国是个很有进取心的国家，工业革命以后它发展很快，到 1913 年经济实力已经成为世界老二，欧洲老大。但是德国的战略地理条件太差了：地处欧洲中心，四周强邻环绕，东边是波兰和俄国，西边是法国，北面是丹麦和瑞典，南面还有奥地利和意大利。两次世界大战德国都不能避免两线作战，每次都是惨败。

相比欧洲大陆其他国家来说，俄罗斯是一个几乎不可能成为世界霸主，但是又总是立于不败之地的国家。虽然它的海岸线很长，四面都有出海口，北面是北冰洋，西面是波罗的海，南面是黑海，东面是太平洋，但是俄罗斯进入大洋的必经之路几乎全都掌握在别人手里。北冰洋常年冰封，难以航行；西出波罗的海，要在芬兰湾沿岸和中欧、北欧国家的夹道监视之下穿越卡特加特海峡，随后进入英国人控制的北海；南出黑海，要在土耳其人的炮口之下连续穿过博斯普鲁斯海峡和达达尼尔海峡；东出鄂霍次克海，穿过千岛群岛和南千岛群岛的狭窄通道，又可能被日本封堵。

四面临海意味着俄罗斯需要组建四支海军，而这四支海军不能相互支援，形成一个拳头。1904 年日俄战争期间，日本的攻势很盛，俄太平洋舰队作战不利，于是抽调一半的波罗的海舰队增援。这支舰队由波罗的海出发，绕过非洲好望角，途经北海、大西洋、印度洋、南海、东海，行程一万八千海里，花了八个月时间绕过半个地球，终于抵达了战场。水兵和舰只都已经疲惫到了极点，最后在对马海峡遇上了以逸待劳的日本联合舰队，几乎全军覆没，所以说俄国想要谋求海上霸权是很困难的。

说它总是立于不败之地，是因为俄罗斯拥有西伯利亚这么一片广阔的发展空间和战略纵深。第二次世界大战同样是遭遇希特勒闪电战袭击，法国因为没有足够的战略纵深，一个月就投降了。苏联呢？德军都已经兵临莫斯科城下，仍然能坚持过来。拿破仑和希特勒都是在俄国战场上失败之后才走下坡路的，所以俄国虽然历史上从来没有真正成为世界霸主，但是它的分量谁也不敢小看。

历史上俄罗斯面临的主要是欧洲国家的竞争。它的背后也不是没有敌人，其东方是中国。可是近代俄罗斯向西伯利亚扩张的时候，中国是清朝康熙皇帝统治时期，国家疆域基本上已经固定下来了。中俄双方没有发生太多冲突，签订了一个平等的条约划清边界就解决了问题。而且中国很快就开始走下坡路，没有对外扩张的欲望。鸦片战争以后，俄罗斯甚至还可以很轻松地侵夺中国的利益。清朝灭亡以后，“中华民国”存续的三十多年中，贫弱不堪，内战外战不断，对它一直不构成威胁。所以近代的俄罗斯可以说也是一个外围国家，战略上还是很优越的。

欧洲国家迫切希望抵消苏联的这种战略优势。既然中国无法对苏联构成威胁，日本就成为一个可选项。1931 年九一八事变以后，日本占领了东北三省，让欧洲列强看到了希望，幻想日本占领东北之后，能够继续北上进攻苏联。虽然国联通过了制裁日本的决议，要求日本撤军，可是欧洲列强都没有拿出实际行动帮助中国。

苏联的确感受到日本的压力，于是开始寻求用中国牵制日本。抗战前期苏联是给予中国最大援助的国家。苏联向中国提供大量低息贷款和飞机、大炮、坦克、汽车、机枪、弹药、燃料等军用物资。中国用矿产和农产品偿还。而中国的坚持抗战也给予苏联莫大支持。第二次世界大战期间，日军主力始终陷于中国战场，无法自拔。1941 年，德国入侵苏联前夕，希特勒要求日本从中国东北进攻西伯利亚。但日本在中国投入的兵力太多，进攻苏联根本办不到。1941 年底德军围攻莫斯科时再次提出这个要求，以便形成苏军两面受敌的局面，日军仍旧做不到。苏联反而能够放心大胆地从东部抽调五十多万兵力，集中力量对付德军，最终扭转了危局。

（二）东亚三国的地缘战略

东亚三国中、日、韩的战略地理也可以这样来看。

日本是一个面向大陆的岛国，与英国相似。中国则是一个与多个国家接壤的陆上强国，与法国相似。中国跟日本打仗，战略地理上很吃亏。历史上日本数次侵犯中国，中国军队去日本作战却极为罕见。而作为半岛的朝鲜则比较像西班牙，势必会遭受海上和陆上强国攻击。从东亚古代历史来看正是如此。

如果中国与日本对抗，就必须跟朝鲜联手，至少不能让朝鲜站在日本一边，否则中国就会遭到海陆围攻。甲午战争时，日本陆军占领朝鲜之后，径直杀到辽东，威胁北京，日本海军击败了北洋舰队以后也直接威胁山东、天津。这种情况下清政府陷入极大困境，被迫求和。抗日战争更是如此，1937 年日本陆军制造七七事变进攻北平，一个多月之后，日本海军陆战队就挑起八一三事变进攻上海。1938 年 3 月，中国军队不得不进行徐州会战，抵抗日军的南北两路夹击。

虽然日本对中国占据地理优势，但是它的背后也有敌人，即美国。所以第二次世界大战的时候，中国在陆上抵挡日本陆军，美国在太平洋上进攻日本海军，日本被中美联手海陆夹攻，最后必然失败。

可见，我国的战略地理是相当不利的：陆地边界和海岸线都非常长，四周不仅有陆地强国、大国，而且与海洋大国隔海相望。周边国家大部分是战略发展的竞争对手或潜在竞争者，不管是陆疆还是领海都跟别的国家有很多争端。

自从清末鸦片战争以来，中国一直面临着陆地边界和海洋边界两线作战的压力。陆上最大的威胁当然就是俄罗斯。海上呢？西方列强，两次鸦片战争时期是英、法，19 世纪末变成了日本，第二次世界大战之后变成了美国。海疆和陆疆以何者为重就成了政府伤脑筋的问题。19 世纪 70 年代，新疆遭到阿古柏入侵，俄国趁机占领伊犁，日本又侵占了中国台湾，一个是陆，一个是海，先顾哪个？清朝廷展开过一次大辩论，也就是“海防”与“塞防”之争。李鸿章主张把经费都用在海防上，左宗棠主张二者并重。虽然后来新疆和台湾都保住了，但是很显然清朝那时候在战略决策上很艰难。

到了 20 世纪 60 年代，这种局面再次出现。中国本来是一边倒，靠向苏联，可是后来中苏决裂，苏美关系反而有所改善。中国在海上面对美国海军的强大军事压力，在陆地面对苏联陆军的强大军事压力，国内只得积极备战备荒。直到 70 年代中美建交，中国的这种窘迫局面才算缓解。所以对于中国来说，从战略地理的角度考虑，最基本的是要摆脱海陆两线作战的被动局面。

(三)美国的地缘战略

当今世界上地理位置最具有战略优势应属美国。

美国北边的加拿大可谓是苦寒之地，南边的墨西哥干旱贫瘠，对美国都构不成威胁，东边与欧洲隔着大西洋，西边与亚洲隔着太平洋，远离是非之地。不管对欧洲还是对亚洲来说它都是处在外围。欧亚大陆上战火遍地的时候，它可以袖手旁观，伺机而动，可进可退，非常安全。两次世界大战一颗炸弹也没有落到过美国本土，以至于在 2001 年的“9·11”事件之前，美国几乎没有认真地考虑自己的国防问题。

除非亚洲和欧洲联合起来对付美国，美国才会陷入两面作战的危险。这种可能性不是没有。第二次世界大战初期，日本占领了东亚和东南亚，德国横扫西欧，日德还结成了轴心国同盟。这就意味着美国从东西两个方向被包围了。所以美国为了确保自己的战略安全，必须加入战争，反对轴心国同盟。虽然今天世界的海洋霸权属于美国，但是美国也有一个弱点——两面临海，其大西洋舰队和太平洋舰队中间隔着一块广袤的大陆，横跨四个时区。两支舰队要想汇合，在巴拿马运河开凿之前，必须绕过南美洲，航行两万多千米。军事上的协调调度、资源配置就很成问题。因此，20 世纪初美国积极谋划开凿巴拿马运河。当时巴拿马地峡属于哥伦比亚，美国便策划让巴拿马脱离哥伦比亚独立，然后以一次性支付一千万美元，以后每年再支付二十五万美元租金（1936 年租金增加到每年四十三万美元，1955 年又增加到一百九十三万美元）的代价取得了这条运河的开凿权和控制权。从此控制这条运河是美国最高级别的战略利益之一。美国在运河区常驻重兵，先后建立了十四座军事基地或要塞。

1977 年美国同意把运河的主权还给巴拿马，不过同时要求巴拿马运河必须永远保持中立，无论什么时候都不能关闭，也就是确保美国东西两个方向不会被切断联系。有人问如果将来巴拿马政府以“维修”的名义关闭运河，美国如何应对？当时美国总统卡特的国家安全事务助理布热津斯基说：“如果那样,美国军队就会进去关闭并维修巴拿马政府。”1989年,巴拿马总统诺列加威胁要炸毁运河的船闸,美国军队立即杀进巴拿马,把诺列加抓起来以贩毒罪名关进监狱。

那么世界地理的整体形势该怎么看呢?1904年,英国地缘战略学家麦金德在其论文《历史的地理枢纽》中提出了著名的“大陆心脏说”。他认为,欧亚大陆腹地,东欧中亚是一个面积广袤的地带,北面虽然有北冰洋,也是常年被冰雪封锁。由此形成了一个海权力量无法深入,而陆地民族却可以任意驰骋的天然要塞,历史上的游牧民族匈奴人、突厥人、蒙古人就居住在这个心脏形状的地带,向东可以侵略中国,向南可以践踏伊朗、阿富汗和印度,向西则可以杀进中欧和西欧。他们的迁移和入侵多次改变了世界历史进程,这里就是决定世界历史发展的“心脏地带”,谁控制了心脏地带,就有可能称霸世界。麦金德说:“欧亚大陆上那一片广大的、船舶不能到达、但在古代却任凭骑马牧民纵横驰骋,而今天又即将布满铁路的地区,不是世界政治的一个枢纽区域吗?那里从古到今,一直拥有适合一种具有深远影响而又局限性质的军事和经济力量的机动性的各种条件。”①

当时占据这片心脏地带是俄罗斯。就像过去的匈奴和蒙古向欧洲和亚洲各国发起进攻一样,俄罗斯也正在对波兰、土耳其、伊朗、印度,以及中国施加压力。麦金德并不是绕了一个大弯子把俄罗斯描绘成世界的敌人,他觉得主要是俄罗斯处在那个地理位置上,必然会有这样的作为,换了别的民族也势必会这样。

而在这广阔的心脏地带的边缘,有两个新月形地带,里边一圈是大西洋、印度洋和太平洋沿岸地区,包括西欧、中东、印度和中国,被麦金德称作内新月形地带。外面一圈包括英国、南非、澳大利亚、美国、加拿大和日本。这是一个更大的外新月形地带。内外新月形地带都面临大海,因此被麦金德视为海洋民族的地盘。麦金德根据自己的理论向新月地带的国家提出了这样的建议:一定要防止“心脏地带”出现强权,否则世界和平难保。

---

① [英]哈·麦金德:《历史的地理枢纽》,林尔蔚、陈江译,商务印书馆,1985年,第67页。

第二次世界大战的时候,德国根据麦金德的理论,也认为要确立在欧洲大陆的霸权,就必须征服“心脏地带”,所以不惜冒着两线作战的危险,也要匆忙进攻苏联。这时候美国和英国为什么能捐弃前嫌,跟苏联联手对付德国呢?因为如果德国占据了心脏地带,就会确立极大的优势,而如果苏联反对法西斯,凭其优越的地理条件也必然是保卫世界和平最有力的根据地。等到打败法西斯之后,德国的威胁解除了,美英与苏联马上又反目成仇。因为从地缘战略来看,美英永远觉得苏联是个威胁。这就是为什么冷战时期欧洲国家和美国一直要遏制苏联的原因。即使在苏联早已解体,俄罗斯也已放弃共产主义的今天,没有了意识形态领域的冲突,欧美国家仍然与俄罗斯保持敌对状态。

20世纪20年代,美国地缘战略学家尼古拉斯·斯派克曼对麦金德的理论作了进一步的修正。他认为麦金德的理论过于夸大所谓“心脏地带”的价值。东欧和中亚净是草原和沙漠,并且有巨大的山脉环绕,交通不便,资源有限,难以成为世界权力的中心。反倒是环绕“心脏地带”的欧亚大陆边缘地带,也就是内新月形地带,西欧、南欧、中东、印度、东南亚和东亚,人口众多,资源丰富,交通发达,才是世界战略格局中的关键。只要控制这个边缘地带,就足以遏制心脏地带国家称霸世界的企图。所以他说:“谁统治了边缘地带,谁就统治了欧亚大陆;谁统治了欧亚大陆,他就控制了世界的命运。”①

这个理论成为第二次世界大战以后美国战略决策的基础,美国的目标是即使自己不能控制内新月形地带,也要不能让这个地方落入其他国家之手。

为了阻截和抵制苏联的扩张,美国沿着这个边缘地带建立了一系列桥头堡,与很多国家签订了军事协定,控制了欧亚大陆外缘的重要岛屿、海峡和通道,完成了对欧亚大陆的包围。朝鲜半岛是这条半弧形“边缘地带”的北端起点,美国格外重视,所以才会插手朝鲜战争。越南战争之所以会打起来,也是因为越南是欧亚大陆边缘地带的一个突出部。在朝鲜和越南,美国都下了很大的功夫,付出了极大代价。1999年的科索沃战争,2001年和2003年

---

① [美]M. I. 格拉斯纳、[美]H. J. 德伯里杰:《系统政治地理学》,宋保平、吕康寿、师谦友等译,陕西师范大学出版社,1991年,第209页。

的阿富汗战争、伊拉克战争，美国也是出于同样的战略考虑。这些发生战争的地方都是所谓的大陆边缘。

中国正处于大陆边缘地区，当然也是美国希望纳入掌控的地区。但是朝鲜战争之后，中美已经势同水火，而且在后来的发展中，中国越来越成为美国霸权的挑战者，美国于是编织了一条小规模的"对华包围圈"，联合了日本、菲律宾、越南和印度，正好对中国形成了环状包围圈。

二、均势外交

国家之间的竞争，人的智谋也是非常重要的，在国际舞台上，弱国并不只有屈膝求和、任人宰割一条路可走，强国也用不着总是挥舞大棒，四方讨伐。有趣的是，不管强弱，它们都常常使用同一种招数来维护自己的利益——平衡术。

要说近代世界外交史上的"平衡大师"，恐怕非19世纪的奥地利外交大臣梅特涅莫属。19世纪初，奥地利在与拿破仑的战争中屡屡失利，失去半壁河山，强国地位岌岌可危。1810年，梅特涅出任奥地利外交大臣，认为只有充分利用列强之间的矛盾，或联盟或分化或协调，使其形成一种势均力敌、互相制约、互相抗衡的平衡状态，才能维持奥地利的国际地位。

当时在奥地利的西面，拿破仑的法兰西第一帝国气势如虹，而东面则是强大的俄国虎视眈眈，梅特涅特别希望看到拿破仑一败涂地，俄国也"躺在手术台上"，最好让它们两败俱伤。为了达到这个目的，梅特涅先搞了一次和亲，把奥地利公主嫁给拿破仑。此举让拿破仑将进攻的主要方向从奥地利身上转向俄国。1812年6月，拿破仑进攻俄国，要求奥国出兵三万帮忙。梅特涅口头答应，却让奥军避免与俄军交战；同时又暗中与英国、俄国和普鲁士，拿破仑的这些敌人联系，保证奥地利不会真的与拿破仑联手。

拿破仑这次远征俄国遭遇惨败，六十万大军只剩三万残兵败将，狼狈而归。英、俄、普看到这是一个复仇的好机会，组织第六次反法同盟想痛打落水狗，并且拉奥地利加入。这时候，梅特涅却不想报仇了。他觉得如果法国被打垮了，最大的受益者是普鲁士和俄国，这两个国家太强了对奥地利也是不利的，于是他反而跑去苦口婆心地劝说拿破仑妥协，但倔强的拿破仑拒绝服软。于是奥地利只有加入反法同盟，但是在一系列军事行动中仍是出工不出力。

打败拿破仑之后，1815 年欧洲列强在维也纳召开善后会议。其他国家都想把法国置于死地，可是梅特涅却认为："做得过头比做得不够更加危险。只有立场坚定地考虑才能使事业得到成功。同法国建立和平，只能从如下两种立场中考虑选取一种：或者为复仇心理所驱使，或者为在各国之间建立尽可能完全的政治均势的意图所鼓舞。"①

他想方设法帮助法国获得了前所未有的宽大处理，还把法国也拉进了委员会。拿破仑虽然被流放到海岛上，可是在梅特涅的帮助之下，法国总理大臣在维也纳会议上简直像战胜国的使者一样神气。梅特涅还拉着英国、法国，联手遏制了俄国和普鲁士的扩张企图，避免了这两个国家的过分壮大。

在梅特涅的苦心经营下，奥地利虽然国力不能与其他列强相比，却成为欧洲的外交中心，国际地位也大大提高。欧洲大陆形成了由英、法、俄、普、奥"五强"构成的均衡政治格局。在之后的整整一个世纪里，欧洲都没有再发生重大战争。可以说，梅特涅缔造的"势力均衡"成功地压制住了列强发动战争的野心。

泰国是一个更加典型的利用势力均衡策略谋求自己生存的国家。19 世纪 80 年代，英法两国分别从东南亚地区的东西两端同时下手，大肆殖民扩张。缅甸、印度及马来亚是英国殖民地，越南、柬埔寨与老挝是法国殖民地。泰国成了夹在中间的肥肉。

当时的泰国国王拉玛四世和拉玛五世都相当开明，对世界形势看得比较清楚，主张灵活采用外交政策，争取欧洲国家的庇护，不管哪一个国家都可以；同时利用各国之间的矛盾和斗争，维护泰国的利益。为了牵制在东南亚狼吞虎咽的英国和法国，泰国先与普鲁士建立同盟，又与俄国建交。当这些努力都不能奏效的时候，泰国也可以委曲求全，陆续放弃了对柬埔寨及周

---

① ［英］阿尔杰农·塞西尔：《梅特涅 1773—1859》，复旦大学《梅特涅》翻译小组译，上海人民出版社，1974 年，第 137 页。

边各藩属国的宗主权，将老挝的一部分割让予法国，将南部的四个以马来人为主的行省交给英国，共约四十六万平方千米，以土地换生存。拉玛五世还试图以聘请英国顾问和授予英国商人部分矿产开采权等措施来换取英国对泰国主权的保护。

最后，英法同意维持泰国领土现状，把泰国变成英、法在东南亚殖民势力的缓冲国。到第二次世界大战之前，亚洲只剩下三个独立的国家：中国、日本和泰国。中国保持独立是因为太大，列强吞不下；日本保持独立是因为改革很成功；小小的泰国则全靠高明的外交技巧。

第一次世界大战爆发，泰国为了避免战祸宣布中立。直到1917年看到美国参战，协约国胜势明显，泰国才加入协约国一方作战，收回了被德国攫取的权益。

第二次世界大战爆发之初，泰国看到日本在太平洋上势不可挡，就与日本达成秘密协议，许诺只要日本人支持泰国收复失地，泰国政府就在日本南进的行动中提供协助。于是七万日军借道泰国横扫马来半岛，迫使驻守马来亚和新加坡的十四万英军投降。丘吉尔说这是"英国历史上最沉痛的浩劫，规模最大的投降"。泰国的战象部队还曾经协助日军进攻缅甸，与中国远征军交过手。仗着日本人的势力，泰国不仅收回了被法国割占的部分领土，还接管了英国统治的四个马来邦和两个缅甸掸邦。别的东南亚国家纷纷沦陷，泰国的领土反倒扩大了。

随着战争发展，日军渐渐落了下风，泰国又开始玩两面外交：一方面，表示坚持大东亚的理想，与日本合作。另一方面，又暗中与盟军合作：美英飞机为地下抵抗组织空投武器和军备的时候，有泰国警察帮助守卫机场；英国和美国的特工在泰国活动也得到默许，盟国的情报人员甚至能安安稳稳住在曼谷，用无线电发出关于日本军事行动的情报。

1945年8月15日，日本无条件投降。第二天泰国宣布当年对盟国宣战公告是一小撮好战军人的个人行为，不能代表善良的泰国人民的意愿，同时废除了同日本签署的一切条约和盟约。随后泰国选择向美国靠拢。美国正向东南亚扩张势力，自然一拍即合，大大方方地表示美国从来不把泰国看作交战国。但曾直接与泰国军队交战的英国和法国不太可能善罢甘休。于是与英法签订和约时，泰国政府颇费了一番功夫，放低姿态，委曲求全。最后在美国的调解下，英法放弃了很多方面的要求，泰国并没有受到太多的惩罚。相比匈牙利、罗马尼亚、芬兰这样的法西斯帮凶来，泰国明显是被宽大处理了。

一场浩劫过后，泰国既没有损失领土，也没有蒙受战火，更没有像柬埔寨、越南、老挝、印度一样，打完世界大战就爆发内战。自由、统一的泰国走上了顺利发展的道路，并最终成为东南亚最富庶繁荣的国家之一。

泰国的外交政策历来被人称之为“风中之竹”。这棵竹子虽然随着风向东摇西摆，可是却弹性十足，既不会弯折也不会倒伏。拉玛四世国王就曾经指出：“像我们这样一个不大的国家，两三面都被强国包围，有什么办法呢？唯一的、我们现在有而将来也可以使用的武器，是我们的一张嘴和我们充满着健全思想与智慧的一颗心。”① 19世纪末到20世纪上半叶，泰国以高超、灵活、实用的外交技巧游走于列强的狼牙虎口之间，成为东南亚独具特色的一道风景。

平衡术不仅被用于弱国自保，更是霸主维护自己优势地位，压制潜在对手的不二法门。

英国是均势外交的高手。16世纪初，法国和西班牙争夺欧洲霸权。起初，英国支持西班牙同法国作战，但发现西班牙有称霸欧洲之势，又转而支持法国。19世纪初英国联合比较弱的奥、普、俄共同反对拿破仑帝国；19世纪中叶英国又在克里米亚战争中支持比较弱的奥斯曼土耳其帝国反对沙俄；19世纪末和20世纪初，看到法俄“协约国”集团相比德奥“同盟国”集团比较弱，英国就加入协约国；第二次世界大战前，纳粹德国咄咄逼人，英国又支持较弱的法国和波兰。

英国总是站在较弱的一方反对强者。这当然不是它锄强扶弱，讲究江湖道义，而是要维护自己的最强地位。英国前首相丘吉尔在一次演说中说：“英国四百年来的对外政策，就是反对大陆上出现最大、最富于侵略性和最霸道的国家”，英国总是“参加不那么强大的一方，同它们联合起来，打败和挫败

① [苏]尼·瓦·烈勃里科娃著：《泰国近代史纲》(下)，王易今、裘辉、康春林译，商务印书馆，1974年，第226~227页。

大陆上的军事霸主,不管他是谁,不管他所统治的那一个国家”。[①]

三、三方博弈

均势外交如果发生在三个国家之间,往往是最戏剧性的。比如说中国古代的魏蜀吴三国鼎立。史书上记载,赤壁之战后,曹孙刘三家把荆州瓜分了。荆州主要有七个郡:南阳郡、南郡、江夏郡、长沙郡、零陵郡、武陵郡、桂阳郡,曹操占了北面的南阳郡,孙权占了中间的南郡、江夏郡,刘备占了南面的四个郡长沙、零陵、桂阳、武陵。虽然刘备收益最大,可是他只有这四个郡,非常脆弱。

东吴的鲁肃很有战略眼光,他劝说孙权将东吴在荆州的地盘“借”给刘备,好让刘备站稳脚跟,这样才能和东吴一起抵御曹操。孙权就把南郡“借”给了刘备,所谓“借荆州”其实只是借了一个郡。这么做一则可以向刘备表示友好,二则也把刘备拉到防御曹操的前线上来,南郡和江夏郡就在曹操控制的南阳郡南边,孙刘两家一家一个,就可以并肩作战。

孙刘联盟的实力由此得到加强,孙刘两家一东一西,成掎角之势,进攻上可相互协调,防御上亦可彼此照应,后来曹魏对吴蜀用兵基本上都没有什么成果。这就是孙权借荆州给刘备的战略效果。214 年刘备得了益州以后,又将长沙、桂阳两郡还给了孙权。孙权其实并不吃亏。宋代文人秦观评论说:“借荆州之事,岂惟刘氏所以取蜀,亦孙氏之所以保吴者矣。”[②]

但是刘备占据益州之后,势力越发壮大。东吴反而成了三方之中最弱的一方,于是孙权决定派吕蒙偷袭关羽,夺走了还掌握在刘备手里的荆州三郡:南郡、武陵、零陵。所谓大意失荆州,失去的也只是荆州三郡。孙权这么做并不是想要消灭刘备,并不是想要跟刘备拼个你死我活,而只是想恢复到之前的状态,维持三方势力均衡。所以一旦得手,孙权立即寻求和解,可是刘备

---

① [英]温斯顿·丘吉尔:《从战争到战争》,吴泽炎、万良炯、沈大青译,译林出版社,2015 年,第 193~194 页。

② (宋)秦观:《淮海集》(卷十),《四部备要》集部,上海中华书局,1936 年,第 80 页。

却不依不饶，大举伐吴，反被陆逊火烧连营，惨败而归。战胜的孙权仍然没有乘胜追击，而是再次积极主动地派遣使者，谈判议和，不想让刘备削弱得太厉害，目的仍然是维持三国的势力均衡。

一般来说，三方博弈的时候，往往都会出现这种又打又拉的局面。三国鼎立也正是在这种充满政治智慧的三方博弈中形成的。

孙权在三方博弈中可以说表现得相当聪明。那历史上有没有不聪明的三方博弈呢？有。北宋时期，北方最大的敌人是辽国，双方战争多年。到了北宋末年，金国兴起，这就形成了一种三方关系：金国最强，辽国其次，北宋最弱。北宋的明智策略应该是捐弃前嫌，联辽抗金，维持力量平衡。但是北宋一见自己的宿敌危在旦夕，便与金国联盟，进攻辽国。辽国一灭，金兵南下，占去了北宋的半壁江山。南宋后期，这一幕再次重演。南宋与新兴的蒙古对金国南北夹击，灭掉仇敌之后的结果就是不得不独力对抗强悍的蒙古骑兵，最后被蒙古灭掉。

近代日本侵略中国的九一八事变其实也与一次不太聪明的三方博弈有关。

1894 年甲午战争，日本占据朝鲜，中国东北直接成为它扩张的下一个目标。但是当它向东北进一步渗透的时候，遇到了俄国的势力。两个帝国主义碰到一块，就较量较量。在 1904—1905 年的日俄战争中，沙俄战败，不过日本也没有能力把沙俄完全逐出东北，于是双方就达成妥协，以长春为界，把中国东北分成北满和南满，北满是俄国的势力范围，南满是日本的势力范围。纵贯东三省的中东铁路，也被一分为二，北段还叫中东铁路，南段改称南满铁路。十月革命之后，苏联继承了沙皇俄国在中国的利益。

于是在 20 世纪 30 年代以前，东北的政治格局是中、日、苏三方博弈。在自身实力不足以驱除日本人和苏联人之前，奉系军阀可以巧妙地利用三方关系，拉苏联牵制日本，用日本制衡苏联，从而维持中国人在东北的主权。日本和苏联因此谁也不能轻举妄动，独占东北，还得为了自己的利益拉拢奉系军阀。

张学良执政东北以后，年轻气盛，爱国心切，急于改变东北被外国势力侵蚀的局面。当时看起来苏联力量相对较弱。东北军没有把握战胜日本，因此张学良采取先弱后强的策略，打算先打败苏联，收回一部分主权，进而威慑日本，遏制日本的侵略势头。1929 年张学良试图以武力收回掌握在苏联人手中的中东铁路。苏联宣布与中国断交，并出兵东北。双方发生武装冲突，这就是“中东路事件”。战事持续近五个月之久，经过几次大规模战役，最终以东北军的失败而告终。

张学良站在爱国立场上试图收回中东铁路的权益没有错。但是这次武装冲突打破了长期以来中、苏、日在东北的三角平衡。苏联既然已经与中国为敌了，自然而然就不再是牵制日本的力量。日苏之间甚至达成了相互谅解。在中东路事件中，日本保持了中立，没有插手，苏联对日本的帮助是非常感激的。到了 1931 年九一八事变发生的时候，苏联对日本的所作所为也采取了默许的态度，日本从而可以放心大胆地在东北展开行动。

所以说在国际关系中，势力均衡是非常重要的。如果失去了平衡，国际关系就会发生很大的变化。如果两个敌对国之间改善了关系，第三方很可能吃亏。1939 年一直彼此提防的苏联和德国签订《苏德互不侵犯条约》之后仅仅一个月，这两个国家就将波兰像摆在餐桌上的羔羊一样“友好”地分而食之。相应的，如果两个国家的关系恶化，他们与第三国的关系很可能会改善，就像 1882 年法国与意大利在北非扩张中发生矛盾，德国立即拉拢意大利结盟，1907 年，日本和美国因为夏威夷失和，德国也几乎成功地把美国变成自己的盟友。

而一个国家突然变成其他国家争相讨好的对象，也并不是因为它做了什么事情，而是因为其他国家的冲突上升了。比如当年冷战时期的中美苏三方关系，苏联最强大的时候，美国跟中国建交。1984 年，中越关系的紧张，中国对其他东南亚国家也采取了更友好的立场。

正因为如此，世界各国的军事家们很少想象所有国家联合起来反对本国的“最坏情况”，因为那几乎不可能发生，一定会有人站出来支持自己的。即使是犯下滔天罪行的战败国也是如此，不必担心会被置于死地。

在第二次世界大战中，日本给中国和亚洲许多国家都造成了深重的苦难，战争结束后，它自己也遭了报应。由于美军的空袭，到处是一片废墟和焦土。广岛和长崎更惨遭原子弹的毁灭性破坏。物价飞涨，国土荒芜，生存条件降到了最低状态。每天每人的口粮只有二百九十克，其中 40%都是豆子；大学教授在马路上捡垃圾，大学生们在美国军营门口捡吃剩的罐头，公园里到处挂着“禁止自杀”的标语，等等。

恰好这个时候，朝鲜战争爆发了。“日本垄断资本和日本政府都情不自禁露骨地喊道：这真是‘天佑神助’‘起死回生的妙药’、一股‘神风’啊！”①

因为日本离朝鲜战场最近，美国把日本当成了它在远东的兵工厂和前沿基地。日本全国都为了美国在朝鲜的战争动员起来。盟国本来在《波茨坦公告》中规定日本投降以后要将日本工业设施一律毁掉或充作给受害国的赔偿。但是为使日本在朝鲜战争中发挥更大作用，美国开始大力扶植日本恢复工业，把原定用于战争赔偿的八百五十座企业还给日本政府，用来为美军生产军火。从 1952 年 3 月 8 日起，日本可以不受限制地生产飞机、舰艇、武器和弹药等军火装备。当时经常出现这样的情景：美国军官把日本企业的经理叫去，命令说：“我们急需做帐篷用的帆布，赶紧送来！”日本经理说：“我们没有厂房，连工人宿舍都没有。”美国军官一挥手说：“马上就建，资金和材料我们提供。”于是很快新厂房建好了，机器也安装好了，工人也安置下来了，工厂开始昼夜加班，开足马力生产。

战后几乎崩溃的日本汽车制造业，由于获得美军的大量军用卡车订单，起死回生，生产化学纤维的日本企业利润率超过了 45%。1950—1955 年，日本在朝鲜战争中的收入达 35.26 亿美元之多。通货紧缩、企业破产、工人失业的状况迅速得以改观。日本经济界在回顾这段历史时一致公认，如果没有 20 世纪 50 年代的那场朝鲜战争，日本绝对不可能在 60 年代成为经济大国。朝鲜战争至少使日本赢得了十年时间。

在近代史上，还有一次大手笔的三方博弈。18 世纪末 19 世纪初，拿破仑的法兰西第一帝国一次又一次地打败了英国主导的反法同盟，征服了欧洲的大部分土地。可是对于拥有广大殖民地的英国，拿破仑还是没有办法将其彻底击败。

---

① ［日］小林义雄：《战后日本经济史》，孙汉超、马君雷译，商务印书馆，1985 年，第 56 页。

法国当时在北美洲有很大一块殖民地叫作路易斯安那，涵盖了南起墨西哥湾北至加拿大的整个密西西比河流域，包括了今天美国中西部的十三个州。拿破仑本来想要把这里建成法国的大后方，可是英国人在北美攻势很盛，法国有些招架不住。拿破仑实在不甘心偌大的路易斯安那落到英国手中。危难之际，他想到了毗邻路易斯安那的美国。

当时的美国刚刚独立三十年，只有十六个州，领土只限于大西洋沿岸至密西西比河以东地区（佛罗里达不在内），可以说是内外交困、险象环生。英国政府按照自己的利益，随心所欲地控制着美国的贸易。北方邻居加拿大认为美国崩溃指日可待，正在策划佛蒙特州脱离美利坚合众国，加入加拿大。甚至印第安人在西班牙人和英国人支持下也不断在边境上袭扰。

美国总统杰斐逊为自己的国家忧心忡忡，他认为，如果美国能取得密西西比河口地区的新奥尔良和西佛罗里达，美国人就可以平平安安地利用密西西比河与外界做生意。看到法国目前有些手忙脚乱，觉得这个事情也许可以商量商量，1803 年 3 月派驻法公使与法国外长交涉，出价五千万法郎购买新奥尔良和西佛罗里达，要是法国不愿意的话，三千万买新奥尔良也行。谁知道法国外长见面第一句话就问美国愿不愿意买下“整个路易斯安那”。美国人喜出望外。半个多月之后，双方达成协议，美国出价六千万法郎（折合美元一千五百万），买下了整个路易斯安那，平均一公顷土地只花了七点五美分。

贱卖国家土地，拿破仑不是卖国吗？这其实是拿破仑一个的战略行动。他的想法是：法国要最终打败其长期对手英国，除了经济军事手段外，还要在英国背后扶植一个强大的对手。反正保住路易斯安那也比较困难，还不如主动让给当时很弱小的美国，如果美国崛起，美国和法国在大西洋两岸同时对付英国，英国即使不垮，法国也会轻松很多。拿破仑指出：“领土的增加永远确定了美国的强国地位，我正是要给英国树立一个海上竞争者，这个竞争者早晚会挫败它的傲气。”

杰斐逊总统对美国未来的设想仅仅是一个中等规模的国家，并没有谋求大国地位的野心，但是拿破仑却一举让这个国家的领土规模翻了一倍。路易斯安那后来被划分为十三个州，而在此之前美国总共只有十六个州。这是一片未开垦的广阔肥沃的平原，它不仅为美国资本主义的发展提供了广阔的空间，而且还提供了丰富的粮食、燃料和动力资源。美国从此一跃成为一个大国，并且一步一步从大西洋沿岸扩张到了太平洋沿岸。

尽管拿破仑后来还是败在了英国人手上，但是他扶植起来的英国克星——美国却没有辜负他的期望，一百多年之后，终于夺去了英国世界霸主的地位。

四、结盟外交

选择合适的对象与之结盟是维持势力均衡的基本手段。但是这种手段也必须谨慎使用，因为貌似和谐甜蜜的结盟常常充满出卖和伤害。

通常我们认为，国际之间的结盟可以让一个国家更安全。连街头流氓都会这么想：兄弟多了自然没人敢欺负我。然而事实恰恰相反，兄弟也可能会让你陷入更多的是非和争斗之中。

为了维护与盟友之间共同进退，荣辱与共的约定，必须同仇敌忾。盟友的敌人就是你的敌人，不管与你有没有利害关系。因此，一个结了盟的国家在外交上的回旋余地是很小的，常常会被动地卷入战争之中。在第一次世界大战之前，英、法、俄结成的协约国集团，德、意、奥结成同盟国集团。两大集团剑拔弩张，根本没有妥协退让的余地。英国政府因担心得罪法国，甚至拒绝了德国对一个军乐队的邀请。

1914 年 6 月奥匈帝国皇储在萨拉热窝被刺，一个月以后奥匈帝国向塞尔维亚开战。对英国来说，为塞尔维亚是不值得进行战争的——实际上对法国也是如此——但是对俄国来说为塞尔维亚与奥匈帝国对抗是值得的，因此英国不得不开战，否则就将失去一个至关重要的盟友，如果法国站在俄国一边而英国却不这样做的话，英国就会失去两个重要的盟友。英国人终于领悟到了结盟的噩梦：如果它不参与这场战争，那么不管谁胜谁负自己都不会有好结果。倘若同盟国获胜，德国就将支配欧洲大陆，控制比利时和法国的海岸；倘若战争最后以谈判解决，双方很可能是以牺牲英国的利益为代价；倘若英国的前盟友获胜，那它们对背约的英国将会有怎样的态度可想而知。

于是由于结盟，英国不得不卷入了一场根本不必要的战争。欧洲其他国家也是这样在同盟者的互相裹挟之下，被迫卷进了第一次世界大战。

第二次世界大战以后围绕美苏两个超级大国形成的两大阵营比第一次世界大战的同盟国、协约国庞大得多，武力也强大得多，在半个世纪之中，真正意义上的全面战争却从未爆发。这又是为什么呢？

这是因为第一次世界大战时期的结盟，各个盟友的实力和地位都相差无几，彼此牵制，彼此忌惮，同盟的约束力比较强。到了冷战时期，美苏两极的小跟班对它们的影响力微乎其微，也就很难再将它们拖入不想卷入的冲突之中。

弱国攀附强国也未必就能提升安全度。因为强国为了让它们继续依赖自己，保住同盟关系，反而会有意削弱和压制它们。

在1956年的苏伊士运河危机中，埃及总统纳塞尔将苏伊士运河国有化，而第二次世界大战后势力衰落的英国试图保住自己在全世界的殖民地和在全球的影响力，入侵埃及，占领了苏伊士运河区。美国这时扯英国后腿，要求其撤军，还故意抛售英镑，致其贬值，并且否决英国向国际货币基金组织的贷款申请，停止给英国的经济援助。英国金融业风雨飘摇，国际收支岌岌可危，从最大的债权国沦为最大的债务国，被迫撤军。苏伊士运河危机成为英国国际地位的转折点，从此以后外交政策以美国马首是瞻，亦步亦趋，直到今天。

盟主们还常常有意为自己的盟友制造一些争端，以巩固同盟。1945年，第二次世界大战接近尾声，苏联把波兰的大片领土划到自己名下，同时又将德国东部的大片领土划给波兰。苏联之所以有此举，不仅是为了满足自己对土地的贪欲，也是为了造成波兰与德国之间的矛盾，使得波兰更加依赖自己。

1950年，朝鲜战争爆发后，斯大林以非常客气但又不容商量的口气要求中国出兵援助朝鲜。为了让朝鲜半岛上这把火烧得更旺，他还不让苏联代表在安理会行使否决权，导致联合国顺利地通过了不利于朝鲜的决议，组成联合国军，干涉朝鲜内战。于是中国卷入了一场第二次世界大战之后最为惨烈的战争。斯大林心里很清楚，中国一旦出兵朝鲜，中美冲突必定会加剧，中国便会越发依赖苏联的援助,中苏联盟也因此更加巩固。

严重依赖与强国的结盟而生存的小国是很可悲的,当盟主对敌强硬时,往往担心被连累,而盟主对敌怀柔时,又常常担心被抛弃。

20世纪50年代的朝鲜战争后期,中朝与美韩双方进行停战谈判。韩国在这样一场自己不能参与的、被边缘化的谈判中,非常担心美国会牺牲自己的安全利益,先是要求在停战协议签订之前与美签署防卫条约,被美国拒绝后,便提出了交战双方都难以接受的停战条件,还声称要退出联合国军单独战斗,并释放了两万五千名反共战俘,以此来干扰停战谈判,迫使美国与韩国签署了防卫条约。在此后几十年来的朝韩谈判中,每当美朝关系改善时,韩国便有一种被边缘化、被抛弃的感觉;而当美朝关系恶化时,韩国又会产生被连累的忧虑。

冷战期间的欧洲也是如此,当美国对苏强硬,与其矛盾激化时,欧洲盟友便会有被连累之忧,要求美国调整政策;而当美国调整政策,改善与苏联的关系时,西欧又会产生被美国抛弃之虑,再次要求美国调整政策,强化同盟关系;而当美国强化与西欧的同盟关系时,西欧国家则又会担心刺激苏联东欧集团。在这个循环中,西欧国家发现它们陷入了一种困境,即无论美国强化或弱化与它们的关系都有可能不利于它们的国家利益。因为它们既不愿被盟友连累也不愿意被盟友抛弃。

同盟对一个国家来说,既有有利的一面,同时又有不利的一面。它好比一把双刃剑,使用得当,其利无穷;使用不当,则伤敌不成,反伤自己。自古以来,外交的目的无外乎增加朋友,减少敌人,但只要选择结盟政策,就无法鱼与熊掌兼得。

世界各国在作出外交决策的时候都会受到本国地理的限制,必须认清现实,确定谁是朋友谁是敌人,因势利导,想方设法弥补自己的缺陷。地理上天生优越的国家当然游刃有余,地理上不利的国家也不是注定无所作为,聪明的政治家能够巧妙地引导国际局势向着最有利于自己的方向发展,维护本国的利益。

结　语

国家的出现和文字的产生一样，都是人类文明开始的重要标志。国家的维系、权力的运作、政治的变迁，以及国与国之间的激烈竞争，从方方面面形塑和改变着人类文明的面貌。

参考书目

1.[英]爱德华·吉本：《罗马帝国衰亡史》（第一卷），席代岳译，吉林出版集团有限责任公司，2016年。

2.[美]保罗·肯尼迪：《大国的兴衰：1500—2000年的经济变迁与军事冲突》，王保存、陈景彪译，求实出版社，1988年。

3.陈志武：《金融的逻辑：通往自由之路》，上海三联书店，2018年。

4.[加]戴维·克劳利、[加]保罗·海尔：《传播的历史：技术、文化和社会》，董璐、何道宽、王树国译，北京大学出版社，2011年。

5.[德]迪特里希·施万尼茨：《欧洲：一堂丰富的人文课》，刘锐、刘雨生译，山西人民出版社，2008年。

6.[美]菲利普·费尔南德斯-阿莫斯图：《食物的历史》，何舒平译，中信出版社，2005年。

7.古川安：《科学的社会史：从文艺复兴到20世纪》，科学出版社，2011年。

8.[古希腊]柏拉图：《理想国》，刘斌和、张竹明译，商务印书馆，1986年。

9.[加]哈罗德·伊尼斯：《帝国与传播》，何道宽译，中国传媒大学出版社，2013年。

10.[美]哈·麦金德：《历史的地理枢纽》，林尔蔚、陈江译，商务印书馆，1985年。

11.[美]汉密尔顿、[美]杰伊、[美]麦迪逊：《联邦党人文集》，程逢如、在汉、舒逊译，商务印书馆，1980年。

12.[美]马克·C.卡恩斯、[美]约翰·A.加勒迪：《美国通史》（第12版），吴金平译，山东画报出版社，2008 年。

13.[美]玛格丽特·维萨：《餐桌礼仪：文明举止的起源、发展与含义》，刘晓媛译，新星出版社，2007 年。

14.[美]迈克尔·怀特：《战争的果实》，卢欣渝译，生活·读书·新知三联书店，2009 年。

15.[法]孟德斯鸠：《论法的精神》，张雁深译，商务印书馆，2012 年。

16.[美]尼尔·波兹曼：《娱乐至死》，章艳译，广西师范大学出版社，2004 年。

17.[德]诺贝特·埃利亚斯：《文明的进程：文明的社会起源和心理起源的研究》（第一卷），王佩莉译，生活·读书·新知三联书店，1998 年。

18.[美]塞缪尔·P.亨廷顿：《变化社会中的政治秩序》，王冠华、刘为等译，生活·读书·新知三联书店，1989 年。

19.唐宁：《军事革命与政治变革——近代早期欧洲的民主与专制之起源》，复旦大学出版社，2015 年。

20.[美]托马斯·埃特曼：《利维坦的诞生：中世纪及现代早期欧洲的国家与政权建设》，郭台辉译，上海人民出版社，2016 年。

21.[美]威廉·麦克高希：《世界文明史——观察世界的新视角》，董建中、王大庆译，新华出版社，2003 年。

22.许良英、王来棣：《民主的历史》，法律出版社，2015 年。

23.[美]约翰·巴克勒、[美]贝内特·希尔、[美]约翰·麦凯编：《西方社会史》（第三卷），霍文利、赵燕灵等译，广西师范大学出版社，2005 年。

24.[英]约翰·邓恩：《民主的历程》，林猛译，吉林人民出版社，2011 年。

25.周桂银：《欧洲国家体系中的霸权与均势：1494—1815 年》，陕西师范大学出版社，2004 年。

26.朱云影：《人类性生活史》，上海社会科学院出版社，1988 年。

第四章
财富之争

第一节　游牧与农耕

农耕和游牧是古代世界最基本的两种生产方式。历史学家汤因比在《人类与大地母亲》中这样说："农业和畜牧业无疑是人类迄今最重要的发明。它们一直是人类生活的经济基础，尽管某些时候和某些地方它们被商业和制造业夺去了光彩，但它们一直是人类生活的经济基础。"①

一、战争成本

历史上，生活在欧亚大陆核心地区的游牧民族与生活在欧亚大陆东、南、西三面外围地带的农耕民族之间的冲突和交融长达数千年，几乎贯穿古代世界文明发展的始终。

对于农耕民族来说，与游牧民族作战是非常艰难的。从成本上讲，要把很少骑马的农夫转变为熟练的骑兵，不仅要花费大量的时间和金钱，同时因为农民当了兵不能从事农耕生产，还要蒙受经济上的损失。要送他们到草原深处作战，粮草军饷的运输和损耗也是一笔很可怕的开销：当时从山东往北方前线运一石粮食，运粮的人自己就得吃掉一百九十二石。相反，游牧民族把人员和财富从生产转向战争的成本却是很低的。牧民从小到大在马鞍上度过一生，平时照料牲畜和捕猎时练出来的本领，战争时也完全可以用于打仗，所以他们根本不需要专门的军事训练。他们甚至可以一边放牧一边打仗，牛马羊都是可以跟着跑的，后勤补给完全不是问题。

从收益上讲，农耕民族占领了草原，几乎得不到任何好处，那里种不了粮食，居民也不固定。而游牧民族南下掠夺农耕民族积累的财富却轻而易举，收益率非常高。

成本低，收益高，游牧民族怎么会不热爱战争呢？而农民与牧民作战，即便打赢了也要被高昂的战争成本拖垮。汉武帝尽管在对匈奴的战争中取得

① ［英］阿诺德·汤因比：《人类与大地母亲》，徐波译，上海人民出版社，2016年，第41页。

了辉煌的胜利,可是也大大削弱了自己的经济实力,实际上导致了汉朝的衰落。明朝的时候,明成祖朱棣五征朔漠,战果累累,但明朝也同样因为人力物力耗费巨大,非常疲惫。

那么怎么才能降低农耕民族的战争成本呢?一个行之有效的办法就是修筑长城。有了长城,流动的战场将会变为固定的战线。游牧民族入侵很可能一无所获,在城墙上撞个头破血流。而对于农耕民族来讲,因为守长城不用训练那么多的军队,尤其是骑兵,训练的成本降低了,又因为有了固定的根据地,士兵完全可以就地屯垦,自己在城墙后面种粮食,后勤的负担也小多了。因此,秦始皇在派蒙恬北击匈奴,收复河套之后,便转攻为守,修筑长城。汉武帝在派卫青率军出击夺取河套之后,发动十万人修缮秦朝的万里长城,派霍去病率军占领河西走廊之后,又修筑了河西长城,漠北战役之后,在阴山北部又修筑了一道长城,称为“外长城”。

秦始皇和汉武帝修筑长城的意义就在于,大大提高了游牧民族的战争成本,同时又降低了农耕民族的战争成本。

那么修长城究竟有多划算呢?明朝的人曾经算过一笔账。

明朝成化(明宪宗)年间,蒙古族鞑靼人常常进犯陕北、甘肃一带,朝廷曾经为究竟应该派大军征讨,以示天威,还是就地修筑长城,消极防守而激烈争论。有一名大臣算了一笔账,八万大军征讨河套地区,每年一百五十四万石粮草,加上八百二十五万两的运费,总计要花九百七十九万两银子军费,而修筑长城只不过需要五万名劳工两个月的时间,最多花一百零二万两银子,只有战争开销的九分之一。

好处还不止这些。有了长城,士兵在边墙内屯垦种地,每年收获六万多石粮食,在内地采购这些粮食的钱就省了。而当时要运这么多粮到前线,起码要花十四万两银子。这笔运费也省了。

长城对于小规模的骚扰,基本可以有效对付。大规模的来犯,即使挡不住至少也可以延缓敌军入侵的速度,为国内组织抵抗争取时间。如果蒙古人知难而退,不常来了,明朝的边防费用还可以继续缩减。

显然修筑长城在财政上非常划算,比大军征讨便宜得多。于是成化皇帝明智地选择了修长城。古罗马帝国也曾经采取过这个策略,从1世纪起,罗马帝国几代皇帝就在莱茵河与多瑙河两河上游之间修筑了日耳曼边墙，以防御尚未臣服于罗马的日耳曼部落，断断续续修了近一百八十年（83 年至 260 年），全长五百六十八千米，包括至少六十座堡垒和九百座瞭望塔，不过大部分是土墩木墙，也有少数几段是石头墙。著名的罗马皇帝哈德良原本是前任皇帝，热衷于开疆拓土的图拉真手下的将军，战功赫赫，但是在图拉真驾崩之后，他继承皇位，却有意识地放弃了一些图拉真征服的土地，收缩版图，在不列颠修筑了哈德良长城，将英格兰和苏格兰分隔开，以巩固罗马帝国在英格兰的统治，抵御苏格兰的原住民匹克特人的进攻。这个长城的结构、样式跟中国长城很相似，有人认为就是跟中国学的。他的继任者安东尼在更北边一点的地方又修了一道长城，叫作安东尼边墙。

二、气候变迁

但是尽管如此，游牧民族对农耕文明的冲击还是周期性地到来。在中国历史上游牧民族的入侵相当频繁，自秦汉以后，每隔几百年，来自北方的铁蹄就会像洪流一般倾泻而下，将中原的歌舞升平、诗书礼教轻松击溃。随后，中原要么改朝换代，要么陷入一片分裂和动乱之中。这些骑马民族为什么要离开草原，争先恐后，前赴后继地涌入中原？有的历史学家结合地球几万年来的气象资料提出，推动游牧民族南下的神秘力量其实是全球气候变冷。

在气象史上，人类曾经遭遇过四次全球范围的气候变冷，分别出现在公元前 1000 年左右、公元 400 年左右、公元 1200 年左右和公元 1700 年左右，在时间上恰好与我国北方游牧民族的几次南下相吻合。

提起农业，我们常说是“靠天吃饭”。其实，比较起来，畜牧业对气候的依赖比农业要大得多。在气候温暖，水草丰美的时期，游牧民族蓄养的马、牛、羊快速繁殖，牧民们完全可以生活得非常富足。然而一旦风云突变，几个月的干旱，甚至一场暴雪，就可以让数以万计的牲畜死亡。牧民们的财富顷刻化为乌有，生存条件急剧恶化。

在气候温暖的时期，中原农耕地区风调雨顺，整个社会经济比较繁荣，政治稳定，国力强盛，北方草原也是水草丰沛，牛羊成群，游牧民族既没有大规模南下的必要,又面临着巨大南下阻力。而在全球气候变冷的时期,平均气温低了 1 至 2 摄氏度,就会导致降水明显减少,草原上出现干旱、雪灾或者其他的极端气候,这种时候,游牧民族失去了牲畜,也没有任何东西可以与中原民族交换粮食,陷入饥饿之中,同时干冷的气候也使中原的农业生产遭到破坏,常常是赤野千里,颗粒无收,引起大规模动乱,抵御游牧民族南下的能力也大大降低了。后方的压力陡增,前方的阻力削弱,一贫如洗的游牧民族为了生存,必然纵马扬鞭,剑指中原,用劫掠的方式来摆脱自己的困境。

中国的三国魏晋南北朝时期就是世界气候史上的一次大寒冷时期,甚至可说是小冰河期。据西方史学家研究,从 2 世纪下半叶到 3 世纪,欧亚草原上发生了特大旱灾,绵延了一百年之久,草原变成了荒漠,一些绿洲城市消失了,丝绸之路南线因此断绝。到了西晋时期,气候变得越发恶劣。连中原地区也变得很糟糕。据《晋书》记载,晋怀帝永嘉三年(309 年),天下大旱,"河、洛、江、汉皆竭,可涉"。黄河、洛河、长江、汉江都干了,卷着裤腿蹚着水就能过去。永嘉四年(310 年),闹蝗灾"自幽、并、司、冀至于秦雍,草木牛马毛鬣皆尽"。北方的族群受寒冷气候的影响纷纷南下,后面的族群推动前面的族群,一波一波地往前推,所以才会出现"五胡十六国"的大混乱。

经过魏晋南北朝之后再次统一的唐朝是中国古代最强盛的一个王朝。它为什么这么强盛?因为气温又回升了。唐前期一直处于温暖湿润的时代,也因此获得了一个发展农业经济的大好时机。当时北方最有影响的游牧民族是突厥。虽然也曾经多次南侵,但由于它本身的生存压力并不大,而唐朝又处强盛时期,所以从来没有威胁到唐朝的根本。

可惜的是,这个温暖期到唐朝中叶又结束了,唐玄宗统治的后期,天气开始变得又冷又湿。这种寒冷气候使生活在大唐帝国边境之外的北方游牧民族遭遇了严重的生存危机,被迫不断南迁。同时大唐帝国内部也遭遇了农业减产、水土流失、黄河泛滥等祸患,无力应付边境上的游牧民族,只得采取"以夷制夷"的办法,利用一个拥有突厥血统的少数民族将领安禄山维持边疆稳定。可惜这种策略反而养虎为患。安禄山后来掀起一场长达八年的叛乱。长安城在这场战乱也遭到回鹘和吐蕃的趁火打劫。大唐帝国从此由盛转衰,一蹶不振。

唐朝灭亡之后，北方游牧民族纷纷入主中原，建立政权，916年契丹人耶律阿保机建立辽国，923年沙陀（突厥的一支）人李存勖建立后唐，936年沙陀人石敬瑭建立后晋，947年沙陀人刘知远建立后汉。这就是五代十国。

五代十国结束之后一百多年的时间里气候比较温暖，北宋经济繁荣，社会安定，与北方的契丹辽国在初期的几场战争之后便相安无事，延续了百年和平。可是到了北宋后期，宋徽宗时期，气候转冷，地处最北方的女真人迅速崛起，建立金国，推翻辽国，灭辽之后，继续威逼宋朝。靖康元年（1126年）强寒潮接二连三地南下，东京汴梁甚至有守城士卒被冻死。金国也正是在这一年兴兵南下，夺走北宋半壁江山。

在这个时期，蒙古草原三百年间发生了十三次特大冻灾，旱灾也非常频繁。流离失所的蒙古人不得不几万、几十万人地南下求生，不仅战胜了女真人、汉人，甚至也向西战胜了欧洲的许多民族，最终建立起一个庞大的蒙古帝国。

到了明朝末年，全世界遭受了有史以来最冷的一段时期，一直生活在山海关以外的满族人在严寒的打击下，不断陷入饥荒的境地。他们原本以狩猎为生，并不善于农耕，为了维持生存，开始凭借武力从周围的农耕地区获取粮食，向东攻打朝鲜，向南袭扰明朝。

而这个时候的明朝也同样受到严重自然灾害的影响。全国各地几乎连年遭灾。从万历中叶开始，旱灾竟然持续了七十年之久！这对于一个以农业为本的国家来说，绝对是致命的打击。农民流离失所，于是李自成、张献忠等人领导的农民起义揭竿而起。明王朝不堪重负，终于垮掉了。满族人抓住机会，杀进山海关，成为中国新的统治者。

清军入关的第二年，华北的气候便转为风调雨顺，大范围的饥荒也已缓解。社会开始复苏。可怕的小冰河期结束了，中国人迎来长达百年的风调雨顺，这才有了康乾盛世。所以中国历史就是这样，气候变冷，游牧民族南下，天下大乱，气候变暖，天下太平，盛世随之出现。

因为气候变冷是全球性的，严重的自然灾害在欧亚大陆的东西两边是同时发生的。所以每当我们遭遇游牧民族侵略的时候，欧洲也几乎总是同时发生大规模战乱。五胡南下的时候，罗马帝国遭到蛮族入侵。唐朝安史之乱的时候，保加利亚人的祖先保加尔人正在围攻君士坦丁堡。五代十国的时候，匈牙利人的祖先马扎尔人从顿河和第聂伯河流域迁徙到了多瑙河三角洲，意大利、德国、法国都留下了他们劫掠的足迹。当南宋的最后一位丞相陆秀夫背着8岁的小皇帝在广东崖山投海殉国的时候，奥地利和波希米亚的王公们也在为蒙古人的长子西征（各支宗室均以长子统率军队）而瑟瑟发抖。当明王朝为东北满族势力的日益强大而惴惴不安的时候，欧洲虽然没有遭遇游牧民族入侵，却也发生了一场"三十年战争"，整个欧洲陷入一片混战，各国都卷了进去。战争双方的主力都是饥肠辘辘的雇佣兵，而这些雇佣兵参加战争的目的就是抢劫，使自己能够活下去。于是作为主要战场的德意志各诸侯国，三分之一的人口死亡，一半以上的城镇被摧毁。

三、游牧民族的贡献

在15世纪、16世纪以前，农耕民族在游牧民族面前基本上处于守势，时常受到强悍的游牧民族的威胁和冲击。农耕民族通常将这些侵略者视作文明世界的野蛮破坏者。罗马帝国的历史学家阿密阿那斯·马西里那斯在其著作《历史》一书中描述西迁的匈奴人时，说他们"不知从地球的何处、如高山上的暴风雪般地骤然来临，碰到他们的东西都遭到抢夺、破坏"[①]。

近代的西方人会给他们认为的文明破坏者冠以"匈奴"的称呼，比如德意志作家施托尔贝格曾经把大革命时期的法国人称为"西方的匈奴"。渊源于土耳其人在近代西方也成为残忍、贪婪、放荡、贪食、傲慢、做作、怯懦、有欺骗性、有流氓行为，并且好色的代名词。近代俄国在科学技术上赶不上西欧，在日俄战争中也败给了日本，有人就解释说那是因为俄国人曾经被蒙古人统治过。中国、印度和伊朗的落后也是因为这个原因。20世纪，有的阿拉伯人甚至认为，要是蒙古人没有烧毁阿拉伯帝国的图书馆，夷平阿拉伯帝国的城市，阿拉伯人能比美国人更早发明原子弹。

---

① 齐思和、耿淡如、寿纪瑜选译：《世界史资料丛刊初集：中世纪初期的西欧》，生活·读书·新知三联书店，1958年，第35页。

从取得的文明成果方面，农耕民族的确明显要比游牧民族高出一筹。这主要是因为，相比游牧来说，农耕这种生产方式对自然生态系统的依赖性不那么强——农田是一种经过人工改造的生态系统。这也就意味着，农耕的生产效率要远高于游牧。人们的生产经营活动更可预期，也更有规律。较高的社会生产力带来富余的食物，因而可以养活更多从事文化教育、科学技术和宗教活动的人。而且农耕生产使人们固定在一个地方聚居生活，结成稳定的社会关系，有利于知识、财富和权力的积累传承，促进社会、政治、经济、文化的发展和繁荣。这是逐水草而居的游牧民族很难做到的。几乎所有的游牧民族都不会密集定居，一般每个游牧家庭都需要维持两三百只羊，每只羊需要的土地面积两到三亩，一个家户起码需要成千甚至上万亩土地。古代游牧民族，如匈奴人、月氏人、突厥人、蒙古人建立的帝国，其臣民总是分散在各地，来如疾雨，去如飘风。尽管这些帝国兴起的时候可能显赫一时，不可一世，但往往难以持久，很快就悄然隐退。

但是绝不能说游牧民族对人类文明毫无贡献。吴于廑曾经说："游牧世界在生产发展水平上，在人口数量上，都不如农耕世界。它在这两方面不具备优势。但在主要的，关键性的生产技术方面，许多游牧部落与农耕世界的差距不大，金属冶炼和制造就是这样。"[①]冶铜技术可能是农耕民族最先发明的，冶铁技术则要归功于游牧民族，因为他们总是在大地上不断游荡，翻山越岭，必定有更多的机会接触不同种类的岩石矿物。

原本在亚欧大草原上游牧的赫梯人就是最早冶炼并锻造铁器的族群。他们使用铁制武器，通过武力掠夺和征服周边的族群，公元前2000年翻越高加索山脉进入小亚细亚之后，迅速地成长为一个帝国。为了能够在战争中保持优势，赫梯人将锻造铁器的技术视为国家机密，以至于铁器价格高昂，堪比黄金。直到公元前13世纪，赫梯帝国灭亡之后，工匠们四处流散，这一技术才在整个西亚北非流传开来。欧亚草原上的其他著名游牧民族似乎也精于此道，如6至7世纪的草原霸主突厥，在兴起之前曾为柔然在阿尔泰山冶铁，被柔然称为"锻奴"。10世纪在中国北方建立辽朝，灭国后12世纪又以

① 吴于廑：《世界历史上的游牧世界与农耕世界》，《世界历史》，1983年第1期。

西辽称霸中亚的契丹,其名即"镔铁"之意。冶铁曾是辽朝的经济基础,其技术水平已能够获得近乎纯铁和钢的材质。

毛纺技术也起源于游牧民族。大约在农耕民族开始用植物纤维纺纱织布的时候,游牧民族的妇女们也开始用加工羊毛或其他兽毛进行纺织。古代用于毛纺织的原料有羊毛、牦牛毛、骆驼毛、兔毛和羽毛等,凡是能够得到的各种野兽和家畜的毛,全在采用之列。后来经过长期的织作实践,为了提高织品的质量,才渐渐地优选出羊毛等少数几种动物毛纤维。西晋郭璞注《尔雅》就有"胡人织羊毛作衣"语。

与不断迁徙的生产方式相适应,游牧民族还发明了以畜力牵引,装载货物,运输毡帐的高轮车(俗称勒勒车)。蒙古草原夏季草高而茂,冬季积雪深厚,且多沙漠,使用这种高轮大车,可减少阻力,顺利行进。中原地区无论战车抑或平时载运之车,主要以马驾驭;北方草原民族的勒勒车却以牛、骆驼为驾驭。匈奴人已将车广泛应用于军事运输和日常交通之中。东汉阳嘉三年(134 年),汉军在西域车师附近的阊吾陆谷掩击北匈奴,获其车"千余两(辆)"。南北朝游牧于蒙古草原的敕勒,还曾因为善制"车轮高大,辐数至多"的大车而得名"高车"。后世游牧者无不继承这一交通工具。

游牧民族的入侵给农耕民族的文化也带来了不少影响。

魏晋以前,中原人是不穿裤子的。我们通常说穿衣裳,衣是穿在上身的,"裳"就是围在下身的一条裙子。那时候人们不论贵贱、不分男女,都是"上衣下裳"。天冷的时候人们也只是在裳的里面穿上"绔"。绔其实只是给小腿保暖的两个护套,没有裤裆。当时的贵族富家子弟用一种叫作"纨"的高档丝织品作"绔",所以被称作"纨绔子弟"。

既然两腿之间没有任何遮挡,怎么坐就成为一个很重要的礼仪。坐得不好私处就可能暴露出来了。人们会客的时候都是把臀部放在脚后跟上,称为跽坐。下身就可以完全被那条裙子遮住。这种坐姿很不舒服,恐怕现代人很难坚持半个小时以上。那时候的人们也必须从小刻苦训练,才能坐得端正,坐得长久。虽然不太舒服,可是在正式场合下,必须这样坐。如果两条腿分开,伸直了坐,显然是极不礼貌的行为,叫作"踞"。盘腿坐也很失礼。

汉高祖刘邦被很多人称为"流氓皇帝"。他的流氓行为之一就是喜欢

“踞”。在他起兵之初,有一个叫郦食其的读书人兴冲冲地找上门来说自己有灭秦良策。刘邦召他进来,郦食其进来一看,刘邦正叉着腿坐在床上,让两个女子给他洗脚。姿势非常不雅。郦食其很恼火,教训刘邦说:“足下必欲诛无道秦,不宜踞见长者。”一听这话,刘邦态度倒是很好,站起身整理一下衣服,表示歉意,将郦食其请入上座。受到礼遇后,郦食其这才“说沛公袭陈留,得秦积粟”。[①]

在与项羽争夺天下时,项羽的部下英布在刘邦的劝诱下,反叛了项羽,根据地立刻被项羽夺走了,只得投奔刘邦。刘邦仍然是那个姿势让人给他洗脚,英布不是读书人,被侮辱之后讲不出什么大道理,心中憋屈,气得想自杀。不过回到招待所之后,英布发现刘邦早就把饮食起居给他安排好了,档次跟刘邦自己的一样,英布又大喜过望,从此死心塌地跟随刘邦。

当时也不是没有连裆裤。赵武灵王胡服骑射的时候,少数军人为了骑马的需要,穿了连裆裤。西汉霍光专权的时候,他外孙女是汉昭帝的皇后,霍光希望外孙女能早点怀上龙种,就要求宫中所有其他女性都穿上连裆裤,给皇帝移情别恋制造点儿障碍。这都属于特殊情况。

直到魏晋南北朝的时候,骑马民族都穿有裆的裤子,于是连裆裤在中原就普及开来,一开始是军服,后来成为常服。普通民众不分男人女人都穿。

西方也是这样。古希腊罗马人起初是用一整块布把自己裹起来,后来服装升级了也就是一个连身的大长袍。当时只有日耳曼人才穿裤子,原因也是他们要骑马。罗马人把穿裤子视为蛮族的标志,397年,罗马皇帝霍诺留斯下令,严惩任何敢在罗马城里穿裤子的人。可是后来日耳曼人入侵,罗马帝国变成了他们的地盘,欧洲人从此全都穿上裤子。

游牧民族还带来了椅子。秦汉以前,中原人都是在地上铺张席子来坐,席地而坐,后来,坐在床上(古代的床比今日的床矮一些,既用来睡觉,又用来坐。除了床还有“榻”,比床更矮一些,窄一些)。不管是坐在席子上,还是床上、榻上,姿势主要都是跽坐。

到了东汉末年,一种名叫“胡床”的折叠板凳,类似于现在的马扎,从北

① (汉)司马迁:《史记》(第2册),中华书局,1959年,第358页。

方游牧民族地区传入中原。有了裤子,又有了马扎,人们逐渐开始放弃跽坐这种难受的姿势。到了唐代中期,胡床逐渐演化为我们熟悉的有靠背、有扶手、可以让双腿自然下垂的椅子,称作交椅,并且在宋朝广泛地流行起来。古代中国人的大腿终于获得了解放。

椅子的流行改变的不仅仅是人们的腿脚,也对古代中国文化产生了相当大的冲击。椅子影响了中国古代房屋的建筑风格,最明显的变化就是窗户的位置抬高了。以前人们坐姿比较矮,窗户的位置也相应较矮,否则人得抻着脖子才能看到窗外的风景。椅子出现之后,窗户的位置明显抬高了。椅子的出现还对房屋内部的布置风格产生了较大影响,过去人们席地而坐,要求房间尽量空阔,不要那么多家具,否则太憋屈。椅子出现后,人们就不需要为席地而坐预留太大的空间,各式各样的家具也多了起来。

椅子还改变了家具和餐具的形态。在椅子出现前,家具普遍比较矮小,没有桌子,人们吃饭办公一般用的是案几,与现在农村的炕桌差不多;椅子出现后,人们坐姿高了,长腿家具就开始流行,桌子也就应运而生,取代了案几。而长腿家具的出现,又引起了餐具的变化。席地而坐的时候,吃饭都用高脚餐具,杯盘碗碟的底部都有比较长的腿。有了桌子以后,餐具放在桌子上,吃饭的姿势不一样了,餐具的腿也都不见了。

椅子甚至改变了中国人吃饭的习惯。椅子出现前,大家凑在一起吃饭很困难,因为坐姿比较低,也没有桌子,饭菜只能摆在小案几上,所以那时候吃饭一般都是分餐制,每人一个小案几,各吃各的。鸿门宴里,项羽、项伯东向坐,范增南向坐,刘邦北向坐,张良西向侍。五个人距离很大,中间空地足够两个人舞剑。椅子和桌子的出现以后,中国人才逐渐开始围坐在一张桌子旁吃饭,分餐制也很自然地变成了合餐制。

除此之外,游牧民族的发明创造乏善可陈,因为毕竟游牧社会自身的文化难以积淀。在整个人类文明的历史进程中,游牧民族似乎总是作为一种破坏的力量存在。尽管如此,由于他们的纵横驰骋打破了古代各民族之间相互隔绝和孤立的封闭状态,对文明的进步仍然具有重要意义。

蒙古人的征服就是这样。在蒙古西征之前,中亚和东欧小国争雄,关卡林立,封建贵族修筑无数城堡,割据自守。蒙古人所到之处,拆毁城堡,打破城墙，逢山开路，遇水架桥，从中国一直到地中海畅通无阻，他们还建立了规模空前的，遍布整个帝国的驿站系统，就相当于邮局。在蒙古人的征伐结束之后，原本战争不断的欧亚大陆，因为被统一在一个帝国之内，反而实现了长久以来人们梦寐以求的和平。有历史学家称之为“蒙古和平”。这种和平维持了一个世纪之久。蒙古帝国境内非常安全，17 世纪的中亚的希瓦汗国的可汗阿布合乞记述说：“在成吉思汗的统治下，从伊朗到图兰（突厥人的地区）之间的一切地区内是如此平静，以致一个头顶金大盘的人从日出走到日落处都不会受到任何人的一小点暴力。”①

蒙古人没有什么科技发明，没有建立新的宗教，文学著作不多，也没有给世界带来新的农作物或者农业方法。但是当他们征服一个又一个的文明之后，总是将每一个文明的技术发明都收集起来，到处传播。

蒙古人将中国医生带到波斯，又把日耳曼矿工带回中国，将柠檬和胡萝卜从波斯移植到中国，又将中国的面条、纸牌和茶叶传播到西方。他们在中国修建基督教堂，在波斯修建佛教寺庙，在俄罗斯开办穆斯林学校。中国四大发明中的火药与指南针都是在这时传到西亚，进而再传到欧洲的。而阿拉伯的医学、天文、历算、工程、饮食，希腊的大地球形说也为中国人所接受。

蒙古人在战争结束以后就开始推行自由贸易，蒙古帝国因此成了世界历史上最大的自由贸易区。丝绸之路上兴起了很多国际性的都市，波斯湾港口堆满了从中国和东印度群岛运往西欧的丝绸、香料，以及各种手工业产品。

正是因为出现了“蒙古和平”，西欧人才有机会从欧亚大陆的一端旅行到另一端，首次与中国直接接触，亲眼看到中国的富庶。此后，西方的经济发展总有一种向东探索的欲望。15 世纪到 17 世纪的新航路的开辟，达伽马绕过好望角，哥伦布发现美洲新大陆麦哲伦环球航行，目标基本上都是为了寻找通往印度和中国的海上通道。这其实都是蒙古人为他们创造的梦想。19 世纪的法国东方学家莱麦撒因此说：“蒙古人西征，将以前闭塞之路途完全洞开，将各民族集聚一处……中世纪满天黑云，使人不得望见天日。至是乃因蒙古远征，而重现光明。当时战争杀人，盈野盈城，似为人类惨祸，而不知实

① ［法］勒内·格鲁塞：《草原帝国》（上），蓝琪译，商务印书馆，2017 年，第 355 页。

如天空霹雳，将几百年之酣睡懒病，自梦中警醒。”①

第二节 贸易与文明

一、交换与进化

当现代人类的祖先晚期智人走出非洲的时候，早期智人尼安德特人已经在欧洲、中亚和中东生活了大约十七万年的时间。尼安德特人的大脑容量相比晚期智人毫不逊色，他们会使用火，会制造工具，以兽皮遮体，小群居住在洞穴里，靠狩猎为生，似乎与我们旧石器时代的祖先没什么区别。而且尼安德特人的体格比晚期智人更强壮，视觉更敏锐。但是晚期智人四万年前出现于东欧和伊比利亚半岛东北部之后，尼安德特人在不到一万年的时间里迅速消失了。

有研究指出，尼安德特人可能是因为在与晚期智人的生存竞争中落败而遭到淘汰。后者取胜的法宝既不是体力，也不是智力，而是贸易。尼安德特人制造工具习惯于就地取材。他们制作石制工具所使用的材料几乎总是可以在距离出土地点步行一小时的范围内就找到。

而晚期智人遗物的出土地点与产地相隔数百千米的情况则屡见不鲜。英格兰南部珀德兰出产的燧石制品在二百四十千米外的地方被发现，俄罗斯和乌克兰十几处旧石器时代晚期遗址则出土了从四百千米以外的采石场运来的特殊石材。考古学家曾在波兰的新石器时代遗址中发现过来自地中海海滨的带装饰花纹的贝壳、波罗的海的琥珀饰物，以及来自尼罗河流域的精巧的彩陶制品，也曾在新石器时代生活在瑞士湖泽中的人们居住过的房屋里找到过来自地中海的珊瑚，由东方转运而来的宝玉。

---

① 张星烺：《中西交通史料汇篇·古代中国与欧洲之交通》(第2册)，上海书店出版社，1930年，第2、6页。

“只有少数较为狭小的地区，能够为狩猎者和采集者的小团体提供哪怕是最原始的使用工具的定居性群体所需要的一切，如果他们耕种土地，自然物产就更为不足。”[①]远距离交易使智人能够获得本地以外的资源，因此能够适应多种多样的自然环境，极大地扩展了自己生存的范围。即使号称“世界屋脊”和“第三极地”的西藏高原，早在距今数万年前的旧石器时代晚期，也已经有了人类生活的痕迹。西藏昌都卡若遗址中出土的产于南海的穿孔贝饰提醒我们，远古人类早已通过贸易，使这片“乱石纵横、人马路绝、艰险万状不可名态”的荒芜之地具备了生存的条件。

哈耶克说：“人类最终能够像现在这样稠密地占据地球的大部分地区，甚至能够在几乎生产不出任何必需品的地方维持众多的人口，这是因为人类就像一个自我伸展的庞大机体，学会了扩展到最遥远的角落，从每个地方吸取整体所需要的不同养分。”[②]

更重要的是，贸易交换使晚期智人能够实现劳动分工。劳动分工则促进了生产的专业化。专业化的生产有利于技术的进步和创新。而当一种技术创新出现以后，大范围的贸易还有利于这种智力成果的保存和传播。于是晚期智人制造出越来精巧的工具，发展出越来越复杂的技术。在距今八千至两万年前之间出现的发明创造，比此前数百万年里出现的发明创造还要多。

可以说，贸易交换使我们的祖先拥有了强大的竞争优势，而只会制造手斧、固守洞穴的尼安德特人尽管体格强健，最终却难逃被淘汰的命运。贸易，这种比农业出现的更早的经济活动，对早期人类文明的兴起意义显然非同小可。

反过来说，一旦人类失去贸易，其文明也将不可避免地退化。今天已经灭绝的塔斯玛尼亚人就是一个不幸的例子。

塔斯玛尼亚人是美拉尼西亚人的后裔，三万五千年前抵达澳大利亚东南的塔斯马尼亚岛。当时该岛还与澳大利亚本土连在一起。但是一万年前，

---

① ［英］F.A.哈耶克：《致命的自负》，冯克利、胡晋华译，中国社会科学出版社，2000年，第42页。
② 同上，第45页。

由于海平面上升，这个不大的岛被最窄处宽约二百四十千米，平均水深约五十米的巴斯海峡隔绝在了“世界尽头”。生活在岛上的约五千名塔斯玛尼亚人失去了与大陆上的亲戚贸易交换的机会，不仅无法学习新技术，连自己祖先曾经拥有过的不少技术也逐渐丧失了。塔斯玛尼亚人缓缓地倒退回一种生活原始、工具简单的状态。

在欧洲殖民者到来之前，塔斯玛尼亚人处于钻木取火的石器时代，没有草房子，不知陶器为何物，完全过着游猎、采集的原始生活。第一批塔斯马尼亚人曾经制造且使用过的工具，比如骨制的针和锥、鱼钩、渔网都消失了。考古证据说明，这些工具和技巧是一步步被无情遗弃的。因为没有骨针和骨锥，他们不能把兽皮缝成衣物，哪怕是在凛冽的严冬，也只能在皮肤上涂些海豹油脂，以袋鼠皮围身。因为没有鱼钩和渔网，他们自三千多年前就不再吃鱼了。他们不知农耕，没有任何家畜。吃的是根茎、种子、浆果、菌类，以及搁浅的鲸等水生动物，还有蛇、蚂蚁、蜥蜴等。澳大利亚的其他岛屿也发生过跟塔斯马尼亚一样的事情。生活在达尔文港北部的两座岛屿上的提维人技术就出现了倒退，工具越变越简单。托雷斯群岛的岛民也忘记了如何制造独木舟。

相比之下，澳洲大陆却维持着稳定的技术发展。塔斯马尼亚的长矛只有用火硬化过的木头矛尖，而在大陆上，长矛有可拆卸的矛尖，有石头倒钩，还配备被称为“武麦拉”的投矛器。这是因为大陆上存在长途贸易。在这种贸易中，北部阿纳姆地的海滨居民用海产品换取内陆的石器和赭石。中部的阿兰达人向三百千米以外的昆士兰土著交换一种类似烟草，具有麻醉作用的植物皮特里茄。斧头和打火石通常可以交易到八百千米以外的地方。东北部出产的珍珠和贝壳垂饰更是穿越八个部落，纵贯整个大陆，抵达一千六百多千米以外的最南部。这种贸易网络确保了传统技艺的留存和创新发明的传播。很多时候，一个地区只要存在与外界的贸易交流，即使自然条件不够理想，也能够维持文明不堕。比如位于南美洲最南端的火地岛，面积并不比塔斯马尼亚大，人口也不多，天气更寒冷，但是与南美大陆只隔一条约三千米宽的麦哲伦海峡，与大陆居民维持着相当频繁的接触。1834 年，查尔斯·达尔文登陆此地，发现岛上的居民们下鱼饵捕鱼，用网捕海豹，设圈套打鸟，使用钩子和鱼叉,有弓和箭,能制造独木舟和衣物—— 一切全都靠专业的工具和技能完成。

对于走出蒙昧和野蛮时代的社会来说,贸易首先是财富的源泉。亚当·斯密认为,如果外国的某种产品比自己国内生产的要便宜,那么最好是输出自己国内生产成本低的产品,交换别国的便宜产品。他说:

> 如果一件东西在购买时所费的代价比在家内生产时所费的小,就永远不要想在家内生产,这是每一个精明的家长都知道的格言。裁缝不想制作他自己的鞋子,而向鞋匠购买。鞋匠不想制作他自己的衣服,而雇裁缝制作。农民不想缝衣,也不想制鞋,而宁愿雇用那些不同的工匠去做。……如果外国能以比我们制造还便宜的商品供应我们,我们最好就用我们有利地使用自己的产业生产出来的物品的一部分向他们购买。①

虽然一个国家落后于另一个国家,但只要在某些产品方面具有绝对优势,都可以参与国际分工,进行国际贸易。这样一来国家之间就实现了专业化分工生产,各个国家的实际劳动力和资本都能够得到最有效的利用,从而大大提高劳动生产率和增加社会财富。

大卫·李嘉图进一步提出,即使一个国家的任何一种产品的成本都低于另一个国家的产品,处于绝对优势,而另一个国家则处于绝对劣势,这时两国之间仍然存在着互利的国际分工和贸易的可能性。因为处于绝对优势的国家不必自己生产所有商品,而是会选择只生产最大优势(成本最低)的商品,处于绝对劣势的国家也不必自暴自弃,放弃一切生产,只会放弃最大劣势(成本最高)的商品生产。这样,这两个国家只要生产比较成本相对低的商品,就可通过国际贸易,互相交换,双方既节省了劳动,又取得了比较利益。李嘉图举例说:

---

① [英]亚当·斯密:《国民财富的性质和原因的研究》(下),郭大力、王亚南译,商务印书馆,2017年,第31页。

> 假定一年之内，葡萄牙八十名工人酿的酒，英国需要一百二十名工人才能酿出来，葡萄牙九十名工人织的毛呢，英国需要一百名工人才能织出来。比较起来，葡萄牙占绝对优势，英国处于绝对劣势，但是对英国而言，生产毛呢更有利些。如果两国在贸易之下实现了分工，葡萄牙用一百六十名工人酿出了两国共同需要的酒，英国用二百名工人织出了两国共同需要的毛呢。然后葡萄牙用八十名工人生产的酒去换英国一百名工人织出的毛呢。于是葡萄牙节省了十名工人，而英国则节省了二十名工人，两国都得到了比较利益。

可见，国际贸易使具有绝对优势和处于绝对劣势的国家都能获得比较利益，而且还可提高世界范围的劳动生产率，增加人类社会的财富和实际收入。

商业贸易还有利于培育某些优良的道德观念。孟德斯鸠在谈到贸易时就说过："哪里有商业，哪里就有善良的风俗。"[①]通过契约完成的商品交换会使交易双方养成诚实无欺的品德。因为双方只有相信对方所提供的物品物有所值，对收益有稳定的预期，才可能完成交易。而消费者也只会青睐最讲诚信、最货真价实的商家。商人如果没有了信誉，也就失去了未来发展的基础。亚当·斯密认为："商人本来最怕失信用。他总是时刻小心翼翼地按照契约履行所承担的义务。一个比方说经常每天和人签订二十个合同的人，绝对不能从欺骗附近的人而得到大好处。他的奸诈面目一被人看出，失败便无可避免"，因此"在大部分人民都是商人的时候，他们总会使诚实和守时成为风尚。"[②]

因为商品交换是人们在平等基础上按照公认的规则，自由自愿地进行，排斥外在的强制和特权。也就是说平等、自由和法治是进行贸易的前提条

---

① ［法］孟德斯鸠：《论法的精神》（下），张雁深译，商务印书馆，1963年，第14页。

② ［英］坎南编：《亚当·斯密关于法律、警察、岁入及军备的演讲》，陈福生、陈振骅译，商务印书馆，2017年，第265~266页。

件，所以商业的发展必定会促进了平等、自由和法治观念的形成和普及。休谟认为，商人和手艺人是“自由社会最优秀、最坚定的基础，他们既不肯像农民那样，由于经济上的贫困和精神上的自卑，而屈服于奴隶制统治的淫威；也不希望像贵族那样，骑在别人头上作威作福；既然如此，当然也不打算像贵族那样，拜倒在君主脚下，匍匐称臣。他们渴望人人平等的法律，以保障自己的财产不受君主以及贵族暴政的侵犯”[①]。

二、中世纪的商业城市

在近代西方文明兴起的过程中，独具魅力的中世纪商业城市功不可没。5世纪西罗马帝国覆灭之后，日耳曼各部落在它的废墟上建立了大大小小的封建王国。国王、贵族和主教们住在城堡里，靠周围庄园里的农奴养活，在自己的领地上享有军事、司法和财政大权。当时绝大多数的普通欧洲人能在贵族的庄园里当一个半自由的农奴就已经很满足了，只要按时缴租就可以有块地种，不会轻易受到强盗的伤害，只是不能随便离开，他自己的财产和婚姻可能也要由领主说了算。

但是总会有一些人因为饥荒、战争，或者是因为土地有限不得不离开庄园。他们中的一部分开始从事手工业和商业，聚居在领主城堡外附近，或者十字路口、水陆码头、交通要道。这就是中世纪的商业城市。

国王、贵族和主教们对自己领地上兴起的城市相当欢迎。他们可以要求市民们购买他的庄园里出产的农产品，让城市里的工匠们白给他们干活，从城市里的商人那里弄来很多稀罕的奢侈品，如香料、宝石、丝绸之类的，更重要的是城市要给他们缴税，这是一笔非常可观的收入。

中世纪的封建领主们通常万事不求人，他全家吃的面包和肉，喝的酒，穿的布，以及各种日用品，他们的庄园基本上都能生产。但是他们渴望城市中贩运来的奢侈品。这些东西关系他们的地位、身份、尊荣、权势和人身安

---

① ［英］休谟：《休谟经济论文选》，陈玮译，商务印书馆，1984年，第25~26页

全。讲排场、宴宾客需要名贵食品，如名酒、香料、各地土特产；出入宫廷和各种礼仪场合需要各种花色的呢绒和华贵的服装，以及装饰这些服装的各种珍宝和纽扣；出于安全和荣耀的考虑，他们必须住在充斥各种豪华家具和装饰品，如挂毯、地毯之类的坚固豪宅里。而这些东西都是长途贩运而来的，要用钱买。而城市为他们提供了可观的财源。

14世纪之前，欧洲僧俗各级贵族在其领地上创立新城市是一种普遍现象。在英格兰出现的一百七十二个新城市中，除十八个建立者不明外，其余均为王室和僧俗领主所建。为了吸引商人、手工业者到城内居住，封建贵族不仅在城内修桥补路，建造房舍，还赋予城市居民自由和各种权利，允许他们建立自己的法庭和市集，选举市政官员。于是城市就成了封建时代的欧洲最为自由的地方。市民们不必像农奴一样被束缚在土地上。而一个农奴如果逃到一个城市里，领主想把他抓回来也很困难，当时的惯例是一个农奴只要在城市里住满一年零一天就成为自由人。城市里的市民也会保护他，甚至会和领主派来的人发生冲突；领主不愿意这样的事情发生，因为会影响城市里工商业的生产经营，领主的收入也会减少。如果农奴跑到城市里去了，往往也就算了。所以当时有句谚语说："城市的空气使人自由。"

就这样，城市拥有了越来越多的权力，很多城市最后干脆筹集一大笔钱作为赎金，向自己的领主换取了自治权。有时候，国王和领主为了争取城市的经济支持，还主动颁发特许状赋予城市自治权。市民们可以选举产生自己的市议会，有权制定政策、法令和铸造货币，有自己的武装和法庭，有权宣战、媾和。城市还选举产生了自己的市长和法官。

有的领主不愿意轻易放弃对城市的控制。市民们就拿起武器，亲手把权力夺过来。11世纪至12世纪，仅法国东北部就有四十多个城市通过起义取得了自治。意大利某些城市还成立了城市共和国，比如说佛罗伦萨。到中世纪末期，几乎所有的西欧城市都不同程度摆脱了封建束缚。

取得了自治权的市民们非常珍惜这个成果，他们在上百年的时间里曾尝试过各式各样的方案来管理自己的城市：单一元首制和多数元首制，直接选举制和间接选举制，有限选举制和普选制，等级代表制和比例代表制，长任期制、短任期制和轮流任期制。一种方式不行，再试另外一种。一切想的到的政治体制他们几乎都发明了。这些城市成了近代民主政治的试验田。当中世纪结束时,欧洲的民主时代也差不多瓜熟蒂落。

在城市里,不管是市长、法官、教士、商人,还是帮工、学徒,尽管贫富差别很大,然而在法律上都是平等的自由人。他们都拥有公民的一切权利,可以自由结婚,随意迁徙,自由支配自己的财产,不用依附任何人。平等和自由的观念就这样深入人心。

领主们颁发的特许状因为规定了城市的基本权力,被奉为至宝,保存在市政厅的档案柜里,外加三把锁,有时甚至镌刻在市政厅或教堂的墙上。这是市民们自己争取来的权力,所以倍加珍惜,视之为无上的权威。近代的宪政精神由此萌发出来。在此基础上,他们为保护和促进商业和工业,维持城市政治秩序,制定了一系列法律制度,带动了欧洲法律体系、法律原则和法律观念的进步。

到了 12 世纪和 13 世纪,市民们凭借雄厚的经济实力甚至开始出现在以往只有国王、贵族、教士参加的会议上,在许多问题上出谋划策。欧洲各国的议会政治也逐渐成形。

三、贸易和平

在国际关系中,贸易常常是维持和平的力量。亚当·斯密认为,在狩猎、农耕、游牧和工商四种生产方式中,工商从业者最为和平。

原始的狩猎民族,比如北美洲剽悍的印第安人,人人都是狩猎者,人人亦都是战士。当他们为保护部落,或为部落复仇而去战场打仗时,也是以自己的劳动维持生活,像在家中时一样。在这种状态下,部落无须特别为战斗和后勤准备开支。游牧民族,比如古代的蒙古人和阿拉伯人,情况也大抵相同。在那种社会中,每个人是游牧者,同时也是战士。他们的日常生活、日常操习,都如同是为战斗作准备。他们普通的户外游戏,如竞走、角力、耍棒、投枪、拉弓等,俨然就在从事战争。因为平时就过惯了流浪的生活,所以他们在实际作战时,也如平日一样,靠自己所蓄养的牲畜维持生活。他们的酋长或君主根本不用为训练他们作战负担什么费用,只要作战的时候,允许士兵们大肆掠夺就可以了。对游牧民族来说,战争只不过是另一种生产而已。司马迁记载匈奴人,“逐水草迁徙,毋城郭常处耕田之业……士力能弯弓,尽为甲骑。其俗,宽则随畜,因射猎禽兽为生业,急则人习战攻以侵伐,其天性也”[①]。罗马历史学家塔西陀在描述日耳曼游牧者时说道:“要想劝他们像向敌人挑战和赢得创伤那样地去耕种土地和等待一年的收成,那是很困难的。而且他们还觉得:可以用流血的方式获取的东西,如果以流汗的方式得之,未免太文弱无能了。”[②]其实未必是他们天生好战,只是游牧民族把人员和财富从生产转向战争的成本实在太低了。

农民也相对善战。从事农业工作的人,一般是整天都在露天之下,受尽日晒雨打风吹。这种困苦的日常生活,正可以锻炼他们,使他们能熬受战争的苦难。农业上的很多工作与战争时期的活动也非常类似。比方说,农民在农场里非掘凿沟渠不可,有了这套本领,便可从容地在战场上构筑战壕与围墙。因此农民的平常劳作,也像游牧民族的户外游戏一样,俨然是从事战争训练。但由于农民在劳作时的这些训练缺乏战斗对抗性,所以他们虽然也能当兵,武艺就没那么娴熟了,对打仗也不太喜欢。要想让他们上阵打仗,君主总得忍痛从国库里掏一些银子出来训练他们。

假使战争在播种期后开始,收获期前结束,青壮年农民即使全部离开农场,亦不会蒙受大的损失。因为此时农场上虽然还需要照料,但老人妇女儿童就很可以把这些事情做好。所以短期参加作战,他们尽可不要报酬,也不需要君主或国家花很大的维持费用。古代希腊各城邦的市民就是按照这种方式从事兵役。但是到了收获季节,不管仗有没有打完,士兵们都得离开战场,回到农田里去收割庄稼,农闲的时候再集结到战场上厮杀。帝国时代之前的古罗马人也是如此。在罗马帝国的废墟上,建立起来的欧洲各王国在相当长的时间里也是如此。

而对于从手工业和商业的人们来说,战争则是最让人头疼的一件事情。比如说铁匠、木匠、织工和卖针头线脑的小商贩,他们日常不是在火炉前面

---

① (汉)司马迁:《史记》(第9册),中华书局,1959年,第2879页。

② [古罗马]塔西佗:《阿古利可拉传》,马雍译,商务印书馆,2017年,第54页。

抡着大锤，用斧锯锛凿对着木头使劲，就是坐在吱吱嘎嘎的织机上把梭子抛来抛去，或者挑着担子拿着秤，一边大声吆喝，一边跟顾客讨价还价。这些技能在战场上显然一点用处都没有。他们更没有兴趣主动去练习武艺，因为武艺不能当饭吃，还要占用宝贵的时间。为自身的利益计，他自然而然地会完全漠视舞枪弄棒，更不喜欢打仗。在一个几乎全体国民都依靠手工业和商业贸易谋生的国度里，君主要想发动战争是很有难度的。因为这些人民的一切工作都要仰仗自己的双手，大自然不给予一点帮助，不像牧民和农民那样，等着牛羊和庄稼自己成长就可以了。一离开手工作坊或者市场，他们唯一的收入源泉马上就要枯竭，无法继续维持自己的生活。他们的君主要想发动战争不仅要从零开始训练他们，教会他们射箭和守纪律，更重要的是还得给他们发薪水，战争对这样的国家来说绝对是相当沉重的负担。以贸易立国无疑会使统治者慎重考虑战争的可能性。

即使是四处掳掠的强盗，只要开始从事贸易，厮杀攻伐的日子也可能会随之结束。欧洲中世纪著名的诺曼海盗就是这样。诺曼人生活在一千多年前的北欧，即今天的丹麦、挪威和瑞典一带。诺曼就是北方人的意思。北欧地处高纬度地区，气候苦寒，丹麦好算还一点，挪威和瑞典地处斯堪的纳维亚半岛，重峦叠嶂、森林密布，挪威沿海更是峻峭嶙峋、峡湾密布，耕地又少又贫瘠，粮食产量低，人口稍微多一点就养活不了。诺曼人为了求生，只好离开家园，四出劫掠，所以他们又被称为维京人，“维京”这个词在北欧的语言中，包含着两重意思：首先是旅行，然后是掠夺。

793年，一伙诺曼海盗袭击了英格兰北部一个海岛上的修道院，杀光了岛上所有修道士，把修道院里的财宝和圣物劫掠一空之后，又继续袭击沿海的修道院和村庄，最后沿着河流入海口而上，深入内陆抢夺教堂。这是西欧人对诺曼海盗最早的记载。从此以后诺曼人频繁到访，次数越来越多。典型的诺曼战船有一张帆，十六对桨，有风的时候张帆，没风的时候划桨，都是平底，吃水浅，船体很长，首尾尖尖的向上翘起，往往还雕刻一个龙头，很适合从沿海到内河的航行，速度特别快。他们总是突然出现在海面上，把战船直接冲上沙滩。然后就会有一小队强悍的诺曼人冲进附近的庄园或修道院，抢走财宝，烧毁房屋，赶走家畜，抓捕女人和壮年男子作为奴隶，凡是敢于反抗的人都被杀死。然后这些诺曼人就又回到船上，像来时一样，迅速消失在大西洋上。

到了9世纪，诺曼人的血腥侵略从小打小闹的偷袭，发展成一种大规模的军事行动，作案的范围也越来越大，西至冰岛、格陵兰岛，甚至比哥伦布更早地到达了北美洲东海岸，向南则到达了北非，在利比亚和突尼斯建立了城堡。丹麦人主要袭击英格兰和法兰西，挪威人瞄准苏格兰、爱尔兰，瑞典人则集中在东方、波罗的海沿岸、中东欧，以及今天的俄罗斯。这时候他们已经学会了骑马，上岸之后能够深入到内陆地区造成更大的破坏。

诺曼人闪电式的突袭、极具杀伤力的攻击，以及无止境的野心，令欧洲沿海居民几乎绝望，当时有一句广为流传的祈祷词："上帝啊，保佑我们逃过北欧人的暴行吧！"

885年，来自丹麦的三万名诺曼海盗驾着七百艘战船，兵临巴黎城下。遮天蔽日的战船把塞纳河都塞满了，他们说他们的目标是塞纳河上游的乡村和城镇，而巴黎正好挡在他们的必经之路上，要借道而行。巴黎人怎么会相信这种说法呢？断然拒绝。于是诺曼海盗就把巴黎包围了整整一年。人称"胖子查理"的法兰克国王查理三世试图率领大军在巴黎城外与他们决战，但是毫无取胜的希望。无奈之下，他只好拿出七百磅白银换取诺曼人撤军。

诺曼人像这样勒索法国人，一共有十三次。911年，"胖子查理"的孙子西法兰克国王"单纯的查理"为求得和平，将塞纳河口附近的一片土地划给诺曼人，成立诺曼底公国，诺曼人的首领也就成了诺曼底公爵。"单纯的查理"还把自己的女儿嫁给了诺曼底公爵。

在8世纪末期之后的一百多年里，至少有二十七万镑白银和六百镑黄金被兴高采烈的海盗们带回了斯堪的纳维亚半岛。当时西欧商品经济严重萎缩，这个数额非常惊人。除此之外，海盗们的战利品中还包括粮食、毛皮、蜂蜜，甚至还有奴隶。面对征掠而来的巨额财富，诺曼人首先当然是大肆挥霍。他们尽情购买丝绸、香料、珠宝等奢侈品，还让人制作胸针等工艺品，赠送给自己的侍从，留给子孙，当然更多的是用来养女人。但是在西欧先进文化的熏陶之下，海盗们的生活观念和生产方式逐渐发生变化。愈来愈多的人转向经营工商业，把抢来的物品拿到市场上出售，逐渐由海盗转化为商人，原来进军劫掠的路线相应地转化为贸易路线。欧洲和东方的商人们也带着香料、丝绸、毛织品、葡萄酒、玻璃、金银饰品和青铜工艺等各种各样的商品涌入斯堪的纳维亚半岛。在此基础上,诺曼人逐渐构建起一个以北海和波罗的海为中心的商业贸易网络。来自阿拉伯、拜占庭甚至印度、中国的商品通过这一商业贸易网络散售到西欧各地。11 世纪前后,诺曼海盗的劫掠逐渐消失了。

反过来,当商人不能正常地从事自己的事业,可能就会沦为强盗。明朝嘉靖年间肆虐东南沿海的倭寇就是这样产生的。

明朝的开国之君朱元璋的治国思想是以农立国,将自给自足的小农社会作为理想状态。对于内地居民,朱元璋规定任何人要离开自己的户口所在地,都必须先向政府申请通行证,写清楚外出理由和目的地,以及出门和归来的时间,逾期不归就是死罪。对于沿海居民,则制定了一种粗暴而又愚蠢的政策——禁海。禁止民间私造两根桅杆以上的大船,禁止民间出海与外国贸易。私自出海贸易的枭首示众,全家充军。这些内容都被写进了《大明律》中,都以法律形式确定为明朝的基本国策。禁令非常森严,甚至有“寸板片帆不许下海”之说。

外国人要想与明朝开展贸易只能打着“朝贡”的幌子,向明朝皇帝进贡一点土特产,明朝皇帝相应地赏赐他们一些中国的商品。这其实还是一种贸易,但是规模非常有限。在什么时间、什么地点、来几条船、每船多少人、买卖什么货物、能逗留多久都有严格的规定,手里还必须持有明朝颁发的许可证。尽管如此,中国丰富的物产还是吸引大批外国商人前来贸易,并从中获利。当时日本丝织业有了长足发展,但需要从中国进口生丝作为原料。在中国一百斤生丝不过五六两白银,运到日本就能翻十倍。所以日本人非常热衷于对华贸易。可是嘉靖二年,日本两大家族为了争夺明朝颁发的许可证,在宁波发生冲突,不仅互相大打出手,而且烧毁了明朝的招待所,袭击了武器库,殃及了沿途民众。朝廷里不少官员因此主张实行更加严厉的海禁政策。于是日本来华的朝贡贸易被取消了,日本对华唯一合法的贸易形式和渠道关闭了。嘉靖皇帝本以为是惩罚了日本,不料却给自己招来了一群倭寇。

日本对华的合法贸易断绝之后,他们所需要的大量中国商品,如绵绸、锦绣、水银、铁锅、瓷器、药材等，只能通过海上走私获得。这一活动有中国人替他们完成。中国商人也喜欢跟日本人做生意，因为日本拥有一项中国相对稀缺的资源——银矿。日本人这时候大量开采银矿，从中国购买的生丝、瓷器大多用现银支付，很受欢迎。于是沿海巨商豪门网罗大批禁海之后无以为生的船民，私造双桅大船，甚至不辞辛苦远航至日本沿海岛屿进行交易，以牟取暴利。官兵在海上巡逻，发现出海走私者就抓。走私商人便联合起来，从葡萄牙人手中购买火器，武装反抗。他们在日本建立根据地，又从日本出发来骚扰东南沿海，明朝官方便把这支武装力量称为“倭寇”。但是倭寇中的日本人恐怕连三成都不到。时人记录说：“寇与商同是人，市通则寇转为商，市禁则商转为寇。始之禁禁商，后之禁禁寇，禁愈严而寇愈盛。‘片板不许下海’，艨艟巨舰反蔽江而来，‘寸货不许入番’，子女玉帛恒满载而去。”①

朝廷下决心整治海防，平定倭寇，可是数十万明军，消灭不了几万倭寇，屡战屡败。为什么倭寇如此强悍？因为他们得到了东南沿海的人民支持和拥护。禁海损害了整个贸易产业链（渔业、手工业、造船业、商业）的利益。倭寇的武装走私实际上给沿海百姓的生计打开了一个出路，当然会受到热情支持。“近地人民或馈时鲜，或馈酒米，或献子女，络绎不绝，边卫之官，有献红袍玉带者……近则拜伏叩头，甘为臣仆，为其送货，一呼即往，自以为荣。”②

因为有当地居民通风报信，政府的仓廪府库哪个空虚，哪个充实，官兵驻扎在哪儿，往什么地方调动，倭寇都一清二楚。倭寇来的时候，上千人窝藏在民众之中，政府毫无察觉。到了行动的时候，一声号令，四处响应。官兵向当地民众询问敌情，得到的都是假情报。朝廷总结当时的情况说：“三尺童子，亦视海贼如衣食父母，视军门如世代仇雠。”③

正是因为具有良好的“群众基础”，倭寇才会在明朝的大力征剿之下顽强生存。嘉靖朝是海禁最严厉的时期。戚继光和他的戚家军浴血奋战，剿灭

---

① （明）谢杰：《虔台倭纂》，书目文献出版社，1990 年，第 231 页。

② （明）万表：《海寇议前》，载《中国野史集成》编委会、四川大学图书馆编：《中国野史集成》（24），巴蜀书社，第 672 页。

③ （明）朱纨：《朱中丞甓余集》（一），中华书局，1962 年，第 2161 页。

了大量的倭寇，但恰恰是在嘉靖皇帝死后，明朝开始部分放开海禁，与那些迫切想要进行海上贸易的商人们妥协了，准许私人出海贸易，所谓的倭寇也就消失了。

如果两个国家之间贸易活动非常活跃，甚至经济上相互依存，战争就会受到抑制。贸易水平越高，它对国家发动战争的物质制约力就越大，战争发生的可能性就越小。因为理性的政治家势必会设法将政治纠纷对贸易的冲击降至最低。很多经济学家和政治学家因此认为贸易是国家之间政治关系的“黏合剂”或是“压舱石”。

唐代中期以后，回鹘汗国崛起，与唐朝建立起绢马互市，以马匹向唐朝换取大量绢帛，转销西亚和欧洲牟取暴利。779 年，牟羽可汗欲趁唐德宗初立，唐朝政局不稳之机，举兵南掠，遭到多数回鹘贵族的反对。宰相顿莫贺力谏不听，怒而击杀牟羽可汗自立。但是随后又发生了回鹘使者突董等抢掠、私贩中原妇孺，被唐振武军留后张光晟袭杀的事件。唐德宗仅将张光晟调离振武军，未做任何处理，并派使节赴回鹘，送还突董等人的尸体。突董是顿莫贺的叔父。这一事件显然对回鹘与唐的关系造成了极大的破坏。当时回鹘贵族多数想杀唐使泄愤，但顿莫贺却以两国关系为重，仅仅拒见唐使，并派大相严厉斥责唐使一番就将其放回，并且说：“我国人皆欲杀汝，唯我不然。汝国已杀突董等，吾又杀汝，犹以血洗血，污益甚尔。吾今以水洗血，不亦善乎！所欠吾马直绢一百八十万匹，当速归之。”[①]最后唐付给回鹘绢帛十万匹、金银十万两，平息了这场可能导致战争的危机。顿莫贺的做法显然是出于经济考虑的，因为与唐朝的绢马贸易对回鹘汗国非常重要。贸易或多或少左右了回鹘与唐朝的关系走向。

宋朝与辽、西夏的关系也是如此。北宋初年因燕云地区领属争端，曾经与辽国进行过二十五年的战争。1004 年宋辽订立澶渊之盟，宋朝每年付给辽国白银十万两、绢二十万匹，同时在边境地区设立名为“榷场”的边关互市场所，大搞边境贸易。从此两国实现了长达一百二十年的和平。学者大都认为辽宋能够长期和平相处，贸易关系的维持是主要的因素之一。后来，北宋又

① (后晋)刘昫等:《旧唐书》,中华书局,1975 年,第 3575 页。

跟西夏签订了“庆历和议”，每年给西夏十五万三千匹绢、七万二千两白银、三万斤茶叶，并且设立榷场，于是“朝聘之使，往来如家。牛马驼羊之产，金银缯帛之货，交受其利，不可胜纪。塞垣之下，逾三十年，有耕无战。禾黍云合，甲胄尘委，养生葬死，各终天年”[①]。

明朝时期，蒙古的俺答汗曾经向朝廷表示，他们南下劫掠，无非是想得到茶叶、丝绸，可要边疆地区这种东西不多，只能抢到人口和牲畜，而他们又并不缺少人口和牲畜。而且出动人马，也不是一点成本没有，打仗总会有死伤。算来算去，还不如用牲畜跟中原人交换来得划算，所以诚恳希望跟明朝发展边境贸易。1570年，明朝和蒙古达成协议，在长城沿线开放十一处互市，于是“边疆无警，畿辅晏然，汉唐以来所未有也”[②]。

甚至连边境居民也在贸易中变得文明了，“往时偏、老内外极多勇烈士，彼椎埋屠狗之辈，囊无金钱，则相率而捣巢偷马……互市而此辈无所用，老者死而壮者散为商贾。盖皆拘束于礼法尺寸之内，俗非不美，而边徼缓急无所赖藉，卫尉材官，舍介胄、释弓矢，而学以咿唔相高，非其业也”[③]。

到了清朝的时候，朝廷不仅开放边境贸易，还册封了大量的蒙古王爷，与蒙古贵族联姻。这些王爷和贵族不但从边境贸易中获益，还可以享受优厚的朝廷俸禄和皇帝赏赐，因此不再兴兵作乱，甚至成为中原的屏障。清朝自始至终再也没有修筑过长城。康熙皇帝曾经说：“本朝不设边防，以蒙古部落为之屏藩耳。”[④]

正如法国启蒙运动思想家孟德斯鸠说过的，“贸易的自然结果是带来和平”[⑤]。而一旦这种国际贸易受到阻碍，难以为继，战争可能就要接踵而来。北宋曾数次试图以关闭榷场、停止贸易的方式惩罚西夏，反而迫使西夏为求得开放榷场贸易而发动战争。西夏几次大规模进攻北宋大都发生在北宋绝和

① （宋）范仲淹：《答赵元昊书》，载曾枣庄、刘琳主编，四川大学古籍整理研究所编《全宋文》（第9册），巴蜀书社，1990年，第669页。

② 《明神宗实录》卷三十三。

③ （明）王士性：《广志绎》，中华书局，1981年，第65页。

④ （清）章梫：《康熙政要》，中共中央党校出版社，1994年，第436页。

⑤ ［法］孟德斯鸠：《论法的精神》（下），张雁深译，商务印书馆，1963年，第14页。

市之后。庆历和议过程中，宋方的谈判条件主要是围绕着元昊的名号而展开，而西夏方面所提十一事函，除了商议封号和领土问题外，其他重要条件都与扩大贸易有关。金兵南下，占据北宋半壁江山后，西夏对外贸易的主要对象变成金国。金国也曾关闭边关榷场，西夏仍然是出兵进攻，以武力迫使金国恢复贸易。

在欧洲，9 世纪至 11 世纪，基辅罗斯与拜占庭之间建立了贸易关系，用毛皮、蜂蜜、蜂蜡、干鱼和奴隶换回丝制品、珠宝、酒类及教堂用品。每年 11 月份，基辅大公要带领亲兵从基辅到东斯拉夫各部落征收贡赋，等到来年 4 月，第聂伯河冰雪融化时将收来的贡品装在用空树干做的独木舟里，运回基辅。6 月从基辅继续顺河而下，前往第聂伯河河口，途中要经过九个险滩，还要击退突厥游牧部落的阻击抢掠，然后还需要几天时间才能到达拜占庭首都君士坦丁堡。如果顺利的话，从基辅到君士坦丁堡整个行程需要六周时间。显然这是一条充满着危险，漫长而艰辛的商路。但是这种贸易对于罗斯人非常重要。当时拜占庭是欧洲最强大的封建帝国，文明程度很高，罗斯人各部落几乎还处于原始社会。贸易大大地推动了罗斯人从野蛮走向文明的步伐。但是拜占庭常常随意限制甚至中断与罗斯的贸易往来，为此基辅罗斯发起多次战争以维护贸易。从罗斯建国到 11 世纪初一百多年里，基辅罗斯与拜占庭之间爆发过六次战争，多数与贸易相关。基辅罗斯的这种贸易因此被称为“征战贸易”。

贸易能够推动国家间的和平这个观点得到了很多学者的支持。自由贸易“使人们都得到好处，并以利害关系和互相交往的共同纽带把文明世界各民族结合成一个统一的社会”[①]。正因为如此，20 世纪下半期，随着欧洲一体化不断推进，以及一个又一个地区自由贸易协定的出现，人们对世界和平越来越乐观，因为很难想象在这些自由贸易体制内部会出现冲突不断升级并最终导致战争。

当然，贸易作为推动国家间合作的主要力量，显然不能无条件地带来和

---

① ［英］彼罗·斯拉法主编：《李嘉图著作和通信集》（第 1 卷），郭大力、王亚南译，商务印书馆，2017 年，第 111 页。

平。比如第一次世界大战前夕，欧洲国家之间的贸易达到了前所未有的水平，但是这并未能阻止它们走向战争。有一些学者认为自由贸易反而会引发国家关系的紧张和敌对，甚至可能爆发战争。贸易能否促进和平还必须考虑双方贸易是否平衡，以及当事国对战争和贸易收益的判断上。只有当人们认为战争收益接近于零，国家从贸易中获得的收益为正时，贸易才能推动国家间的和平。

第三节 繁荣的基础

人类把自己的社会生产活动，包括生产、分配、交换、消费，以及储蓄、投资等统称为“经济”。如何让经济更加活跃、更加繁荣，创造更多的财富，让人民生活得更加富裕，或者使国家拥有更大的财力，自古以来就是所有国家的统治者苦心思考的问题，进行了很多实践，也留下了很多经验教训。

一、私有产权

在从 15 世纪中叶到 20 世纪初的殖民浪潮中，英国的成就最为突出。它曾经拥有五十九块海外殖民地，统治着比其本土大一百四十多倍的土地、比其本民族多十倍的人口，号称“日不落帝国”。鼎盛时期的大英帝国是世界上有史以来版图最为辽阔的殖民帝国，占到全世界的四分之一。自古以来曾经出现过许多伟大的帝国，比如阿拉伯帝国、蒙古帝国、土耳其帝国等，但是它们与大英帝国相比无不相形见绌。究竟要多么大的野心和智慧才能建立如此辉煌的功业？英国人自己的回答很奇怪：“我们似乎是在心不在焉中征服和殖民了半个世界。”

自从 15 世纪大航海时代到来之后，西班牙和葡萄牙两国君主花费大笔资金，派出大批的军队和传教士，远征海外，一旦取得成功，立即把所征服或侵占的土地宣布为皇家所有，并由政府直接任命的官员负责管理。这种由国家出钱出人向海外拓殖的方式显示出强大的威力，西班牙和葡萄牙很快在盛产金银的美洲占据了大片的殖民地，搜刮大量财富，一时兵强马壮，称雄世界。

英国当时还是个经济落后的农业国，看到西班牙从美洲运回大把大把的金银，也很想分一杯羹，无奈囊中羞涩，根本没钱支付殖民探险的费用。怎么办呢？英国国王决定利用一下不列颠民族的冒险精神，授权英国的探险家们成立私人殖民公司，到亚洲和美洲去开拓殖民，向他们颁发一纸“皇家特许状”，许诺他们如果能生存下来，就可以在自己建立的殖民地上拥有种种开发、管理和贸易方面的收益，除此之外什么也不给。他们只能自力更生、自生自灭。

1606 年，英国国王詹姆士一世颁发给弗吉尼亚公司和普利茅斯公司的《弗吉尼亚特许状》这样写道：“按专利特许状，永远将称为弗吉尼亚的美洲部分的所有土地、地区或领土给予和批准给该公司及其继承人……按我们专利特许状，把其他各种赠予物、自由、公民权、特权、利润、利益和货物永远给予该公司及其继承人。”

就这样区区一纸空文，居然就让无数做黄金梦的英国商人、冒险家鼓起万丈豪情，奔向海外寻宝探险。1606 年，伦敦的二十一名商人从国王那里取得在北美洲北部地区殖民的皇家特许状，成立弗吉尼亚公司，集资运送了几百名移民到北美洲，建立了第一个永久殖民地。这种没有政府出资和保护的殖民非常艰难。由于给养不足、欠缺经验等原因，大批早期殖民者在苦难中濒于死亡。到 1623 年，移民到弗吉尼亚的六千人中死了四千人，他们到达新大陆后的寿命只有两年。

但渔民、农夫、不安分的乡绅、渴望发财的士兵仍然前赴后继地奔向远隔重洋的陌生土地。弗吉尼亚公司在殖民地开办了种植园，利用贫困移民和当地劳动力种植烟草，在十几年的时间里就获得丰厚的利润，吸引了更多人投资。在之后的一百多年时间里，英国人在北美先后建立了十三个殖民地。除此以外，英国还在西印度群岛、印度等地也建立了一些殖民地或殖民据点。

到 17 世纪初，英国大部分海外贸易都被各种民间殖民公司所掌握。皇家非洲公司垄断英国与撒哈拉以南非洲的所有贸易。黎凡特公司获得了在地中海东岸的君士坦丁堡、黎巴嫩、叙利亚和小亚细亚地区的贸易独占权。

东印度公司垄断了与印度、东印度群岛及东亚的贸易。巨大的移民浪潮涌向北美大陆和西印度群岛，大英帝国初现雏形。

为什么一张写了字的纸就能让英国不花一分钱，建立起一个庞大的殖民帝国呢？这与私有产权的确立有关。

西班牙人到海外开拓殖民，是国王出钱和策划的，征服的土地及土地上的出产也都归国王所有。殖民者在殖民地的政治、经济生活中没有什么发言权，恐怕也没有什么积极进取的动力。国王对殖民地也只有一个要求，搜刮得越多越好。所以西班牙的殖民地往往都是资源掠夺型，将印第安人世世代代积累的金银和矿藏劫掠干净之后，在当地只留下一片赤贫，所以当年的西班牙殖民地，南美洲、中美洲、墨西哥到现在还是很穷。

而英国国王尽管只给殖民者发了一张纸，但这张纸承认了探险家和殖民者对土地、物产的私有产权。他们只要成功地开发了殖民地，就能从中获得成百上千倍的收益。这种私有产权的诱惑吸引英国殖民者勇敢地到未知世界开拓。也正因为北美殖民地多由殖民者自己投资建设，所以从一开始就实行了高度的自治，不太受英国的控制。

由于没有国家的支持和保护，英国的私人冒险者必须避开西班牙人和葡萄牙人的势力范围，只能到人口和资源相对稀少的北美大陆建立殖民地。但是由于殖民地的权益属于殖民者们自己，殖民者们势必要进行生产性开拓，与葡萄牙、西班牙对殖民地只管掠夺、不重视开发迥然有别。这也是为什么至今北美比南美发达很多的原因之一。

以诺斯为代表的制度经济学家一般都认为，产权是规定人们相互行为关系的一种规则，并且是社会的基础性规则。一个社会对产权的尊重和有效保护对一个社会的发展和进步具有决定性作用。因为明晰的产权可以界定人们之间的权利义务关系，从而发挥出巨大的激励作用。整个社会的资源会因此得到最充分的利用和最合理的配置，经济增长的动力源源不绝。而如果私人产权时常遭到肆意无端侵犯，尤其是国家利用其掌握的国家机器进行的横征暴敛、没收、国有化等，就会极大地提高社会的交易成本，导致经济的迅速衰退。

英国的圈地运动是另一个保护私有产权的成功例子。15 世纪、16 世纪的英国，草地、森林、沼泽等都属于公共用地，耕地虽然是有主人的，但是在收割完庄稼后，也要把栅栏拆除，敞开作为公共牧场。由于英国对外贸易的发展，刺激了养羊业，大量的人驱赶着自家的羊群，扑向了公共草场。很快，英国人就发现，他们的土地开始退化。

这时，一些地方贵族为了自己的利益，开始用围栏将公共用地围起来，据为己有，禁止他人在圈起来的地里放羊。圈地运动开始了，大批农民和牧民失去了赖以为生的土地。由于民众流离失所，一些有良心的历史学家怒称圈地运动是“羊吃人”，为了自己的私利养羊，却把人从土地上撵走。

但这一运动的阵痛过后，英国人却惊奇地发现，英国的土地质量变好了，到处都是绿草如茵的田园风光。是贵族们不养羊了吗？不是，当时英国养羊业稳步增长，到16世纪50年代初，达到了养羊业的高峰，大量羊毛出口海外。

许多土地用来养羊，英国的粮食产量下降了吗？不，与此同时，谷物并没有因圈地而减产，反而有所增加！据记载，英国在16世纪上半叶平均每个港口出口粮食九十吨，到下半叶就涨到三百吨。16世纪下半叶英国的粮食出口量比15世纪上半叶高出六到八倍。这些出口数据表明，当时英国的粮食不仅能满足本国的需要，还能大量出口。英国在17世纪至18世纪被称为“欧洲的粮仓”。对此，一位经济学家评论说：“这不是一个童话现象，而是一个突出成就的反映。”

当时的一首诗反映了圈地运动后的情景：

走尽天涯海角，
任凭你寻找，
有哪里能比美好的圈地，
生产更多的羊肉和牛肉，
最好的谷物、奶油和干酪？[①]

---

① ［英］克拉潘：《简明不列颠经济史 从最早时期到1750年》，范定九，王祖廉译，上海译文出版社，1980年，第277页。

为何英国经过圈地运动之后,会发生如此脱胎换骨的变化呢?成功的奥秘就是土地产权的建立。当英国的土地被圈起来,由公地变成私人领地的时候,那些土地所有者对土地的管理更高效了。而且既然土地是自家的,为了自己的长远利益,土地所有者会尽量保持草场的质量,不会过度放牧。

从道德上讲,圈地运动是不公正的,但如果没有圈地运动,小小的大不列颠岛可能早就被羊啃成了沙漠。英国正是从圈地运动开始,踏上了建立日不落帝国的征途。圈地运动所促进的农牧业发展最终给所有的英国人带来了实惠。这种实惠在 17 世纪英国人的食物中就可以看出来。当时英国的农民及劳工平时都可以吃到肥腊肉、肥咸肉、干奶酪及粗面包等,以致当时有人认为“世界上再也没有一个国家,其低层阶级的人能比英格兰人有更好的食品”,这就是圈地养羊,建立了土地产权后所带来的最直接的效益。

英国工业革命的出现也是保护产权的结果。从 13 世纪开始,为了引进外国新技术和新产业,英国王室以盖着国玺的“专利证书”授予外国技工大量某种独占经营权,或者叫作专利特权。1236 年,亨利三世授予了波尔市的一位制作色布的手工艺人予以十五年的垄断特权;1324 年,英国国王爱德华二世对一些日耳曼矿工授予保护;1331 年,爱德华三世授予进入英国的佛兰德纺织工人约翰·珂伯和他的合伙人以垄断专利特权;1367 年, 英王特许两名外国工匠来英国经营钟表业;1449 年,英王亨利六世向佛兰德地区的一个制造彩色玻璃的工匠(John of Utynam)授予了二十年专利,这也是全球首个记录在案的英文专利。

17 世纪的英国人已经有了“知识产权”概念:任何自然的东西,只要加入了人类劳动,无论是体力劳动还是脑力劳动,就不再是自然物,人们也就可以宣称对它拥有产权。过去人们知道可以从黄金、土地等有形财产中获取收益,而现在竟然也能从脑力劳动中获取收益。观念上的改变,激发了英国平民大众发明创造、申请专利的热情。1624 年《垄断法》在英国上议院表决通过,随后在下议院被批准。该法案被视为现代专利法的发端,规定国王可以授予新的工业方法发明者十四年的专利权。颁布之后短短一个世纪,重大发明如雨后春笋涌出,英国进入了史上少有的发明高峰时期。约翰·隆贝获得捻丝机的制造技术后, 建立了第一个工厂, 在专利有效期内获利十二万英镑。阿克莱特凭借其发明的水力纺纱机成为工业大资本家。亚伯拉罕·达比一世(水车匠兼生铁器制造业主)父子两代经过多次试验,发明用焦炭冶炼矿石法,达比家族因此成为冶铁业的先驱,其经营的科尔布鲁克戴尔炼铁厂在18世纪后期迅速发展起来,在伦敦、利物浦、布里斯托尔及康沃尔的特鲁罗等地设有分厂。

这些成功的发明专利刺激了更多人投资于技术创新。瓦特在尝试改进效率低下的纽科门蒸汽机的过程中,屡屡失败,债台高筑。名闻欧洲的企业家罗巴克出手承担了他的研究经费。1769年,他获得了第一个专利。不幸的是,这时候罗巴克破产了,试验眼看就要停顿下来。瓦特的蒸汽机距实用还遥遥无期,著名企业家博尔顿又承担起瓦特的全部研究经费。这些企业家之所以愿意投资于发明创造,当然也是确信一旦开发成功,专利能够给他们带来充分的回报。

英国的工业革命在发明创造的热潮中绝尘而去,将其他欧洲国家甩在了身后。其实由于产权制度的确立,英国在经济发展的各个方面都走在了全世界的前面。相比之下,在法国和西班牙,政府总是乐此不疲地玩弄各种财政手段,侵占、没收私人财产,或单方面改变合同。"1476年前后,在西班牙大部分地区,没有一人能够说'这是我的''那是你的',因为一场战斗的运气、君主的好恶,甚至某些情况的变化都可能使一个人的财产遭到没收和出让给别人。"[①]18世纪的法国早期启蒙思想家让·梅叶则怒斥道:"如果国王要想无限地发财,要作一切人的具有无限权力的统治者,那么贫民群众就得满足国王所提的一切要求,把他所要的一切东西交给他;而这一切都是在各种强迫措施的恐吓下进行的,这些措施就是把人民的财产充公和拍卖抵债,把他们押入监狱,以及使人民在残酷奴役的压迫下痛苦呻吟的其他的暴力措施。"[②]产权得不到保障挫伤了工商业者的积极性,经济发展自然难有起色。

美国西部大开发的成功也与产权保护有密切关系。19世纪四五十年代,

---

① [美]道格拉斯·诺思、罗伯斯·托马斯:《西方世界的兴起》,厉以平、蔡磊译,华夏出版社,2014年,第160页。

② [法]让·梅叶:《遗书》(第2卷),何清新译,商务印书馆,2009年,第142页。

美国西部大开发进入高潮，政府正式承认“占地”拓荒者的优先权，允许他们以非常低廉的价格购买已被其垦殖的土地。这种谁开发谁拥有的“跑马圈地”式的私人产权制度使很多人抱着发财梦从温暖、富裕的东部来到荒凉、贫困、条件恶劣的西部，并在这片土地上放牧。

不过产权制度存在的前提条件是产权能得到维护。随着适于放牧的土地越来越少，后来者就常常要侵犯先到者的利益。这使得牧场的私人产权受到很大的挑战。雇人巡逻维护牧场费用太高，而木头建造牧场围栏既容易腐朽，又很容易被翻越。私自放牧者还是时常光顾，牧场的私人产权制度徒有其名。

1867 年，一个名叫约瑟夫的牧羊童向美国政府申请了一项奇怪的发明专利——带刺铁丝网。约瑟夫在加利福尼亚一个牧场里工作，常常一边放羊，一边看书；在他埋头读书时，牲口经常撞倒用木桩和铁丝围成的放牧栅栏，成群地跑到附近田里偷吃庄稼。牧场主对此事十分恼怒，威胁要将他辞掉。约瑟夫观察发现，羊很少跨越长满尖刺的蔷薇围墙。于是一个偷懒的想法浮上心头:何不用细铁丝做成带刺的网呢？他把细铁丝剪成五厘米长的小段，然后缠在铁丝栅栏上，并将细铁丝的末端剪成尖刺。这下想要偷吃庄稼的羊只好“望网兴叹”，约瑟夫再也不必担心会被牧场主辞退了。他的这项发明很快就被富于商业头脑的牧场主看中，并开设了一家工厂专门生产这种新的放牧栅栏，以满足其他牧场的需要。产品上市以后，订单纷至沓来，生意很是红火。

这项简单发明后来被经济学家称作“改变世界面貌的七项专利之一”。因为约瑟夫的围栏价格十分便宜，可以大量使用，同时它可以有效地隔离邻近牧场的牲畜，阻止私自闯入者，保护牧场所有者的利益，土地划界的过程能够在短期内迅速完成。开发西部的牧场主因此普遍采用这种围栏。带刺铁丝网的销量猛增，1874 年销量还只有一万磅，到了几年以后的 1880 年，其销量猛增到八千零五十万磅。带刺铁丝网的发明使维护牧场私有产权的成本大大降低，私有牧场制度得以普遍推广，美国西部因此迅速繁荣起来。

二、破除垄断

承认了私有产权的英国在私人的冒险中迅速强大，超越西班牙、荷兰、法国，在殖民浪潮中傲视群雄。不过让英国一飞冲天，成为日不落帝国的还有另一个秘诀——破除垄断。

百年战争结束后的英国曾经穷困潦倒，都铎王朝和斯图亚特王朝都面临着入不敷出的困境，经常是借新债以还旧债。国王们于是采取了许多权宜之计来筹措经费，出卖特惠权和特许权就是一桩无本万利的生意。英国早期的海外贸易公司如冒险商人公司、东印度公司、莫斯科公司、非洲公司、黎凡特公司等都从国王那里获得了特许垄断权，形成了在其活动领域内的独占权，由此可以提高价格，获得垄断利润。国内的各行各业也是如此。

这种以出售特许垄断权以纾困的做法到斯图亚特王朝初期愈演愈烈，历史学家克里斯托弗·希尔这样描述17世纪典型的英国人：

> 住在用垄断的砖块建造的房子里，窗户上安着垄断的玻璃（如果有玻璃的话），靠垄断的煤炭取暖（在爱尔兰是垄断的木材），炉子是垄断的铁制成。他的墙上挂着垄断的挂毯，睡在垄断的床单上，用垄断的梳子梳头，用垄断的肥皂洗脸，用垄断的淀粉浆洗自己的衣服。他穿戴着垄断的缎带，垄断的亚麻布，垄断的皮革，垄断的金丝线，帽子由垄断的海狸皮制成，外加一个垄断的镶边。他的衣服靠垄断的衣带、垄断的纽扣、垄断的别针系起来，这些衣服都是由垄断的染料染色而成。他吃着垄断的黄油、垄断的葡萄干、垄断的熏青鱼、垄断的大马哈鱼、垄断的龙虾。他的食物靠垄断的食盐、胡椒和醋来调味，用垄断的玻璃杯畅饮垄断的葡萄酒和烈酒，用垄断的锡制成的白镴杯喝由垄断的蛇麻草制成的啤酒，这些酒装在垄断的桶里或瓶子里，在得到垄断特许的啤酒屋出售。他用垄断的烟管抽垄断的烟草，用垄断的骰子、纸牌或橡皮绳游戏。他用垄断的笔在垄断的纸上书写，（在垄断的蜡烛照耀下，通过垄断的眼镜）阅读垄断印制的书籍，这些书籍包括垄断的圣经和拉丁文文法

书，这些书籍印制在由收集而来的破布制成垄断的纸上，用垄断的明矾制成的羊皮纸作封面，他坐着垄断的轿子或四轮大马车出行，用垄断的干草来喂拉车的马，他用垄断的法寻来支付小费。在海上，他靠垄断的灯塔指引。如果他能遂所愿，他也要成为一个垄断者。①

在英国政府的长期财政困境中，这些特许公司充当了摇钱树，但是垄断者在获得了超额利润的同时，也阻碍了市场经济的自由发展。

到了16世纪，乡绅、律师、小商人、企业主、零售商、中间商等作为一个新的阶层，在英国迅速崛起，积累了相当的财富。这些人积极投资于海外贸易。但是海外市场却被那些手持特许状的公司垄断了，任何人想参与贸易，都要首先成为公司成员，要成为其成员又必须满足一系列严格的限制条件。于是进入17世纪以后，取消特许公司的垄断权成为英国下议院议论的热门话题。1604年4月24日，下议院专门成立了一个自由贸易委员会调查这一问题。在广泛听取各地商人意见的基础上，5月21日委员会向下院提交了报告，极力宣扬自由贸易的好处，历数特许公司垄断的危害，并且举了英国呢绒贸易为例子：这个行业本来可以供养几千个商人，却多半被不足二百人的垄断特权商人所控制。下议院最后以压倒性多数通过了自由贸易法案。1605年11月议会又召开第二次会议，成立了调查公司垄断的委员会。在这两次下院任命的自由贸易委员会成员中，反对特许公司和伦敦商人垄断的乡绅和外港商人占了多数。乡绅成为反对特许公司垄断的主力军。1606年两院通过了委员会起草的自由进入西班牙、葡萄牙和法国贸易的法案，西班牙公司被解散。

殖民北美的弗吉尼亚公司和马萨诸塞湾公司的独占权和向其他经商者征税的权利很快也失效了，再也没有被恢复。在17世纪的最初二十五年之后，再也没有商业公司垄断哈德逊湾地区以南的美洲殖民地的贸易。大西洋贸易向所有英国人开放。

---

① W. Darrell Stump, An Economic Consequence of 1688, *Albion: A Quarterly Journal Concerned with British Studies*, Vol.6, Issue 1(Spring, 1974), pp.26–27.

国王再向贸易公司颁发特许状的时候一般也明确要求：向所有人和所有城市开放贸易。如1605年经营地中海贸易的黎凡特公司由股份型公司变为管理型公司，国王颁发的特许状中就规定："上述的贸易，不能利用或享有任何程度的垄断，而要对从事商品买卖的所有臣民一律开放。"1611年颁发给一家与法国开展贸易的公司的特许状也包含同样措辞。

1624年英国《垄断法》问世。该法案一方面保护了知识产权意义上的专利制度，另一方面也禁止国王为了获得收入出售工业垄断权。

1673年垄断东北欧整个奥得河流域的东地公司丧失了覆盖瑞典、挪威和丹麦的部分特权，公司随即变得无足轻重。1684年百慕大公司被清算，一些殖民公司和较小的公司事实上被解散。1688年光荣革命后，英国确立了君主立宪政体，王室特权被剥夺。国王授予的垄断特权更是失去了依据。冒险商人公司向低地国家和德国北部口岸出口呢绒的垄断被取消，任何人都可以从事这项贸易。几家非洲公司也失去垄断权。

商人需要扩大贸易，工厂主需要开拓市场，银行家需要投资，移民渴望得到更多的土地，殖民地官员希望建功立业，贵族子弟期盼提职升迁……没有了垄断的限制，这一切都变得可能了。一听说澳大利亚发现金矿，成千上万的人便挤上了船，玻利维亚棉布紧缺的消息一传开，马上从曼彻斯特跑来了一个经纪人，在斯里兰卡开咖啡种植园有利可图的事情一经证实，立刻吸引了伦敦的投资。1813年，英国议会取消了东印度公司对印度的贸易垄断权，英国对印度的贸易额在短短时间内就增加了两倍。1833年，东印度公司对中国的贸易垄断权也被取消，大批自由商人因而能够疯狂地向中国倾销鸦片。输往中国的鸦片从每年五千箱左右激增到四万箱，直至在中英两国之间引发了鸦片战争。

没有英国政府制定的任何计划，也不用官方出马，这些欲壑难填的英国人已经奔赴世界任何一个可能的角落插上英国旗。比如有个叫罗德斯的人，17岁就跑到南非创业，不到二十年就成为南非钻石和黄金巨头。他梦想把整个南部非洲都联合到英国旗下，然后再把从南非开普敦到北非开罗的殖民地连成一片，建立起一个纵贯非洲大陆的殖民帝国。1887年，他发起成立了"英国南非公司"，采取欺骗和武力威胁等手段，很快占领了一大片新殖民地，用他的名字命名为罗得西亚，也就是今天的津巴布韦。

对殖民地不感兴趣的大英帝国常常是被动地将任意妄为，想要谋求财富、建功立业的子民捞回来的殖民地收入囊中，急速膨胀，想扔也扔不下。到19世纪末，英国的殖民地已经遍及世界各个角落，每时每刻都在沐浴阳光之下。世界五分之一以上的陆地，世界四分之一以上的人口都处于英国女王的治下。

更重要的是，英国允许它们全体人民自由地经营殖民地贸易。英国商人可以从任何英国港口出发与殖民地通商，除了海关的一般证件外，不需要任何特许状。英属殖民地也只有少量种类的商品被限定只能输往英国市场。其余商品，包括美洲及西印度的几种极重要产物：各种谷物、木材、腌制食品、鱼类、砂糖及甜酒，只要搭载的是英国或英属殖民地的船只，均可直接输往他国。在殖民地从其他欧洲国家进口商品上，英国的政策也是最宽大的。破除垄断使大英帝国的殖民地不可遏制地繁荣起来。

其他欧洲国家几乎都曾经试图垄断其所属殖民地的贸易，禁止外国船舶和它们通商，禁止它们从外国输入欧洲货物。

丹麦在美洲仅占有圣托马斯和圣克罗斯两个小岛。这两个小殖民地由一个专营公司统治。只有这个公司有权购买殖民者的产品，殖民地所需要的各种物资也只能通过这个公司获得。这种专营虽然不能阻止当地进步，却使其进步较为迟缓。后来丹麦国王谕令解散这个公司，这两个殖民地很快变得非常繁荣。

荷兰人在东印度和西印度的殖民地原来都由一个专营公司统治。同丹麦的专营公司一样，荷兰人的公司也破坏了当地经济的发展，致使其发展缓慢。最可观的苏里南殖民地还不如其他欧洲国家的大部分蔗田殖民地。后来该公司允许一切荷兰船只缴纳货物价值2.5%的税，领得特许状后即可与苏里南通商。公司专营特权减少了，有了相对自由的贸易环境，荷兰的两大岛库拉索亚和尤斯特沙也空前繁荣起来。

17世纪大部分时间和18世纪的相当长时间，法国在加拿大的殖民地也被一个专营公司所统治。在如此不良的行政管理下，其进步必然很缓慢。但在所谓密西西比计划失败后，该公司就被解散了，此后这些殖民地的发展也更加迅速。到这些殖民地被英国占领时，其人口较二三十年前几乎增加了一倍。①

多数欧洲国家意识到垄断政策的不合理，逐步放开。始终在殖民地坚持垄断专营的只有葡萄牙和西班牙。

西班牙对拉丁美洲的开发比英国建立北美十三块殖民地要早一百年。南美大陆蕴藏有丰富的金银和其他稀有资源，加勒比沿岸的气候和土壤还非常适合发展甘蔗种植园，相比之下北美洲土地也比较贫瘠，当时也没发现什么贵金属的迹象。到18世纪末，英国的十三个北美殖民地全部输出品价格，不超过五百万美元，而同一时期整个拉丁美洲的出口贸易总值则超过它的二十七倍，单是巴西的出口值就三倍或四倍于它。当拉丁美洲已经建立了很多城市时，北美十三个殖民地区只是分散在各处的不大的居民点。

但是西班牙在拉美殖民地实行严厉的专卖制度，冶炼白银所必需的水银，只能由政府出售。印第安人日常喝的龙舌兰酒，也由政府特许专卖。《剑桥拉丁美洲史》中这样记载："烟草种植面积受到严格限制，所有种植者被迫把产品出售给专卖机构。后者不仅在工厂生产雪茄，而且在大城镇通过锥销员及其助手们的销售网分销其产品。新西班牙烟草专卖的营业额最高时曾接近八百万比索，雇佣的劳动力超过一万七千人，净利润近四百万比索。"②最恶毒的莫过于垄断粮食。殖民地政府每年在收割季节　强行廉价收购农民的粮食，囤积起来，高价出售。除此之外，食盐、火药、纸张、墨水和纸牌等也都属于专卖范畴。

16世纪后，西班牙对殖民地农业还采取了三种措施：凡与宗主国利益相冲突的农作物均严格予以限制，如蚕桑、葡萄酒、橄榄油和亚麻等都被禁止生产；凡殖民地人民生活上必需而宗主国又无法供应的农产品，如小麦、大麦及水稻等，准许在保证供应地方市场的限度内进行生产；凡能在宗主国和

---

① 参见[英]亚当·斯密：《国民财富的性质和原因的研究》（下），郭大力、王亚南译，商务印书馆，2017年，第147~148页。

② [英]莱斯利·贝瑟尔主编：《剑桥拉丁美洲史》（第1卷），中国社会科学院拉丁美洲研究所组译，经济管理出版社，1995年，第394页。

国际市场上销售并能为王室、大地主及大商人牟取暴利的作物，如甘蔗、棉花、可可、蓝靛、烟草等，均加以鼓励和推广。对殖民地工业的限制比对农业要更严格。殖民地的棉、毛织品生产被禁止，不许开采铁矿和制造铁器，还有许多行业也在禁止和限制之列。

殖民地只能与宗主国进行贸易，不得与其他国家往来，殖民地各地区间的贸易，也有限制，所有开往殖民地的船只必须由塞维利亚起航（1717 年改为由加的斯起航），所有货物必须由西班牙船只装运。为防止走私，船只到达殖民地后，只允许在韦拉克鲁斯、波托贝略和卡塔赫纳等少数港口停泊，然后再在各指定地点举行大集市，以出售货物，购入殖民地土产，各地需要购入的货物只能从这些集市通过陆路或水陆转运。18 世纪中叶，西班牙国王卡洛斯三世逐步放宽对殖民地经济贸易的控制，准许西班牙人自由在殖民地各港口贸易，准许殖民地各总督区港口之间的商业往来，但殖民地与其他国家间的贸易仍在严禁之列。

在这样严厉的控制之下，从 16 世纪起，拉丁美洲逐渐形成了经济中的“单一产品制”，许多地区只生产糖、烟草、咖啡等单一的经济作物。人民普遍贫穷。即使在早已取得独立的今天，拉丁美洲的经济发展水平仍然普遍落后，与北美洲的前英国殖民地不可同日而语。

显然，破除垄断可以极大地促进一个行业的繁荣。市场经济条件下的自由竞争对激发劳动者的创造热情和提高劳动生产率起着无可替代的作用。因为有自由，资本等社会资源能不受任何束缚的自主结合；因为有自由，人人能公平展示自身能力并且实现自我价值。社会财富因此才能增长。自由竞争满足人的事业心和成就感，最大限度地激发人的主动性、积极性和创造性，使人的能量最大限度地释放出来。

自由主义经济学家们对此津津乐道。亚当·斯密说过：“一切事业若对社会有益，就应当任其自由，广其竞争，竞争愈自由，愈普遍，那事业亦就愈有利于社会。”[①]“一切特惠或限制的制度，一经完全废除，最明白最单纯的自然

---

① ［英］亚当·斯密：《国民财富的性质和原因的研究》（上），郭大力、王亚南译，商务印书馆，2017 年，第 315 页。

自由制度就会树立起来。每一个人,在他不违反正义的法律时,都应听其完全自由,让他采用自己的方法,追求自己的利益,以其劳动及资本和任何其他人或其他阶级相竞争。"①

德国新自由主义经济学派代表人物艾哈德更明确地指出:"竞争是获致繁荣和保证繁荣最有效的手段。"②在他看来,只要创造一种自由竞争的环境,排除一切妨碍和限制竞争的因素,诸如物价管制、卡特尔市场垄断、行会壁垒、特殊利益集团、管制法案,人人有机会发挥自己的创业精神和能力,那么任何民族都可以走向繁荣。只有在完全竞争市场结构中,企业的效率才是最高的,在垄断市场条件下,企业的效率是低下的,而政府的任务就是创造平等竞争的环境。

三、从无为而治到盐铁专卖

相比之下,古代中国之所以工商业不如西方活跃,恐怕也是吃了垄断的亏。

西汉经济的变迁就是一个典型例子。秦朝灭亡以后,楚汉战争打了七八年,汉高祖刘邦战胜了项羽,建立了西汉王朝,但是由于战争的破坏,民生凋敝,生灵涂炭,许多著名的大都市只剩下残垣断壁,变成废墟。全国人口锐减,大中城市的人口减少了70%。米价暴涨,国家财政穷困到了极点,刘邦想出门都找不到四匹同样颜色的马拉车,不少大臣上朝只能坐牛车。

然而六十多年之后,到了汉武帝即位的时候,汉朝已经完全不一样了。《史记》中记载:"都鄙廪庾皆满,而府库余货财,京师之钱累巨万,贯朽而不可校,太仓之粟陈陈相因,充溢露积于外,至腐败不可食。众庶街巷有马,阡陌之间成群,而乘牸牝者傧而不得聚会。"③国家如此富足,在中国古代是很

① [英]亚当·斯密:《国民财富的性质和原因的研究》(下),郭大力、王亚南译,商务印书馆,2017年,第258页。

② [德]路德维希·艾哈德:《大众福利》,祝世康、穆家骥译,商务印书馆,2017年,第1页。

③ (汉)司马迁:《史记》(第4册),中华书局,1959年,第1420页。

少见的。人口也大幅度增长。现代的历史学家根据各种史料推断，刘邦开国之初（公元前 206）全国人口一千三百多万，到汉武帝前期（公元前 120 年前后）达到了三千四百万。八十多年时间，人口增长了接近三倍。也正是在这样的国力基础之上，汉武帝才有能力对匈奴发动大规模战争并且取得胜利。

从汉高祖白登之围到汉武帝反击匈奴，汉朝的实力显然经历了一个卧薪尝胆、厚积薄发的过程，这个过程就是我们历史学上所说的文景之治。

文景之治的指导思想是“黄老之学”。所谓“黄老之学”是道家学说的一支。“黄”指黄帝，“老”指老子。它是以道家思想为基础，吸收儒、墨、名、法诸家的观点，融汇而成的一种新的学说体系，核心是“无为而治”，主张政府要清静无为，对社会经济、政治、文化少干预或不干预，允许其自由发展。所谓“无为”并不是无所事事，而是政府不去做扰民、伤民、害民的事，而是顺从民心，做民众喜欢的事。

在这种思想的指导之下，西汉的最初六十二年，实行的是中国古代堪称典范的轻徭薄赋政策，农民的负担非常轻，税率一开始是十五税一，就是农民收入的十五分之一要交给政府，后来降到三十税一，最低的时候一度降到六十税一。汉文帝还曾经连续十一年免除全国田赋，地方上只要郡县的粮食储备足够一年所需了，也免收当地农民田租。

为了提高农民的收入，确保农业生产稳定，汉文帝鼓励有钱人购买农民的粮食，捐献给国家。谁要是能捐献粮食，并且自费运到边塞粮库的，可以赐予一定的爵位，以前犯了罪也可以赦免。这样，边塞的军粮储备充足了，农民的收入也提高了，有钱人有了爵位社会地位提高了，皆大欢喜。

更重要的是，当时的汉朝，经济上非常自由。朝廷放任各个地方因地制宜，发展经济。赵国故地铁矿多，就发展冶炼铸造业；齐国故地土地肥沃，又临近大海，主要发展纺织、渔业和海水煮盐；燕国故地主要发展畜牧业。而且这些产业都可以私人经营，自由开采创办，甚至还可以私人铸钱，所以当时的富户豪强，经常聚集上千人，开矿山，办工场。农民也可以随意开荒，只要有空地就可以去开垦。

全国各地的关卡很多都撤销了，没撤销的也免征关税。为了便利商旅往来，甚至一度连进出关卡检查通行证的手续也取消了。于是“富商大贾周流天下，交易之物莫不通，得其所欲”。对外的边关贸易也开放自由，当时北方跟匈奴，南方跟南越都有固定的贸易市场，汉朝的商人可以随便出国做买卖，朝廷因此获得了巨大的贸易顺差。

这些政策的作用是什么呢？以现在的经济学眼光来看，减免租税，允许农民垦荒，有利于农民积累资本，扩大生产；开放自然资源，有利于人们开发利用，发展工商业；撤销关卡，减免手续，有利国内市场的孕育和商业的发展；允许私人铸钱，这对于一个国家的货币金融肯定是有害的，但是在当时市场经济不发达的情况下，这种做法增加了市场上的货币流通量，等于是实行了金融自由政策，也促进了经济的发展。

汉高祖刘邦不喜欢商人，实行贱商令，不许商人穿绸缎，不能占有田产，不能携带武器，不能当官，不能骑马。刘邦去世以后，这个法令被取消了，虽然商人还是不能做官，在政治上受歧视，但是他们有了经营的自由，很多人发家致富。当时的侯爵年收入不过二十万钱。很多商人都比侯爵有钱。

洛阳有个商人名字叫作师史，经营长途贩运，按现在说法就是物流业，发了大财，拥有的车辆数以百计，全国没有他不去的地方，司马迁说他财产有七千万钱，班固说他有一亿，相当于五百个侯爵。洛阳还有一个牧场主叫卜式，养羊成了巨富。他非常爱国，曾经一次拿出二十万钱交给河南郡太守，用来赈济刚刚从塞外归顺的百姓，还想要拿出一半家产捐给国家抗击匈奴。

长安有个叫毋盐氏的金融家，吴楚七国之乱的时候，长安很多贵族准备随军出征镇压叛乱，可是缺乏经费，不得不去向商人借高利贷。大多数商人都怀疑他们能不能打胜仗活着回来，所以都不肯借钱。只有毋盐氏敢于冒险，借给他们黄金一千斤，但是要求以十倍的利率归还。结果，三个月后叛乱就被平定了，毋盐氏一举发家，“富埒关中”。

赵国贵族卓王孙亡国之后被秦朝强行迁徙到巴蜀地区，全部家产都被夺走了，夫妇二人推着小车到了临邛（今四川邛崃），发现有铁矿，就在当地开矿冶炼，到了西汉的时候已经成为西南首富，在他的矿山里劳动的有上千人，还拥有很多田地和池塘，日子过得无比逍遥快活。

从经济学上讲，汉初的这种“无为而治”可以说就是一种自由主义思想。文景之治正好证明了自由主义经济学的判断：放任自由在一定程度能够促进经济的繁荣。

汉武帝即位以后，好大喜功，四处征伐，除了对匈奴开战，在西域扩张之外，还灭掉了燕国遗民在朝鲜半岛建立的卫满朝鲜，以及秦朝地方官在岭南建立的南越国。战争耗资无数，军械、衣甲、马匹、粮食、军功奖赏等开支大得惊人，国库都空了。又赶上连年严重水灾，黄河决口，无数百姓陷于饥荒，需要救济，国家财政几乎到了山穷水尽的地步。

面对严重的社会危机和财政困难，汉武帝仍然不愿意放弃积极进取、对外扩张的理想。怎么办？在洛阳首富桑弘羊的谋划下，汉朝开始实行一系列新经济政策。

一是颁布算缗令。“算”是一种征税的单位，交一百二十文钱的税就叫一算，“缗”说的也是钱，一千文钱串在一起就叫一缗。“算缗令”，就是对商人、高利贷者、手工业者征税，统计他们的资产，算出一个总额，然后按照总额多少征税，商人财产每两缗交一算的税；手工业者财产每四缗交一算的税；车船也得交税，小轿车，每辆一算，货车每辆两算，五丈以上的船每条一算。

那么由谁来统计人家有多少资产呢？没有工商局、税务局，纳税人须自行申报。怎么保证如实申报呢？朝廷又颁布了一个告缗令，鼓励告发，一旦发现有谁隐匿财产不报，或者所报不实，就要被发配边疆，戍边一年，全部财产没收充公。告发的人，没收的财产分给他一半。

算缗令规定的税率比过去一下子提高了五倍，而告缗令更是个陷阱。好多人难免都存有侥幸心理，不愿意如实申报，于是就有人告发。即使如实申报，也有人诬告，或者被官府有意陷害。告缗令推行了三年，全国中等以上的工商业者，基本上都被告发了，朝廷没收了上亿的财产和土地，不少工商业者倾家荡产。而政府的收入却大大增加了，国库也充实起来，没收来的财物都堆在皇家上林苑里，太多了，汉武帝为此不得不专门设置一个官职来进行管理。

二是实行均输法和平准法。均输法就是在全国各地方设置均输官，把各地交给朝廷的贡奉或是钱，全部折算成当地出产最多最为便宜的土特产，然后再将这些土特产运送到价格最贵的地方去卖，政府因此获得了丰厚的利润，一年就能够赚五百万匹帛，帛就是丝织的布，那时候丝帛常常被当作货币来用。一匹帛当时可能价值六百多文钱。

平准法就是在长安和全国主要城市里设置平准官，负责监控市场，利用政府手里掌握的物资来平抑物价，市场价格上涨的时候，就低价抛售；价格下跌时，就平价收购，政府从中赚取差价。

这两种办法对解决国家财政困难当然有好处，但其实质是由政府直接插手经营物流运输和商业贸易。商业贸易的整个过程，收购、调运、仓储和销售都被国家支配和掌握，这样一来民间商贸运输势必受到排挤和限制。

再就是实行禁榷制度，把销路广、利润大、产量多的商品生产收归官营，不许私人插手。最主要的就是盐铁专卖。铁是军用物资和生产工具，盐是生活必需品，市场广大，利润极高，是当时最赚钱的行业之一，被官府垄断了。民间私自铸铁、制盐者，没收其一切财产和生产工具，还要在左脚上挂一个六斤重的大铁锁。

垄断的后果就是盐、铁价格又贵，质量还差，盐价高到普通百姓吃不起的地步。官方生产的铁器根本不考虑市场，不适合农民使用，以至于农民用木犁耕地，用手薅草。除了盐和铁之外，酒也实行了国家专卖。

汉武帝的这些政策在解决政府财政亏空方面收效显著，但是对商品经济造成了严重的破坏，市场一片萧条。后来汉武帝东巡，河东太守居然买不到足够的食品来供应这么大的巡游队伍，怕汉武帝问罪就自杀了；汉武帝西过陇山，陇山太守也自杀了。后来汉武帝北出萧关，看到边塞地区的畜牧业也败落了，只好命令从别处调剂母马给当地牧民，生十四还一匹，用这种办法来鼓励生产。

算缗、告缗、均输、平准、盐铁专卖这些政策当时就受到很多知识分子的反对，汉昭帝始元六年（公元前81年），朝廷召集官方和民间的学者，开了一次著名的盐铁会议，进行了激烈的辩论，很多人都极力抨击，但是垄断对政府的诱惑太大了，这次会议以后，除了对酒的专卖和部分地区的铁器官营被取消之外，其他的还是都延续了下来。

后来的历朝历代统治者大都继承了汉武帝的经济政策，并且不断地扩大官府垄断的范围和规模。唐朝实行了茶叶官营，宋朝对明矾、香料、药材实行官营。两千年来，大凡中央集权专制统治比较巩固的王朝，无不将有关国计民生的重要工商业收为官营，通过各种经济和政治手段干预市场。古代中国为什么商业贸易没有西方发达，这是一个重要的原因。汉武帝的政策给中国历史造成了既深远又恶劣的影响。

汉武帝造成的影响还不止在国民经济方面。古代中国历朝历代快要灭亡的时候，总会出现一个现象——土地兼并。由于土地高度集中到少数人手中，贫者无立锥之地，于是就揭竿而起，造成极大社会动荡，最后导致王朝覆灭。土地为什么会高度集中？为什么农民没有土地就要起义？这其实就是官府垄断了工商业造成的。

最赚钱的行业都让官府垄断了，工商业者和高利贷者手里攥着大把的钱无处投资，只好都去买地，结果加速了土地集中。大批农民在失去土地后无处可去，以前他们还可以去盐铁行业的手工作坊里就业。私营企业用的是雇佣劳动力，要给工资的，可以吸收大量无地农民。可是西汉实行禁榷之后，这些行业被官府占据，手工作坊里都是由囚犯和服劳役的农民无偿劳动，仅铸铁行业就失去了十万个就业岗位，于是这个就业渠道被堵塞了。西汉末年社会上动辄出现数十万、上百万流民，也就是失业之后四处游荡的人口，成为严重的不稳定因素，而且恰恰是在禁榷搞得最厉害的河南山东最多，最终酿成了绿林赤眉起义。

后世历朝历代没有不受到流民起义困扰的，西晋有李特起义，隋朝有瓦岗起义，唐朝有王仙芝起义，元朝有红巾军起义，明朝有李自成起义，清朝有川陕楚白莲教起义。这些起义即使不能造成王朝颠覆，也至少让帝国元气大伤。

四、王安石变法

在中国历朝历代中，北宋是个特例。两宋 319 年，共发生各类农民起义四百多起，可是只有王小波李顺起义、方腊起义、钟相杨幺起义算得上有点规模，其他的只能说是零星的小规模起义。即便这三次起义时间也都很短，钟杨起义最长为五年，另外两个才持续了一年而已。范围也小，王小波李顺起义不出四川，方腊局促东南一隅，钟相杨幺自始至终没离开洞庭湖。至于我们印象中声势浩大、替天行道的宋江起义那就更是可怜，史书上记载起义队伍才三十六人，没有攻打过一座县城，没有杀死过一名朝廷命官。海州知州张叔夜带了一千多人打了一次埋伏，他们就集体投降了。可以说中国古代仅有宋朝和西晋没有出现过全国规模的农民起义，而后者可能是因为延祚太短，还没来得及发生就灭亡了。

为什么会这样？因为宋朝是历史上经济最繁荣的朝代。朝廷默许甚至是鼓励民间商业的发展，商人子弟可以考科举当官。文人们不会因为出身于商人家庭而自卑，朱熹就曾经很得意地回忆说，他的外祖父是一个开酒店、做零售的商人，当年非常有钱。政府对集贸市场的控制也完全地开放了，老百姓可以在家门口开店经商。而汉唐时期居民区是不允许做生意的，做生意只能在政府指定的地方进行。于是两宋时期经商的风气冲击了社会的各个阶层，从高官到小吏再到市井小民，甚至庙里的和尚，无不热衷于经商赢利。中国首次出现了主要以商业，而不是以行政为中心的大城市。

北宋禁榷的范围其实比以往的朝代还要广泛，凡是有利可图的商品都列入其中。但是官府不是完全垄断，将禁榷商品产运销中经营性强的环节交由商人代办，而将禁榷利润的一部分也交给这些商人。手工业和矿冶业也采取私人承买制，即将生产经营权转交私人管理，产品除官府无偿抽收一部分作为租金外其余归私人所得。可以说北宋的官营工商业成了民间资本的合伙人，官民共同发家致富。以致民间广泛流行“要想富，守定行在卖酒醋”之民谣。

正因为如此，宋朝的商业贸易极其发达。人口在十万户以上的城市，唐朝只有十多个，宋朝有四十个，北宋都城开封和南宋都城临安人口都超过一百万，而当时的英国伦敦只有一万五千人。有人计算过，宋朝的生产总值占当时全球的50%，换算过来差不多是2280亿美元，即使是现在也能排世界第38位，相当于葡萄牙。

《东京梦华录》中记载北宋的首都东京汴梁：“举目则青楼画阁，绣户珠帘。雕车竞驻于天街，宝马争驰于御路。金翠耀目，罗绮飘香。新声巧笑于柳陌花衢，按管调弦于茶坊酒肆。八荒争凑，万国咸通。集四海之珍奇，皆归市易，会寰区之异味，悉在庖厨。”当时东京汴梁有商户二万多家，分别属于一百六十行，包括衣食住行、生老病死、文化娱乐、珠宝珍玩各类商品，包子点心、油炸食品、冰镇瓜果、飞禽走兽各类小吃。此外还有三千家酒楼，五十多个戏院。赌场、澡堂等娱乐场所比比皆是，街头杂耍、说书、唱小曲、讲笑话、皮影戏好戏连台。

商人所拥有的资本日渐雄厚。东京汴梁有一条巷子，全是银铺、钱庄、当铺。《东京梦华录》里描述说："屋子雄壮，门面广阔，望之森然，每一交易，动即千万，骇人闻见。"[①]宋仁宗庆历年间，北宋与西夏发生战争，军费不够，朝廷向京城几十家富商借贷，一天之内就筹足了军费。

北宋的工业规模也很大，当欧洲人还在用木头生火、做饭、取暖的时候，东京汴梁的市民们已经使用煤作燃料了。徐州（江苏徐州）是当时的冶铁中心，有三十六个冶炼基地，总计有五千到六千名工人。信州（江西上饶）的铜铅矿有十几万人昼夜开采，每年的产量达数千万斤。据西方经济史学者计算，11 世纪中国的铁产量比 18 世纪除了俄国以外整个欧洲的总产量还要多。从对外贸易也可以看出中国制造业发达，当时中国出口的大多是制成品，如丝绸、瓷器；而进口则多半是原材料，如香料、矿石。

宋朝是当时东方乃至全世界最大的贸易中心，拥有人类历史上最庞大的帆船舰队和商船队，频繁远航朝鲜、日本、东南亚，甚至印度、阿拉伯、东非。因为海外贸易规模太大，很多国家就像今天世界各国积攒美元一样，收集宋朝的铜钱。宋代中国钱币流出海外的很多，当时的日本把宋朝的铜钱就当成自己的主要流通货币了。南洋一带也一度把宋钱作为通用货币。

宋朝人民的生活非常富裕。东京汴梁比汉唐时期的长安洛阳富裕十倍。"京城资产百万者至多，十万而上比比皆是。"[②]司马光描述说："走卒类士服，农夫蹑丝履。"[③]有的西方学者说，当时一位欧洲君主的生活水平还比不上东京汴梁一个看城门的士兵。

---

① （宋）孟元老：《东京梦华录》，载王云五主编：《丛书集成初编》，商务印书馆，1936 年，第 1~2、41~42 页。

② （宋）李焘：《续资治通鉴长编》（第 4 册），中华书局，2004 年，第 1956 页。

③ （宋）司马光：《司马温公集编年笺注》（五），李之亮笺注，巴蜀书社，2009 年，第 258 页。

古代中国一直是以农业为本，历朝历代的赋税收入也是绝大部分来自农业。可是宋代的财政税收70%是来自高度发达的工商业。每年仅进口关税就可以达到两千万到三千万贯，比从农民身上压榨轻松得多。宋朝灭亡以后，一直到清朝末年，中国的工商业收入才再一次超过了农业税。

宋朝政府因此非常富裕，北宋开国之初，工商税收就达到了唐朝的两倍，年财政收入最高曾达到一亿六千万贯，一般年份也可达八千万至九千万贯，即使到了南宋，已经失去了半壁江山，财政收入也高达一亿贯。宋高宗因此说:“市舶之利最厚，若措置合宜，所得动以百万计，岂不胜取之于民！”[①]相比之下，明朝尽管面积要远远大于宋朝，但是正常的财政收入每年最多也只有一千五百万两，明朝末年为了对付努尔哈赤和李自成，紧急加派三饷(辽饷、剿饷和练饷)，拼命搜刮才达到两千五百万两。以一两白银兑换一贯铜钱计算，明朝财政收入还不到北宋的十分之一，南宋的六分之一。清朝财政状况要好一些，一般是稳定在三千万至四千万两，仍然远远比不上宋朝，而清朝的人口已经超过三亿，估计为宋朝人口的二到三倍以上。直到清朝末年，洋务运动兴起了，财政收入才达到了宋朝的水平。

因为政府财政主要靠的是商业税，所以宋朝对土地兼并不是太在意的。据估算，当时不到1%的人口占有了全国土地的70%。历史上的其他朝代很大一部分收入来源于土地上农民的人头税，土地如被大量兼并，农民逃散，政府财政也就崩溃了。而且农民没有地种，失业了，对社会治安和政治稳定都是不安定因素。但是在宋朝，这都不成问题。因为政府收入主要来源是工商业税收。而且有发达的手工业、商业、服务业、娱乐业，农民离开了土地也能找到工作，做生意、当工人都行，根本不用操心。这就是宋朝的高明之处。所以说土地兼并不可怕，可怕的是土地兼并之后农民没有地方去。

但是北宋朝廷还是感觉财政不能满足国家需要，想要进一步增加政府财政收入。这就是人们熟知的“王安石变法”。

在现代历史学家们看来，王安石的变法是非常高明的。他实行的免役法，让老百姓不必再为官府服各种差役，只要交点钱给官府雇人服役就行。

① (清)徐松:《宋会要辑稿》(第4册)，中华书局，1957年，第3373页。

第四章

他实行的市易法,以政府代办的方式平抑物价,抑制商人的垄断和对百姓的盘剥。最令人钦佩的是,他实施的青苗法,使农民可以用地里的还没收获的青苗作为抵押,向政府申请贷款,利率也跟民间借贷一样。也就是说在九百多年前的古代,王安石就懂得像我们今天一样,以贷款的方式来刺激经济增长。这在当日世界的任何其他地方都是没有的。

可惜在王安石实施变法之后仅仅五十八年,也就是1127年,北宋令人遗憾地灭亡了。很多宋朝人都咬牙切齿地把亡国的责任归到了王安石的头上,说他的变法害人不浅。为什么?让我们看看王安石的变法都产生了什么后果。

先说青苗法。王安石以前在地方上当官的时候,曾小范围地实施过青苗法,大受欢迎。因此,当上宰相以后王安石相当有信心地在全国推行。可是他急于求成,在推行新法过程中采取"一刀切"的做法,给下级官员定指标,要求各地在一定期限内必须贷出多少钱。各级官员放贷多少成了考核官员政绩的关键指标。这样一来地方官员就硬性摊派了,除了手头紧张的农民要贷款,中农、富农、地主都必须贷款。其实中农、富农和地主根本用不着贷款,但地方官员就是硬逼着他们贷款,因为要完成指标。而且当时民间借贷的利息一般是二分,王安石规定的利息也是二分,但是加上管理费、申请费、登记费,利息实际上达到了三分,成了高利贷。

林语堂评论说:"他不能了解农民不需要此项贷款,每逢预备贷出的款项不能如数贷出时,他就暴跳如雷。他开始把办理贷款成绩好的官员提升,把他认为懈怠者处罚。……被王安石称为能吏的官员,便将款项开始在官方压力之下强行分配。每家都得向官员借债,每一期三个月,每个人在一期得交付百分之三十的利息。"①

款贷出去了是要还的。地方官为了自己的政绩,怕亏损,毫不通融地强迫人家还贷。人家本来不想贷,那么高的利息,还不起,只好变卖家当,卖房子卖地,甚至卖儿卖女。很多原本富裕的人家也因此破产、出逃。青苗法因此变成了灾难。

---

① 林语堂:《苏东坡传》,张振玉译,时代文艺出版社,1988年,第84页。

市易法就是在东京汴梁和重要城市设立市易司作为专门机构，平价收购市场上的滞销商品，等有利可图的时候再卖。外来的商人要是货卖不掉也可以卖给市易司。目的是想要限制奸商囤积居奇，平抑物价，同时也可以增加财政收入。

可是官府收购滞销商品然后再卖这种想法很天真。商人都卖不掉的商品，官府就能卖掉？实在卖不掉怎么办？不能砸在官府手里，唯一的方法就是通过行政的强制力量，逼着别人买。而收购的时候，有时候商人并不认为自己的货卖不掉，可是官府觉得有利可图，又强行收购。结果市易法就变成了官府垄断的强买强卖，贱买贵卖。后来市易司经营的范围远远超出了所谓的滞销商品，连瓜果、芝麻、梳子都不放过。“凡牙侩市井之人有敢与市易争买卖者，一切循其意，小则笞责，大则编管。”[①]

本来从商人到消费者一个环节就可以了，官府非要在中间增加一个环节，交易成本自然就提高了，价格必定会上涨。而且商业实际上都被官府垄断了，也必定会操纵物价，想卖多贵卖多贵。不管私人垄断还是官府垄断都是这个结果。原本王安石制定市易法的目的是平抑物价，结果反而造成物价上涨。

市易法对市场造成了严重的破坏，商业萧条，很多商人亏本歇业，或者是知道哪个城市有市易司，就止步不前。市场上物价飞涨，连东京汴梁都有人饿死。“自京师以及四方之人破家丧身者不可胜数。”[②]市易司虽然为朝廷赚了不少钱，可是远远弥补不了朝廷因为商业萧条而损失的税收。

王安石变法与汉武帝的新政如出一辙，指导思想是一样的。汉武帝的新政成为西汉由盛而衰的转折点，王安石变法对北宋国运的影响也是很大的。

第四节　资本主义的诞生

研究世界经济史，尤其是近代经济史，一个最经常问到的问题就是：为

---

① （宋）李焘：《续资治通鉴长编》（第10册），中华书局，2004年，第6134页。

② （清）徐松：《宋会要辑稿》（第6册），中华书局，1957年，第5464页。

什么是西欧而非世界的其他地方率先产生资本主义?

一、遗产分配

有学者认为欧洲人在遗产分配上与中国人习惯不同，有利于他们积累资本。

古代的中国人和西欧人在遗产分配问题上各有传统。中国人的办法比较温情,有几个兄弟,就把家产平均分为几份,皆大欢喜。西欧人显得很冷酷,所有的家产全归长子所有,次子和幼子们唯有自谋生路。为什么会出现这样的差异? 我们还得从东西方封建社会的历史上去找答案。

西方的贵族身份世袭,而贵族的爵位是不能分割的,只能由一人继承,这个人一般就是家里的长子。而土地是爵位和家族荣誉的基础,并与爵位和家族荣誉相一致。如果贵族的土地被子女平均继承,土地代代减少,那么爵位即将不保,贵族也就不成其为贵族。所以尽管古代日耳曼法律曾经规定:土地平均分配于家庭的诸子之间,但在封建时代,关于男爵领地和军事封邑的不可分割性渐渐获得了普遍的承认(德意志除外)。于是长子继承父亲的全部世袭财产,幼子只得漂流于外,另寻生路就成了西欧社会的常见现象。

中国古代在夏、商、西周时期,贵族身份也采取长子世袭制。到了春秋战国时期,诸侯们渐渐强大起来,根本不把周天子放在眼里,互相攻伐,侵凌兼并。如何削弱贵族的实力成了此后中国皇帝头痛的一个大问题。

西汉时期,为了对付这些不安分的大贵族,汉武帝颁布了推恩令,要求诸侯们把封地分给子弟们。不明所以的诸侯们没有反对。于是不出几代,公爵变成了侯爵,侯爵变成了伯爵,贵族身份越分越小,连带着土地财产也越分越少。到东汉末年,很多贵族早已沦为平民。没落贵族刘备念念不忘自己是中山靖王刘胜之后,可是在发迹之前只能靠织席贩履为生。天下的权力都收到皇帝一个人手里,社会也就安定了。贵族的继承制度影响了整个社会,平民也普遍将遗产均分视为理所应当。

平分后的祖产虽然不复往日辉煌,但也基本能够维持生活。中国的“儿子”过上了无忧的生活,却也养成了保守内向的性格。不仅如此,“和谐”的遗产分配方式决定了中国人很难富起来。中国有句俗话叫作“富不过三代”。其中原因，用简单的数学方法就可以解释：祖父富有，良田千亩，却有五子；每子继承二百亩；子再生五子，每子只得四十亩。土地越来越少，日子越过越穷，几代之后就都沦为小农家庭。这种小家庭虽然让大家都能吃上饭，但是不可能积累一笔财富去扩大再生产，或者从事工商业，只能永远重复小规模的简单劳作。于是中国很少出现大资产者，也很少出现大规模的作坊和商铺。

而西欧人把财产集中起来单传给长子，有利于家庭财富的积累，只要不是过于无能，祖上的财产至少不会缩水。于是大土地所有制非常盛行。等到资本主义的曙光出现的时候，世代占有大量土地的封建贵族们自然有权赶走土地上的佃农，通过圈地运动搞起了资本主义式的土地经营，还顺带着为工业发展创造了原始资本，提供了大量自由劳动力。

被逐出家门的次子和幼子又如何呢？他们必须远赴他乡，为自己的生存闯出一番事业来，寻找属于自己的财富和土地。于是冒险和扩张成了西欧人的精神特质。西欧历史上的多次对外扩张在很大程度上都是那些没有继承权的儿子们推动的。一无所有的次子和幼子听教皇说东方遍地是黄金，河里流淌着牛奶和蜂蜜，立刻迫不及待地提刀上马，满脑子想着为自己发财致富。

到了15世纪，没有发财的仗可打了，次子和幼子又开始到海外冒险，其中最著名的就是哥伦布等人。除哥伦布外，其他西方著名的航海探险家如达·伽马、麦哲伦等也都不是家里的长子。哥伦布简陋寒酸的远航为那些没有继承权的儿子们带来了希望，他们沿着哥伦布开辟的航线，蜂拥到新大陆开辟新天地。

资本主义的兴起是一个非常复杂的过程，有许多因素在起作用，不能否认欧洲人的长子继承制也是其中之一。亚洲的日本也是长子继承制，也许这就是近代日本发展资本主义非常顺利的一个原因。

二、奢侈消费

有了资本,要投资生产,还得有需求才行。这种需求当然是越旺盛越好。我们自幼就被灌输了这样一种观念：节俭是一种美德。可是在经济学家眼里,这种美德实在很糟。因为如果公众提倡节俭,把钱都攒起来不花,消费的水平就会降低。市场上没有人买东西,企业就只好削减产量,解雇工人。工人的收入减少,便进一步地节俭度日,企业的日子更加不好过,于是便继续削减产量,解雇工人。恶性循环就此开始了,经济必然走向萧条。

凯恩斯形象地说:"每当你节约了五先令，你就使一个劳动者失去一天的工作。"[1]按照他的观点,在资源没有得到充分运用,经济还没有把潜在的生产能力都发挥出来之前,只有每个人都尽可能多地消费,整个经济才能走出低谷,迈向充分就业、经济繁荣的阶段。

北宋时期范仲淹出任杭州知府的时候,赶上严重的灾荒,范仲淹就鼓励人们到西湖上比赛划龙舟,城里人全跑到西湖上玩去了,自己每天带一帮人在湖上饮酒作乐,他还让人把衙门和政府粮仓都翻新一遍,同时动员杭州的各大寺庙也修缮殿宇,雕造佛像。每天施工的工人上千名。监察官员斥责他"不恤荒政,游宴兴作,伤财劳民"。范仲淹解释说:"所以如此,正欲发有余之财以惠贫者,使工技佣力之人,皆得仰食于公私,不致转徙沟壑耳。"[2]沈括对范仲淹的做法很钦佩,记述说这一年灾区之中只有杭州安然无恙,没有饥民流离失所。

在清朝的时候,统治者们也已经开始懂得了"奢侈有益"这样一个道理。当那些熟读圣贤书的大臣们提议禁止有钱人家挥霍钱财的时候，乾隆皇帝不以为然,认为富人过奢华的生活,正可以使很多无业游民找到生计。

奢侈在道德上普遍被认为是邪恶和堕落的，但是这种风气会变相刺激

---

① [英]约翰·梅纳德·凯恩斯:《凯恩斯文集》(下卷),谢晓迎、梁永平等译,改革出版社,2000年,第271页。

② (明)冯梦龙:《智囊全集》,凤凰出版社,2009年,第231页。

工商业发展。可以说,奢侈为资本主义的早期发展提供了强大的动力和良好的发展机遇。

但是欧洲人为什么会追求奢侈呢?19世纪末20世纪初的德国经济学家桑巴特说,都是因为女人。在中世纪早期,天主教几乎占据了欧洲人日常生活的全部空间,男女之间没有绝对自由的爱情。对女人来说,婚姻和爱情归根结底是为了服务于传宗接代,为了创造另一个人。但是到了12世纪,骑士和贵族开始以追求爱情为荣,13世纪末,文艺复兴开始了,人们开始肯定天生的肉欲快乐,情爱彻底觉醒了,于是西方社会风气为之一变,男人纷纷以向女人献殷勤为荣。妻子可以有情夫,丈夫可以去找妓女,每一个王公都有许多宠爱的女人,任何一个君主左右都簇拥着大量美丽的侍女和宫廷命妇。私生子也成为社会可以容忍的事情。据说安徒生就是丹麦国王克里斯蒂安八世的私生子,只不过为了避免皇室丑闻外扬,对外宣称他出身贫寒,父亲是个鞋匠,母亲是个洗衣妇。安徒生总是很希望证明自己的高贵出身,《丑小鸭》的故事其实暗喻的就是他自己。

在这种社会氛围之下,女人们对自己的穿着、打扮越来越上心,各种趣味也越来越向着奢侈方向发展。男人们为了向女人们献殷勤,以求得她们的芳心,也纷纷开始炫耀自己,打扮自己。家里的糟糠之妻为了维持婚姻稳定,也不得不精心装扮。

人们开始疯狂地追求丝绒和绸缎面料的时装,身上时时刻刻都得喷香水。客厅里摆上造型夸张,雕花镂空的华丽家具,巴洛克风格、洛可可风格都应运而生,桌子上一定要摆着香槟和葡萄酒。一个最不在意外表的男人至少也得给自己准备六套夏装、六套冬装。一个法国贵族年收入的三分之一用于服装,几乎一半用于礼服饰物和马车。

在那个一切都围着女人转的时代,社会财富大量地用来生产奢侈品,以取悦女人,讨好情妇。整个社会新兴工业的生产都是围绕妇女们展开。与女性奢侈生活紧密相关的丝绸、刺绣、花边、瓷器、玻璃、假花、黄金饰品制造和贸易异常繁荣。有别于传统批发商业的零售业开始兴起,店主把自己的商店装饰得更加优雅时髦,吸引女性顾客前来光顾挑选。在女人的影响下,糖迅速成为受人喜爱的食品;正是由于更广泛地使用糖,可可、咖啡、茶这些饮料才被全欧洲迅速地接受。

桑巴特引用一位18世纪的学者的话说："奢侈犹如火，它也许有益，也可能有害。它毁灭富人的住宅，却维持我们的工厂。它吞没挥霍者的遗产，却使工人有口饭吃。它削减少数人的财产，却使多数人走向富裕。里昂的原料、织锦、黄金布料、花边、镜子、珠宝、马车、精致的家具、美味佳肴，如果这些都遭到禁止的话，那么不仅数百万人将无所事事，而且同样多的人将面临饥馑。"①

为了摆排场和维持奢侈生活的巨大开销远远超过了当时生产和贸易所提供的资本积累。17世纪英国王室几乎把国家商业贸易的利润总额全花光了，这还不包括其他贵族显要和社会大众的消费。于是财政拮据的国王和贵族们不得不为了他们心爱的女人到处借钱，债台高筑，造成两个影响深远的后果：一是近代金融业蓬勃发展，为大规模资本主义生产提供了坚实的基础；二是资本家和商人们成了国王的债主之后，底气明显壮了很多，开始公开为自己的利益与封建贵族们抗争，专制王权开始走向衰落。

为了增加王室的收入，西欧各国竞相支持航海家们到海外探险，开辟新航路，拓展殖民地。这个探险潮流动机并不伟大，却让欧洲人发现了新大陆。美洲的财富源源不断地流回欧洲，为资本主义生产提供了丰富的资金、原材料和广阔的市场。

男人们为女人所做的一切，为资本主义的早期发展提供了强大的动力和良好的发展机遇。

三、新教精神

资本有了，需求有了，还得有不知疲倦的资本家。资本家好像跟一般人不太一样。20世纪初，被誉为社会学开山宗师的马克斯·韦伯说，都是新教伦理造成的。

---

① [德]桑巴特：《奢侈与资本主义》，王燕平、侯小河译，上海人民出版社，2005年，第161~162页。

中世纪后期的基督教宗教改革中产生并发展起来的新教在思想意识上有其独到之处。在新教出现以前，天主教会是欧洲人精神领域的统治中心。天主教认为要对上帝表示虔诚，就要远离世俗，现实世界对基督徒来说只是诱惑和干扰。因此他们鄙视物质享受和学术追求，强调出离尘世，“修身养性”，潜心追求上帝和“灵性”，反对人们为了追逐财富而工作，所以天主教徒往往是比较超脱的。

韦伯举了一个很有趣的例子。“某人按每英亩 1 马克的价钱一天收割了 2.5 英亩，从而挣得 2.5 马克。现在，工钱提高到每收割 1 英亩能挣 1.25 个马克。本来他可以轻而易举地收割 3 英亩地，从而挣得 3.75 马克。但他并不这样做；他只收割 2 英亩地，这样他仍然可以挣得他已经习惯得到的 2.5 马克。挣的多一些并不比干的少一些来得那样诱人。他并不问：如果我尽力，我一天能挣多少钱？他却这样问：我要做多少活儿，才能挣到以前挣的 2.5 马克来关照我的传统需求呢？”[①]

这说明在传统的天主教思维下，人并不是天生希望多多地挣钱，很可能只是希望维持已经习惯的生活，挣到为了生存所必需挣到的那么多钱，这样就足够了。如此一来，工商业无疑很难发展，经济繁荣也无从谈起。其实不只是天主教有这样的思维，很多别的文明也有这样的思维。

到了 16 世纪，新教在宗教改革的烈火之中诞生之后，它的领袖们为渴望富裕生活的工商业者提供了一种全新的道德观念——致富有理。

对此，新教徒们自有一套合情合理的逻辑来解释。他们认为，上帝会使信仰坚定的人在尘世中取得成就。信仰越坚定，成就越大。换句话说，成就越大，说明信仰越坚定。所以如果想证明自己对上帝具有虔诚的信仰，就要在尘世中创造出成就。于是为了争相证明自己得到了上帝的恩宠，新教徒只有拼命工作，把自己变成一个工作狂。

不止如此，在新教徒那里，工作更成为一种责任。他们相信是上帝召唤自己到这个世界里工作，并且要借此救赎这个世界，无论做什么，只要尽到

---

① ［德］马克斯·韦伯：《新教伦理与资本主义精神》，阎克文译，上海人民出版社，2018 年，第 226 页。

第四章

了责任就是在为上帝增加荣耀。在这种压力下,满怀着神圣感的新教徒们拼命地为了工作而工作,为了“赚钱”而赚钱,“钱”本身反倒成了次要的。

美国开国元勋富兰克林就是一位很典型的新教徒。他出身寒微,12 岁就在印刷所里当学徒。然而他具有强烈的使命感,不断地钻研学问、勤奋工作,热衷于公共事业。作为实业家,他创办了自己的印刷所,成为北美洲印刷行业的佼佼者;作为一个科学家,他揭示出雷电的本质,被世人称赞为“第二个普罗米修斯”;作为政治家,他还与华盛顿一起,领导了美国的独立运动,并且成为美国总统。富兰克林是新教伦理思想下的奇迹。

正是由于无数像富兰克林那样的新教徒在工商、科技等各行各业勤奋地工作,不断地创造财富和其他成就,才有了工业革命的辉煌,也才有了世界文明奇迹般的进步。

如果仅仅是督促人们努力工作,追求财富,似乎并不能成为资本主义精神起源于新教伦理的理由。因为古往今来世界各地的人们追名逐利非常普遍。但是新教还有另外一个理念:虽然鼓励人们积累财富,却仍然像过去的天主教一样,反对无节制的奢侈纵欲。这一点非常难得。让人赚钱却不准人花,听起来就觉得稀奇,可是资本主义的精神恰恰在这里体现出来。

新教徒认为,财富属于上帝,只是托付给人来管理。他们就像是上帝的服务员甚至是上帝的赚钱机器。占有财富越多,责任就越大。这种责任一是为了上帝的荣耀而不能使财富减少,二是要用不懈的努力来增加财富。

出于这种考虑,新教徒虽然异常勤奋地工作,像全世界的商人们一样积累起大量的财富,却没有将其用在奢侈消费上,而是拿去投资,赚更多的钱。资本主义的生产由此拉开了帷幕。事实上,为什么人类社会的一切国家、一切时代的所有的人,都充满了对金钱的欲望,但直到 16 世纪的欧洲,才发展出了资本主义和市场经济?原因可能就在于新教徒的信仰和价值观不同。

奢侈是从消费者角度谈,扩大了市场,使资本主义企业有了用武之地,而节俭则是从生产者角度谈,使资本家能够积累财富,不断投资,扩大生产。奢侈也好,节俭也好,都从不同的方面推动了资本主义的产生和发展。

结　语

经济基础决定上层建筑。生产方式深深影响着一个族群的风俗文化、性格特征，以及与他者交往的方式。财富是由人创造的。对不完美的人性善加以引导，让每一个人将热情和聪明才智发挥出来，财富的增长才会源源不绝。

参考书目

1.［英］彼罗·斯拉法主编：《李嘉图著作和通信集》，郭大力、王亚南译，商务印书馆，2017 年。

2.何顺果：《全球化的历史考察》，江西人民出版社，2012 年。

3.［美］杰克·威泽弗德：《成吉思汗与今日世界之形成》，温海清、姚建根译，重庆出版社，2009 年。

4.［德］路德维希·艾哈德：《来自竞争的繁荣》，祝世康译，商务印书馆，1983 年。

5.［德］马克斯·韦伯：《新教伦理与资本主义精神》，阎克文译，上海人民出版社，2018 年。

6.［德］桑巴特：《奢侈与资本主义》，王燕平、侯小河译，上海人民出版社，2005 年。

7.［美］汤普逊：《中世纪经济社会史：300—1300 年》（下），耿淡如译，商务印书馆，2011 年。

8.［英］亚当·斯密：《国民财富的性质和原因的研究》（上、下），郭大力、王亚南译，商务印书馆，2017 年。

第五章 社会与人

第一节　人类的非理性行为

人有智慧，号称万物之灵，区别于其他生命体的一个基本特征就是能够运用理性安身立命、谋生致用。但是理性并不总是伴随人类左右，于是人类常常做出一些可笑甚至可悲的行为。

一、社会认同

20世纪六七十年代，在美国曾经有一个名叫“人民圣殿教”的邪教教派。这个教派是由一个叫作琼斯的人创建的。他声称“反对种族主义的魔鬼、饥饿和不正义”，经常宣传“世界末日”即将到来和核战争恐怖。琼斯以经办农业为名，带领信徒到荒野、丛林中过脱离社会现实的生活。1974年起该教派在圭亚那西北部地区占据了一片数千英亩土地作为营地。追随“教主”琼斯一起到圭亚那去的还有一千两百名信徒。

琼斯作为教主极其专横，生活腐朽透顶。信徒入教之后，从经济、信仰到肉体都受教主支配。信徒常受到殴打、鞭挞和种种精神折磨。小孩违犯教规，也要受罚，甚至可能被投入水中溺毙。“人民圣殿教”因此受到了外界的抨击和信徒亲属的控告。

1977年夏，一本美国杂志揭露了这一教派野蛮虐待教徒和绑架人的情况。一名叫瑞安的众议员专程赴圭亚那进行调查。在他启程回美国时，有约二十名信徒要求随他离开营地。这时琼斯下令枪杀了瑞安和随行的记者等人。琼斯知道自己一定会因为谋杀瑞安和记者而被捕，而这又会导致“人民圣殿教”的灭亡，因此决定以自己的方式控制“人民圣殿教”的结局，于是他把所有的成员召集到身边，要求大家集体自杀。

第一个响应的是一名年轻妇女。她镇静地走向那个掺有氰化物的葡萄糖饮料桶，舀起毒药，给她的婴儿喝了一口，自己也喝了一口，然后坐下，四分钟之内两人便在抽搐中死去了。然后其他人也一一效仿，虽然有一少部分人逃跑了，还有一些人对自杀的命令进行了抵抗，但据幸存者说，九百一十个人中大多数都是有秩序、心甘情愿地死去的，仿佛进入了催眠状态。

悲剧发生之后，每个人都震惊不已。广播、电视和报纸对此进行了连篇累牍的分析和报道。人们不断地追问，“到底是怎么回事？”

这些教徒们为什么会如此顺从地走向死亡？人们提出了很多种不同的解释。有人说是因为琼斯的个人魅力，因为他迷人的风度，人们对他就像救星一样爱戴，像父亲一样信任，像国王一样尊重。也有人说是因为教徒自身，他们大多贫穷、没有文化，愿意放弃思想和行动的自由来换取一片安排好的安全天地。

可是世界上教主魅力十足，信徒依赖性十足的宗教团体并不少见，可是没有哪个像“人民圣殿教”这样，教主一声令下，教徒们就集体慷慨赴死的。究竟是什么造成了这场集体自杀的悲剧？美国亚利桑达州立大学心理学教授罗伯特·西奥迪尼认为，问题出在教徒们的社会认同心理上。

心理学上的社会认同原理指出，我们进行是非判断的标准之一就是看别人是怎么想的，尤其是当我们要决定什么是正确的行为的时候。如果我们看到别人在某种场合做某件事情，我们就会断定这样做是有道理的。不管是电影院里的空爆米花袋扔在什么地方，还是在某个路口该不该闯红灯，甚至在公共汽车上要不要抠脚，我们周围的人的做法对我们决定自己应该怎么行动有很重要的指导意义。

在社会认同的过程中有两个因素发挥着重要的作用：不确定性和相似性。当人们对自己的处境不是很有把握的时候，也就是说面临很大的不确定性时，更有可能根据他人的行为来决定自己该怎么办。比如说当一个小偷夺路而逃的时候，如果大家都去追，还在犹豫的人也可能会跟上去。另外，那些与我们相似的人的行为对我们非常有影响力。电视上由普通人做的广告越来越多，广告商正是希望利用广告人物与观众的相似性来对其产生影响。

一般情况下，这样做可以使我们少犯很多错误，因为多数人正在做的事情往往也是正确的。可是有时候，这种社会认同心理也会被利用，比如电视公司在拍摄情景喜剧的时候，常常为蹩脚的笑料配上笑声，我们在观看的时候往往漫不经心地跟着笑了起来。而“人民圣殿教”的集体自杀则是坏蛋利用社会认同制造的最可怕的惨剧。

为什么琼斯要把他们的营地搬到南美洲圭亚那的丛林地带去？西奥迪尼分析，这正是琼斯邪恶天才的体现。他清楚地意识到将他的营地从旧金山迁移到习俗迥异、人地两生的圭亚那丛林会对他的追随者造成多么巨大的心理冲击。一夜之间，所有的人发现自己来到了一个完全陌生的地方。这个他们突然掉进去的环境——无论是自然还是社会——是如此神秘莫测、险象环生，他们一定感到自己的生活充满了未知和不确定性。在这种不确定性中，人们不知所措，常常就会模仿旁人的行动，而他们最容易模仿的就是跟他们相似的人。遥远而陌生的圭亚那就仿佛是无边无际的大海上的一个孤岛，对于"人民圣殿教"的信徒们来说，在这里除了一道迁移来的其他信徒，再也找不到别的相似的人了。于是教主琼斯利用这次迁移，轻而易举地将信徒们的社会认同掌握在自己的手中。

此时，对于那些可怜的信徒来说，一件事情正确与否在很大程度上取决于深受琼斯影响的其他信徒的所作所为。当他们刚听到死亡命令的时候，一定也会不知如何是好，于是他们开始观察周围的人来确定该作出怎样的反应。

有一批人迅速地、心甘情愿地喝下了毒药——在任何强势领导人统治的组织内都会有几个这样盲从的人，他们表率作用造成了不可低估的影响。其他人都在观察自己的周围，以对这种形势作出判断，发现别人竟然全保持着平静。其实大家都在不动声色地观察，可惜却被彼此误认为耐心地等待喝下毒药是正确的行为。于是在令人毛骨悚然的镇静中，九百多人集体走向死亡。

不确定性和成员们特殊的相似性使社会认同原理最大限度地为邪恶的教主琼斯所利用。如果环境不是如此封闭，信徒们能够获得更多的信息，对自己的处境又有更确切的了解，在行为取向上有更多可选择的参照，想必他们不会变成一群失去自主意识的"动物"，慨然奔向屠场。世界上的一些独裁者为了让民众唯命是从，有意识地将自己的国家变成信息孤岛，让民众与外界相隔离，恐怕也正是利用了人性的这种弱点。

二、命令与服从

不过很多时候，人们即使并没有被隔离起来，也会放弃自己的判断，盲从于权威的命令。第二次世界大战期间，德国纳粹掀起了可怕的反犹太人运动，将近六百万男子、妇女和儿童遭到纳粹党徒的折磨和屠杀。战争结束后，在纽伦堡军事审判中，许多在集中营当过刽子手的纳粹党徒辩解说，他们对那些人的死亡不应当负责任，因为他们只是“简单地执行命令”。“执行命令”这种借口不能掩盖他们的罪行。但是在战争期间或者非常事件中，此类盲目效忠，无条件服从命令，以致丧失人性和理智的情况确实屡见不鲜。人在邪恶的命令之下究竟是服从还是抵制，这个问题引起了社会心理学家的强烈兴趣。

1961 年 6 月，27 岁的耶鲁大学心理学教授斯坦利·米尔格拉姆刊登了一份广告，邀请志愿者参加一项有关记忆的科学研究。可是当志愿者走进实验室的时候，却发现这个实验好像不是那么回事。屋子里摆放着一台奇怪的仪器，控制板上一字排开共有三十个开关，电压最低的开关为十五伏（下面标有“轻微电击”的记号），然后依开关的顺序电压逐渐升高到中度电击，一直升到标有“危险、强电击”（四百五十伏）。有一个人被绑在隔壁房间的电椅上，用导线与这台仪器相连。

米尔格拉姆一本正经地向志愿者解释，这次实验的目的是检验惩罚对学习的影响。坐在电椅上的倒霉蛋要学习记忆一些成对的词汇，志愿者将作为教师检查学习者的记忆效果。米尔格拉姆要求每当“学习者”回答错误时，“教师”就要按下开关、发出电击，而且电击强度一次要比一次大，直到学习中不再出现错误。米尔格拉姆的同事还会以“权威”形象站在一旁，督促“教师”电击那个可怜的人。

实验开始后，学习者答对了几次，但也答错了几次。每答错一次，志愿者就在“权威”的命令下依次按下一个开关，电击强度也依次增大。第五次电击的电压为七十五伏，可以听到学习者开始哼哼，发出呻吟。电压为九十伏时，学习者痛苦地叫了出来；一百五十伏时，可以听到学习者尖叫着请求退出实验;一百八十伏时,学习者哭着喊着“再也不能忍受了”,并且用拳头砸墙;三百伏时,学习者拒绝再回答任何问题,乞求停止试验立即释放自己;当电击强度接近标有“危险！超强电击”记号的时候,哀号声消失了,代之以不祥的沉默。

那个被电击的学生实际上是一名演员,他只是在模仿被电击的声音,其实没有受到一点伤害。可是参加实验者并不知道这一点,他们以为自己按下开关,“学习者”就真的会受到电击。米尔格拉姆想知道志愿者们会在电压到达多少伏时拒绝“权威”的命令,停止电击。

事先，四十名精神病医生应米尔格拉姆的请求预测人们在实验中的表现，他们估计大部分人不超过一百五十伏就会拒绝接受这种让人难受的命令。在他们的专业眼光看来,只有不到4%的志愿者在电压达到三百伏时仍然会服从命令,忍心去电击那个可怜的学习者,而只有大约0.1%的被试者会坚持到四百五十伏。遗憾的是,他们都高估了人们抵制邪恶命令的能力,尽管有些人需要一定督促才能按下开关,但65%以上的人都能听任“学习者”尖叫,继续发出电击直到最大电压!

这次实验让米尔格拉姆非常惊讶,这不是战争时期,参加实验的人都是普通的平头百姓,居然也会在命令的支配下做出如此残忍的事情。看来人们还是很容易受到邪恶的支配。

那么人们究竟在什么情况下最容易听任权威的摆布呢？米尔格拉姆认为,发出命令的权威和命令执行后产生的后果,这二者与接受命令者之间的物理距离对于接受命令者的“服从”效果影响很大。

米尔格拉姆在后来的几次实验中，让自己的同事发出电击命令之后就离开了实验室。结果当权威人士不在场的时候,服从命令的志愿者人数下降到了三分之一。米尔格拉姆又调整学习者与志愿者之间的距离,把学习者挪到实验室里来,让志愿者既能看见学习者扭曲的面孔,又能听见他撕心裂肺的哀号,甚至要志愿者亲手把学习者的手按在电击板上,服从命令的志愿者人数也大大下降。

这说明,一般来看,人们离发布命令的权威越远,对头脑中的独立判断的束缚就越小,离他们执行命令的对象越近,头脑中的独立判断就越清晰。

最后,也是最为重要的问题是:人为什么会服从邪恶的命令?

米尔格拉姆给出了两个理由:第一个理由是,志愿者们对这次所谓的“记忆科学实验”完全不熟悉,对电击也毫无具体经验,在实验中他们也没有任何权力,只能按电击开关。而那个“权威”却似乎对整个实验很有把握,对学习者的痛苦哀求满不在乎。这让志愿者们以为用不着关心学习者。第二个理由是,志愿者们觉得自己只是在服从命令,用不着负责。如果在实验中,他们被告知要对自己的行为负责时,服从命令的人数马上就大幅度下降。另外,如果他们看到别人拒绝服从命令,便会意识到自己可能需要对电击的后果负责,也会拒绝服从命令。

米尔格拉姆的实验未必能证明人的本性是邪恶的,但是在很大程度上展现出人们在权威命令之下是多么的软弱。要求所有的人在权威面前都保持自己的判断能力是不太可能的,我们只有深入了解了人类的服从心理之后,才能努力想办法提高人们抵制邪恶命令的能力。

在我们的身边,虽然不会再出现纳粹党徒在元首的命令下集体屠杀犹太人的事情,可是下属在领导的指挥下,明知违法乱纪,却仍然执行不误的事情时有发生。可以说,在如今一些腐败现象中,主角固然是那些糊涂的领导,具体操作这些事情的下属也绝逃不过“帮凶”这个罪名。那么怎样才能避免“帮凶”的出现呢?根据米尔格拉姆的实验结果,一是要从制度上使领导没有办法直接干涉具体办事人员的行为,给具体办事人员留出独立判断是非的空间。另一个办法就是明确办事人员的责任,只要是经过他们的手,不论是否接受了命令,都必须对产生的后果负责。这样,不管权威有多么高,下属们接受命令的时候也得考虑考虑,这件事应不应该做。

你是“好人”还是“坏人”?也许你不会主动去杀人放火,或者损害他人,可是你会不会不由自主地成为一个邪恶权威的帮凶呢?也许从心理学上看,人人都有成为帮凶的倾向,扭转这种倾向的最好武器恐怕就是我们独立判断是非的能力。

三、认知失调

可悲的是，有些人即使具有独立判断是非的能力和空间，也仍然会执迷不悟。1957年，美国社会心理学家费斯廷格和他的学生混进了一群邪教信徒当中，希望通过观察这些信徒们的行为，对他们的心理进行研究。这些邪教信众相信在某一日会有大洪水到来，毁灭整个世界，而他们的守护者会驾着飞船来解救他们，带他们到一个安全的地方。为此，很多坚定的信徒辞了工作、变卖家产，安心地等待这一天的来临。当预言中毁灭之日到来的时候，世界安然无恙，既没有洪水也没有飞船，按道理说这些信徒们应该幡然醒悟，将这个邪教弃之如敝屣。然而出人意料的是，某些信众的信仰反而更加坚定了。对此费斯廷格和他的学生提出一个认知失调的假说：

在一般情况下，人们都有维持自己的观点或信念一致性的需要，以保持心理平衡，如果人们的观念出现了前后不一致或相互矛盾时，也就是出现了所谓的认知上的失调，这时人的心理会出现紊乱或不安，于是很可能放弃或改变一种认知，迁就另一认知，以恢复调和一致的状态。

如果某人十分相信一件事，并且在信仰的影响下采取了不可挽回的行动，那么最后即使他明摆着看到证据显示自己的信仰是一个错误，这个人很可能也不会消沉下去，反而会产生更坚定不移的信念。就像这些邪教信徒一样，信仰告诉他们，到了某个日子会有大洪水，会有飞船，可是现实又告诉他们大洪水和飞船都没有出现。这两种认知彼此矛盾，大部分人放弃了愚蠢的信仰，可是另一些人放弃的却是对现实的认知，反而更坚定了信念。

有的时候，一个民族甚至会集体出现这种执迷不悟的症状。

在20世纪30年代的英国，全社会还在第一次世界大战的阴影下惊魂未定。英国虽然是战胜国，但是在直接参加战斗的六百万人当中，伤亡达到了二百四十四万，几乎全国每一个家庭都品尝到了战争带来的痛苦。劫后余生的人们，对战争无比恐惧和厌恶。于是战后的英国社会兴起了一场和平主义运动，参与人数之多，影响之广泛，都是前所未有的。从国家领导人到底层民众，都一路高喊着和平的口号，发了疯一样想要避免战争。

第五章

因为对战争的极度恐惧，他们根本不承认战争还有再次爆发的可能。1932年德国代表团在裁军会议上要求取消《凡尔赛和约》对他们重整军备权利的一切限制，竟得到英国舆论的有力支持，《泰晤士报》《新政治家报》都认为这才叫各国平等，因为他们认为1919年的《凡尔赛和约》对德国过于苛刻。

1933年希特勒和他的纳粹党已经掌握了德国政权，半年之后德国退出裁军会议和国联，英国人视而不见，对和平仍然非常乐观，英国国王爱德华八世甚至说："如果希特勒发动战争我就退位。那真是可怕的景象啊，不过你不要担心。根本不会爆发战争。"有人说既然世界和平已经到来了，不仅我们再也不应该去侵略别人，别人也不会来侵略我们，那还要军队干什么呢？应该单方面裁军，一切纠纷都交给国联去处理，或者采取经济手段来解决。当时全国一千万选民，有87%支持这一动议。有人甚至主张解散军队。整个英国好像只有丘吉尔是清醒的，拼命地在各种场合发表演说，提醒英国人注意德国的威胁，抓紧时间在军备方面赶上德国的势头。可是他的言论却被视作危言耸听，他被视作"战争贩子"。

然而事实就是事实，希特勒一步一步地走向战争。这是否认不了的。英国的和平主义者又告诉自己，同时告诉英国人们，德国人的要求是情有可原的，也是有道理的，即便他们对欧洲的版图作出调整也是可以理解的。

1933年，德国退出裁军大会后，当时有一个在英国全社会很有影响的和平组织"不再战运动联合会"竟马上通过决议，说服、教育英国公众理解和接受德国这个行为，当时工党领袖兰斯伯里则认为应该修改《凡尔赛和约》，还给德国以"公正"，消除纳粹发动侵略的借口，甚至还主张在经济上也要满足德国的要求，让其"分享"世界上的资源。兰斯伯里还专门去会见了希特勒，回来告诉人们他觉得希特勒其实不想打仗（大哲学家罗素也曾表达过类似的看法）。

1936年，希特勒出兵进入莱茵兰地区（莱茵河左岸地带，属于德国，第一次世界大战之后被《凡尔赛和约》划为非军事区）。这是一次对《凡尔赛和约》的践踏，可是英国报纸这样安慰感到不安的英国民众，《凡尔赛和约》本来就不公正，凭什么把德国领土划出来一块作为非军事区，人家就是把军队开进去了又如何？“说到底，这不过是德国回到他们自己的土地上罢了。譬如说，如果约克郡脱离我国版图十年或十五年之久，我们的感觉又怎样呢？”

希特勒开始在国内迫害犹太人，首相张伯伦的顾问罗锡安勋爵还替希特勒找正当理由，说这也是《凡尔赛和约》造成的，因为《凡尔赛和约》不公正，使德国人受到外在迫害，这种迫害产生了反作用，传导到了德国内部，德国人就把气撒在了犹太人身上。

1938 年 1 月，英国首相张伯伦制订了一项计划，打算把各国在非洲的殖民地划出来一块给德国，以满足希特勒的领土欲望。还没等实施，3 月，德军就越过边境，兵不血刃地占领了奥地利，张伯伦感到震惊和愤怒，但谴责归谴责，他还认为德奥合并势在必行，因为这两国都属于德意志民族。紧接着，希特勒又将侵略的矛头指向捷克斯洛伐克苏台德区。苏台德地区的居民也是以德意志人为主。于是英国舆论又站在了希特勒一边。伦敦《泰晤士报》发表社论，公开要求捷克斯洛伐克把那块土地割让给德国。张伯伦在英国国会中发言的时候还说：希特勒并不想占有整个捷克斯洛伐克，他只是想要让所有德意志人都归入德国，不包括其他民族。希特勒占领奥地利的时候，自始至终都很谨慎，不说刺激我们的话，也不做冒犯我们的事。由此可见，他是愿意同我们保持友好的。他的愿望得到满足了就会罢手的。

为了满足希特勒的愿望，张伯伦不顾 70 岁高龄，乘飞机三赴德国与希特勒谈判，并一再作出让步，最后英、法、德、意四国首脑签署《慕尼黑协定》，出卖了捷克斯洛伐克，德国一枪未发地占领了苏台德地区。张伯伦回国后，人们夹道欢迎，欢呼和平的口号响彻云霄，各阶层的人喊得嗓子都哑了，不少人还跳到首相专车的脚踏板上，把手从车窗伸进去，想跟首相握手。英国国王和王太后在白金汉宫接见了张伯伦，国王还将这一天称为“伟大的一天”。

阿诺德·汤因比在其主编的《第二次世界大战全史》中讽刺张伯伦道：

> 我们可以把他想象成一位维多利亚女王时代英格兰中部的商人，一天早晨，他沿着一条已经走过几百次的熟路步行去办公室，突然他发觉自己和一只老虎狭路相逢。他确实知道自从坚冰期时代以来，在默西

阿就没有繁殖过吃人的食肉动物，所以这位善良的人就使自己相信，尽管它凶相毕露，这只面对着他的四足动物一定是经过伪装的本地驴子，它是不会不受胡萝卜的引诱的，因此他勇敢地向这只巨兽伸出一根胡萝卜。不一会儿，这头畜生扑杀了一个过路小孩，弄得血肉模糊，这就表明野兽的外观是与其真实本性一致的；……但他继续伸出右手中的那根胡萝卜；因为尽管他已亲自看到这头老虎该死的“杀戮行为”，甚至到这时他也不愿放弃这头畜生原来是一匹驴子的一切希望。①

但是张伯伦在慕尼黑所作的努力还是没能让希特勒满足。没过多久，希特勒就把整个捷克斯洛伐克都吞并了。现在的第二次世界大战史研究者通常把这件事看作战争不可避免的标志，但是当时英国国内仍然存在很强烈的呼声，要求继续执行绥靖政策，甚至当希特勒接下来对波兰提出领土要求的时候，还有不少人替希特勒说话，批评波兰，认为波兰政府是个不民主的政府，而且它也曾在慕尼黑会议期间趁火打劫，夺走了捷克斯洛伐克的特申地区，现在希特勒冲它去了，这是报应。

1939 年 9 月 1 日，德国入侵波兰，英国人再也无法替希特勒找借口了，被迫对德宣战。英国人如此恐惧，一再否认的战争还是不可避免地爆发了。

第二节　政治家的误区

一、群体迷思

1961 年 4 月 18 日，就职不满三个月的美国总统肯尼迪度过了一生中最难熬的一天。就在 17 日凌晨，一支由古巴流亡分子组成的雇佣军，在美国海

① ［英］阿诺德·汤因比、维罗尼卡·M.汤因比编：《第二次世界大战全史(2)：大战前夕 1939 年》，劳景素、复旦大学历史系世界史教研室译，上海译文出版社，2015 年，第 54~55 页。

空军的支援下突袭古巴，登陆猪湾。孰料遭到了迎头痛击，古巴军队迅速控制了局势并转守为攻。由于没有完备的撤退计划，入侵者被分割、包围、全歼。经过七十二小时的战斗，美国雇佣军被击毙一百一十四人，俘虏一千一百一十三人。这就是震惊世界的"猪湾事件"。

在批准这次行动之前，肯尼迪的智囊团事先告诉他，这次入侵经过了精心周密的策划，万无一失，一定可以把那个讨厌的卡斯特罗赶下台。然而军方后来检讨这件事时，发觉整个计划在军事上是很勉强的：突击队人数太少，空军飞行员太少，替换疲劳的领导者的副指挥人员太少，补充战斗伤亡人员的后备兵太少，而遇到的意料不到的障碍则太多。那些顽强作战的雇佣军最后居然是因为缺乏弹药而束手就擒，在他们身后原本有一条货轮载有足够十天之用的弹药补给、通信设备、食品、药品，却在登陆当天清晨就被卡斯特罗的小小的空军部队击沉于近海。这就足以看出这个入侵计划有多么大的漏洞。

智囊团还告诉他，这看起来只会是一次古巴流亡者的起义，绝不会让美国卷入此事。可是"猪湾事件"发生的第二天，苏联立即作出反应，要求美国停止对古巴的侵略，并声称将帮助古巴反击侵略。美国政府被迫声称，美国没有支持推翻卡斯特罗的行动。肯尼迪总统不得不在美国大众面前公开承认"猪湾事件"是一件绝不能再发生的错误，然后声称对该事件负全责。这起事件让美国政府大为难堪，成为世界媒体嘲讽的对象。

当时肯尼迪的总统班底被认为是美国有史以来最为出类拔萃的，然而他们却制订了一桩荒唐而又糟糕的计划，最后导致了惨重的失败。为什么会这样？美国著名心理学家欧文·贾尼斯给出的答案是：他们掉进了"群体迷思"的陷阱。

群体迷思是指群体在决策过程中为了追求高度一致，忽视并抵制少数人的观点，从而达成错误决策的现象。一般人认为集体决策能够集思广益，然而在多数情况中，当人们聚在一起的时候却并不能自如地发表自己的见解，而倾向于人云亦云。

有些领导者为了打造富有战斗力的团队，在潜意识里总是期望自己能一呼百应、令行禁止。大家意见一致被看作团队有凝聚力、领导有魄力的表现。持不同意见者迫于形势，不敢发出自己的声音。

有些内聚力极强的团队则可能产生了群体幻觉，高估了自己团队的思维能力和判断能力，认为自己群体既定的方案则会获胜。意见的过分一致往往淹没了真实的、有价值的反对意见。当他们对于议题有疑虑时总是保持沉默，忽视自己心中所产生的疑虑，认为自己没有权力可以去质疑多数人的决定或智能。

他们常常过分自信和盲目乐观，忽视潜在的危险及警告，一旦作出决策，更多的是将时间花在如何将决策合理化，而不是对它们重新审视和评价；他们倾向于认为任何反对他们的人或者群体都是邪恶和难以沟通协调，故此不屑与之争论。

在“猪湾事件”的决策中，肯尼迪的智囊团就有相似的“集体幻觉”现象：重要的情报资料被忽视，有价值的不同意见被压制，而一些错误的偏见却被一再强调，这都导致集体作出错误决策。肯尼迪的一个顾问后来回忆道：如果有一个高级顾问反对这次冒险，我想肯尼迪就会取消它。但是没有任何人反对它。……我们的会议是在假定一致的奇怪气氛下召开的。……在‘猪湾事件’后的几个月，我对自己在内阁会议关键的讨论中保持沉默感到强烈的自责。”①

美国政治史上许多错误的决策都是缘于决策前总统内阁核心成员的群体迷思，比如珍珠港事件、朝鲜战争和越南战争。

很多时候，即使没有一个特别强有力的权威，一个集体也有可能作出所有成员都不想要的决策。在讨论中，某位成员试探性地提出了自己的看法，其余成员虽然觉得不妥，但环顾四周，发现无人提出反对意见，于是最初的提议就成为最后的决议。众人心中虽然各自叫苦，但也不敢冒天下之大不韪而公开反对。直到计划开始实施，团队已经开始为错误的决策付出代价，成员才忍不住提出自己的真实想法，但为时已晚，错误已经铸成。

那么怎么才能走出“群体迷思”的陷阱呢？贾尼斯认为，第一，领导人应

---

① ［美］欧文·L.贾尼斯：《小集团思维 决策及其失败的心理学研究》，张清敏、孙天旭等译，中央编译出版社，2016 年，第 37~39 页。

该努力做到公正，并培养一种公开咨询和讨论的气氛，使大家能够畅所欲言，充分发表自己的意见。第二，集体中有必要存在合理的冲突。假如冲突是发生在一种彼此融洽的气氛中，最后就能作出优秀的决策。第三，应请“局外的专家们”对群体成员提出挑战，对最后的决定方案进行评价或提出看法，以期给群体带来新的思路。最后，在达到一个共同的意见之后，应该安排一个“第二次机会”的会议，使得群体成员能够将萦绕在心头的困惑和保留意见表达出来。

二、贴标签

除了集体迷思之外，“贴标签”也是一种容易将人们引入陷阱的思维误区。

1973 年，美国斯坦福大学心理学系的教授罗森汉恩博士决定跟精神病院“开个玩笑”。他招募了三女五男一共八个志愿者扮演假病人，他们分别是一位二十多岁的研究生、三位心理学家、一位儿科医生、一位精神病学家、一位画家、一位家庭主妇。所有的假病人都告诉精神病医院的医生，自己很多天以来一直“幻听”：这些声音时隐时现，时大时小，好像在说“真的”“假的”“咚咚咚”。但是除了这个症状以外，他们所有的言行完全正常，并且给医生的信息都是真实的(除了自己的姓名和职业外)。结果，他们八人中有七人被诊断为狂躁抑郁症。

被关入精神病医院后，这八个假病人的所有行为立刻都表现正常，不再幻听，也没有任何其他精神病理学上的症状，但是却没有一个假病人被任何一个医护人员识破。当假病人要求出院时，医护人员都认为这些病人“妄想症”加剧。从志愿者们申请出院起，他们一直表现出正常行为，二十天以后才得以离开医院。

除了让精神病院声名扫地之外，这个实验更揭示了人们心理上的一个特点——“贴标签”。当一个病人被贴上“精神分裂症”的标签后，精神分裂症就成为他的核心特征，不管他做什么，那肯定都是精神病的症状。而对普通人来说也是一样，一旦某人被认定具有某种行为倾向，那么在人们的眼中,他的一切行为都具有这种倾向。

志愿者们进入精神病院以后，病人们正常的举动在医生和护士的眼里开始变得不正常，后者甚至发明了一些精神病学上的新名词来描述这些假病人的严重“病情”:假病人与人聊天被称为“交谈行为”,做笔记被称为“书写行为”,都会被一一记录在他们的病历中。

很显然,在医生们头脑里形成的“他们是精神病人”这样一个观念,影响了他们作出客观判断，他们会将那个装成精神病人的心理学家的行为往符合他们既有观念的方向解释和扭曲。反而是精神病里面的真正的精神病人看出他们不对劲,有一个家伙偷偷趴在他耳边说,“你不是精神病,你肯定是记者或教授”。

中国古代的寓言故事“智子疑邻”说的就是这种现象:一个猎人丢了一把斧子,他怀疑是邻居偷的。他看到邻居后,越看越觉得邻居像个小偷,他走路的样子、说话的神气、干活的背影,就连他的笑容也都透着贼气。第二天,斧子找到了,原来是自己不小心给丢在山坡上。这时他再去看邻居,怎么看也不觉得邻居像个小偷了。当你给别人贴上标签,你就不太可能客观地看待别人的一举一动了。

三、心理偏见

在国际局势紧张或者濒临冲突的时候，国家领导人总是得到各种各样的建议。顾问们一般来说可以分为两大基本派别:一类为鹰派,他们倾向于强制性行动,更愿意使用武力,很可能怀疑妥协的价值。另外一类为鸽派,怀疑武力的效果,更愿意通过政治办法来解决冲突。在鹰派看到敌意和对抗的地方,鸽派常常能指出对话的微妙机会。我们常常可以看到这种情况,不管鸽派的说法是否合理,占上风的往往是鹰派。

1900 年,义和团运动在民间兴起,并打出“扶清灭洋”的旗号。在这种情势下,西方列强以“保护使馆”的名义组成“八国联军”发动又一次侵华战争。清政府必须对是和是战作出正式决定。慈禧太后连续召开四次御前会议,讨论和战问题。主和派得到光绪皇帝的支持,直言义和团的刀枪不入、神灵附体万不可信，对西方诸国开战可能带来不堪设想的后果，主张镇压义和团，对外缓和；主战派却力言这些神功“可恃”，义和团的“民心可用”，可以“联合拳会”抗击列强入侵。最后主战派占了上风，五名主和大臣不久后被处死。慈禧以光绪皇帝的名义，向英、美、法、德、意、日、俄、西、比、荷、奥十一国同时宣战，发动了中国历史上乃至世界历史上最不可思议的一场战争。这场对比悬殊的战争最终导致首都北京沦陷，中国军民死伤十数万人，赔款四亿五千万白银，无法计数的珍宝古迹被洗劫，国家几乎陷入被分割占领的绝境。

美国的伊拉克战争也是这样打起来的。战前，布什总统身边有两个截然对立的阵营，鹰派的国防部长拉姆斯菲尔德一直叫嚣“给萨达姆点颜色看看”，而鸽派的国务卿鲍威尔则坚持由联合国出面说服伊拉克同意核查从而避免军事冲突。拉姆斯菲尔德对这场战争非常乐观，他对美国士兵说：“目前尚不知道伊拉克战争将要持续多长时间，可能是六天，也可能是六个星期，但我想不太可能是六个月。”其他鹰派人物也都认为，推翻萨达姆政权，解放伊拉克易如反掌。

鹰派的游说和造势工作显然取得了成果，2003 年 3 月，美英联军对伊拉克发动了空袭，地面部队随后占领伊拉克全境。虽然美英联军大获全胜，但是直到 2011 年 12 月 18 日，美军才全部撤出。这场战争造成美军近四千五百人死亡，耗资七千六百多亿美元，超过朝鲜、越南战争的费用。战后重建的费用尚不算在内。四万七千伤残受伤士兵返回美国后仍然生活在战争的阴影之中。伊拉克方面的军民伤亡、财产损失更不计其数。战争激发了伊拉克国内的教派仇恨，使国家处于内战和分裂的边缘。

这是为什么呢？诺贝尔经济学奖得主、心理学家卡内曼认为，这是因为那些国家安全的决策者容易出现一系列心理偏见。

首先，心理学研究显示大多数人相信自己比实际上更聪明、更有魅力，有超出一般的才华，往往高估未来的成就。鹰派喜欢军事行动而不是外交手段常常就是建立在胜利能够很容易很迅速完成这样的假设上。

美国南北战争爆发前，华盛顿的精英们就把第一场重大战役看作一次交友活动。联邦军队非常肯定可以轻松收拾叛乱的军队。在第一次世界大战开始的时候，法国陆军参谋长将军卡斯特诺宣称“给我七十万军队，我将征服整个欧洲”。实际上,造成历史上破坏性最大的战争的每个决策者几乎都预测自己会取得胜利,而且是个相对迅速和容易的胜利。通常在每次军事冲突开始的时候都能发现这样乐观的将军。

相反,外交官们在是否能够与对方达成妥协的问题上,往往是悲观情绪居多,通常对敌人提出的建议不以为然,即使敌人打算作出让步。从心理学上讲,这叫“反应性贬值”:什么东西只要是对方给的,就会被看作价值不大,敌人提出的建议也是如此。因此,美国政府对伊朗作出的任何让步都心存疑虑。这些怀疑常常是有意无意贬低对方建议价值的结果。

在心理学家的实验中,以色列人对据称是巴勒斯坦人起草的和平计划评价就不如对据称是自己政府起草的和平计划高,虽然两份和平计划其实是一样的。亲以色列的美国人看了据说是巴勒斯坦人起草的假设性和平计划,就认为里面充满了袒护巴勒斯坦人的倾向,但如果说这是以色列人起草的,他们就说这个计划比较公平合理。

更糟的是,这些决策者们通常都过于自信,面对对手作出的敌对举动,往往不愿意认真分析冲突发生的前因后果,而是想当然地认为对方是出于恶意的。比如第一次世界大战之前,德国人和英国人都觉得自己加强军备的本意是自我防卫,但都觉得对方肯定是在准备进攻。

我们并不是说鹰派总是错误的,鸽派也常常站在了历史错误的一边。但因为偏见,鹰派的确可能在不该占上风的时候也占了上风,导致了许多不该发生的战争和冲突。世界是复杂的,可是人们却总是喜欢简单地把世界分成好与坏,即不是黑就是白。这大概就是鹰派思维的根源。

四、自我中心

很多时候,国际关系恶化甚至走向决裂也是因为政治家们习惯于以自我为中心去想事情。在国际政坛上举足轻重的大国领导人们往往具有一种强烈的倾向,认为全世界都是围绕他们在运转,别的国家任何无意、巧合和偶然的事件要么是在试探他们的反应,要么就是怀有敌意的阴谋。

因为过于以自我为中心,这些大国常常显得有些自作多情。1928 年,苏联国家政治保安总局突然指控五十个俄国专家和三个德国专家进行怠工和间谍活动。这就是著名的“沙赫特案件”。德国敏感地认为这是苏联试图削弱德国实力的战略的一个组成部分；而实际上，这案件纯粹是斯大林为了巩固自己在国内的政治地位，打击政敌而制造的。

第二次世界大战结束时，德国投降后被苏、美、英、法四国分区占领。四国分歧甚多，斗争激烈，都想把战败德国的处置纳入自己的欧洲战略轨道。美国在被占领的德国采取的一些行动，本来是针对法国的，但是苏联却认为这些行动意在伤害自己。

有时候，这些大国又喜欢把某些很偶然的巧合当成对方精心策划的阴谋。当外交中忽然出现几个巧合事件时，一个通常的倾向是：这一定是有人精心谋划阴谋的结果。其实对方可能并没有想那么多。第一次世界大战爆发以前，欧洲列强拉帮结派，彼此敌对的局面很严重。1905 年，德皇威廉二世和俄罗斯沙皇在圣彼得堡附近的比约克会面，讨论了德俄签订协议的可能。在这次会晤之后，英国恰好在波罗的海进行了海军演习，事先没有通知其他大国。俄国和德国相当生气，认为英国想要以武力威胁两国，要它们不要走得太近。英国人解释说，他们的演习是早就计划好了的，没有通知其他大国是因为忘记了。英国人说的是实话，但是俄国和德国都不相信英国的解释。

1940 年，希特勒称霸西欧大陆，威逼不列颠群岛。12 月 29 日，美国总统罗斯福发表了一次著名的炉边谈话，主张美国应成为民主国家的“兵工厂”，援助正在与法西斯艰苦作战的英国和中国。恰好在那一天，纳粹德国空军的轰炸机疯狂地袭击了伦敦的旧城区，企图摧毁英国首都伦敦的战时指挥中心。飞机扔下了几百枚燃烧弹，伦敦成为一片火海。美国人认为，这是德国人计算好时间故意制造的重大骚扰事件，目的是在早间新闻期间压倒总统的讲话，以削减弱罗斯福总统的讲话对鼓舞英美士气可能起到的作用。这一次，希特勒可能真的被冤枉了，因为作战计划是早就拟订好了的。

以自我为中心的大国领袖们还常常会产生一种控制的幻觉，高估自己观察、分析和控制外部世界的能力，总是倾向于夸大自己影响其他人的能力，认为别人理解自己正如自己理解别人。如果敌人的“恶意图谋”没有发生，就认为是自己的政策起作用了。

在第二次世界大战爆发之前，奉行绥靖政策的英国首相张伯伦一心想以妥协退让换取希特勒的和平承诺。在第一次慕尼黑会谈返回英国后，张伯伦与内阁会谈时就说，如果他这次不去访问的话，仗马上就会打起来，实质上，希特勒之所以没有马上入侵捷克斯洛伐克，只是因为德国的军事部署还没有到位。在他们的第二次会见中，希特勒同样是因为军事部署尚未完成，才同意延迟德国进驻苏台德的日期。张伯伦却以为自己缔造了和平。

第二次世界大战刚开始的时候，英国和美国曾就如何保证西班牙不加入轴心国集团这一问题展开了激烈的讨论。英国人认为援助可能会为佛朗哥提供一条出路，使其不与希特勒结盟；美国人却认为威胁和制裁更加有效。最后西班牙没有加入轴心国一方作战。英美两国都认为自己所采取的政策起作用了。但实际上，佛朗哥决策的主要动机只有两个：一是他害怕被德国所控制，二是他在观察谁可能赢得战争。至于盟国对他采取什么政策，无疑是他的次要考虑。

1972 年，美国政府官员预计在尼克松总统访问中国期间，北越会策划大规模进攻行动，便事先对北越防区进行了一番大面积的轰炸。事后北越的进攻果然没有出现。美国政府沾沾自喜地认为是他们的及时轰炸阻止了北越的行动。可是战后人们却发现，当时北越人根本没有策划这样的进攻。

20 世纪 80 年代里根总统在其执政期间大搞被称为“星球大战计划”的太空军备竞赛。1991 年苏联解体了，许多美国人都认为里根居功至伟，因为苏联被迫在这场注定败北的军备竞赛中孤注一掷以追平美国，逐渐不堪重负，以致分崩离析。其实苏联对美国的“星球大战”计划很长时间里只是冷眼旁观，其瓦解的根本原因还在于困扰其多年的经济和体制问题。

1913 年 4 月，美国加利福尼亚州通过了一项禁止日本人在该州拥有土地的法案。炮制这一法案的加州领导人极端排外，有意羞辱日本侨民。美国联邦政府就此事向日本政府发出备忘录，表示无力阻止州的立法，但承认州立法与日美友好精神相悖；如果加州日本人感到被剥夺了条约权利，美国法庭会为他们要求赔偿大开方便之门。但日本政府无法相信美国联邦政府会无权废除一项下属州的法令，所以作出了强烈的反应。两国甚至一度走向战争的边缘。

英国人和法国人在合作建设协合式飞机的过程中，一位英国经理无奈地说:“法国人总是认为我们在欺骗他们，实际上我们也不过是在一头雾水地应付而已。”

国际的结盟也常常会被看作一个团结一致、同仇敌忾的整体。日本就吃了这个亏。在发动太平洋战争之前,日本政府认为,如果侵入英国和荷兰在亚洲的资源丰富的领地,美国即使不遭受直接打击也会参加战争。这就意味着,日本只有两种选择:要么放弃这些资源,要么先发制人,向美国发动进攻。于是有了偷袭珍珠港的一幕。实际上,如果日本只进攻东南亚,但不发动对美国的攻击,美国不一定会下决心参战。

国际政治风云变幻,纵横捭阖。政治家们总是绞尽脑汁盘算着每一项外交决策,紧张地评估着对手的每一次微妙的言行。合作与对峙、战争与和平就在政治家们的运筹帷幄中变换。但遗憾的是,史上很多时候,尽管当事国双方均不希望彼此发生冲突,而且也有条件相互合作,龃龉和冲突却屡屡发生。也许要想维护和平,先得从克服人性的弱点开始。

第三节　重压之下的社会

人有情感,但是容易受到各种各样不良情绪的左右,比如说佛教中讲的五毒“贪嗔痴慢疑”和四心:嫉妒心、虚荣心、分别心、攀比心。这些缺陷平时还不明显,一旦遇上大灾大难,就会被显著放大,驱动人们做出异乎寻常的行为。

一、流言

一般当感觉到可怕的威胁越来越近的时候，人们迫切地需要掌握局势动向,会想方设法地四处搜集信息。可是信息真真假假,很难辨别,于是流言四起。这些流言,有些是故意捏造的,有些则是在传播过程中无意中被扭曲的。不管怎么产生的,流言往往成为大规模动乱的直接导火索。

武汉理工大学教授黄岭峻发现武昌起义的爆发就与流言不无关系。[①] 1911 年 10 月 9 日，革命党人孙武等在汉口俄租界宝善里赶制炸弹。有一个同志的弟弟一边吸烟一边看孙武装配炸弹，不料烟灰弹落在炸药上，只听轰然声响，爆炸起火，硝烟四散，俄国巡捕闻声赶来。孙武等人虽已火速撤离现场，但为起义准备的旗帜、文告、花名册全部被抄走。

湖广总督瑞澂立即宣布全城戒严，并且根据名册在新军中抓捕了三名革命党人彭楚藩、刘复基与杨洪胜，经过简短严刑逼供之后，当夜即将他们处决。其实，瑞澂这么做很可能是不想扩大事态，因为在场的武官"见案内尽属现役军人，大为震惊，深恐因此酿成巨变，曾一再向瑞澂请求从宽处理，并主张当众烧毁名册，不予追究"。[②]

但是孙武等人逃脱之后，很自然地猜想名册将会落到朝廷手中，清军必定会点着名前来捉拿革命党。"清政府可能按缴获的花名册捉拿革命党人"的流言就迅速传播。当彭楚藩、刘复基、杨洪胜三位革命党人被捕遇害时，因为他们三人都没有辫子（1910—1911 年，湖北新军中曾刮起一股"剪辫潮"，很多士兵都把辫子剪了），流言又演变为"清政府正在按有无长辫捉拿革命党人"。又因为剪辫子的以汉族士兵居多，所以流言又顺理成章演变为"惩罚所有汉族士兵"。

不难看出，流言波及的人群愈来愈大。最后，所有人都相信官府即将以革命党罪名逮捕湖北新军中所有的汉族士兵。当时湖北新军总共约一万七千名，革命党人不到两千人，同情革命的约四千人。也就是说，只有三分之一的人倾向于革命，绝大多数士兵还是处于游离观望状态。可是这个流言却把几乎所有的汉族士兵都卷进去了。既然刀架在脖子上了，士兵们就只能拼死一搏，10 月 10 日晚上先夺取了军械库，然后围攻总督府，控制了整个武昌。

著名的法国大革命也是这样。1789 年，法国经济状况不佳，物价飞涨，饥荒严重，匪盗横行。国王路易十六在凡尔赛宫召开三级会议，希望大家坐下

---

① 参见黄岭峻：《谣言与革命——关于 1911 年武昌起义的政治传播学分析》，《华中师范大学学报》（人文社会科学版），2005 年 11 月。

② 李六如：《文学社与武昌起义纪略》，载党德信主编，中国人民政治协商会议全国委员会文史资料委员会编：《辛亥革命亲历记 亲历·亲见·亲闻》，中国文史出版社，2001 年，第 326~327 页。

来好好商量商量,如何解决法国目前面临的问题,没想到代表资产阶级和农民的第三等级却闹着非要政治改革。

双方的对立步步升级,形势越来越紧张。咖啡馆里充斥着各种谣言和传闻,传说贵族们已经收买了一群无恶不作的歹徒在乡间一路烧杀抢掠,专门对付第三等级。至少三分之二的法国土地在这个流言中沦陷。野兽在林中穿行,在道路上扬起的尘土,以及窑炉的火光和田间焚烧杂草冒出的浓烟,都被当作匪帮来袭的迹象。在恐惧的胁迫下,大批村社居民逃离家园,藏身附近的森林,躲避实际上从不存在的匪帮。很多人在城镇外围拦起路障,试图抵御歹徒的袭击。一些村民们组织队伍巡逻,却被远处另一个村的村民被当作匪帮,于是更多的人陷入大恐慌。

第三等级的代表米拉波伯爵在报纸上撰文指出:"在这危难时刻,笃信和夸大凶险新闻成为一种普遍习性。没有什么比这更使观察家感到震惊。仿佛逻辑本身已不在于计算可能性的程度,而在于把最不着边际的传言当作真实性。于是,这些传言便编造出行凶事件,以阴暗的恐怖刺激人们的想象。我们宛如一群孺子,越是可怕的故事越是认真去听……"①

7月初,大批军队在巴黎市郊集结。市民们认为这是来镇压人民。尽管国王解释说,军队开来只是为了预防骚乱,不是镇压人民,可是人们根本不信。后来又有流言说,国王的军队马上要炮轰巴黎,大批强盗匪帮也将进城劫掠。顷刻间巴黎群情激愤,警钟长鸣,7月14日巴黎市民先是涌入荣誉军人院夺取武器,接着便冲向巴士底狱,因为连续几天听见有人在巴士底狱里惨叫"他们正在杀人"。传说巴士底狱中关押着无数专制统治牺牲者,其实法国政府几年前就已经议论要将它拆毁,改造成为一座公共游乐场。在被攻陷前这个貌似恐怖森严的监狱里只有三十二名看守,七名犯人。其中两人是精神病患者,一个是家人花钱监管在这里的贵族青年,他在巴士底狱里生活很舒适,有人给送饭,还有自己的书房,巴黎市民们听到的惨叫声就是出自他。法

---

① [法]阿尔贝·索布尔:《法国大革命史》,马胜利、高毅等译,中国社会科学出版社,1989年,第105页。

国大革命就这样在流言中一发不可收拾。

二、替罪羊

当灾难对人们的生命财产安全造成极大的伤害的时候，人们的心理会受到极大冲击，他们的恐惧和愤怒需要找到一个出口发泄，他们遭受的苦难需要有人替他们承受，于是就有了“替罪羊”。

在基督教的《圣经》中有这样一个著名故事：上帝为了考验以色列人的首领亚伯拉罕的忠诚，叫他把他的独生子杀了作牺牲，献祭给自己。亚伯拉罕把他儿子领到原野里，摆好祭坛，二话不说拿刀就要杀。上帝派来一个天使拦住他，说：“现在我知道你是敬畏上帝的了，前面林子里有一只羊，你可用来‘献祭’上帝。”于是亚伯拉罕便把小树林中的那只山羊抓来杀了，代替他的儿子。由此，古犹太人形成了一个传统，把每年的七月十日定为“赎罪日”，并在这一天举行赎罪仪式：先牵来一头公羊和一头公牛，用公羊和公牛的血作为赎罪祭品。再牵来一头活山羊，大祭司将双手按在羊头上宣布，犹太人在一年中所犯下的罪过已经转嫁到这头羊身上了。接着，便把这头替罪羊放逐到荒野上去，让它把人的罪过带走。但是这头无辜的山羊，通常还没逃到荒野上就会被参加仪式的人们残酷折磨而死，因为它有罪要受到惩罚。这就是“替罪羊”的来历。

犹太人的这种做法听起来挺可笑的，然而在许多古代民族的早期历史中其实都普遍存在这种“替罪羊”，只不过倒霉的未必是羊，很可能是一个人。社会心理学认为，当人们在犯错误的时候总会将责任推到别人身上，由此获得心灵的慰藉，也可能因为不能直接对伤害自己的人施加报复，而找“替罪羊”来发泄。有时候，统治者可能还会利用群众这种心理，有意识地制造“替罪羊”。

在法国最古老的城市马赛，最早是古希腊人建立的殖民地，当时有这样一个习俗，“一遇到瘟疫流行就有一个出身穷苦阶层的人自愿来做替罪羊。人们用公费整整养他一年，拿精美的食物给他吃。一年期满时就让他穿上圣衣，用神枝装饰起来，领着他走遍全城，同时高声祷告让人们的全部灾害都落在他一人头上。然后把他扔出城外,或在城墙外由人们用石头将他砸死。”另一个古希腊城市雅典“经常豢养一批堕落无用的人,当城市遭到瘟疫、旱灾或饥荒这一类灾难时,就把这些堕落的替罪羊拿出两个来献祭:一个为男人献祭,另一个为妇女献祭”①。

在中世纪的欧洲,女巫是一种常见的替罪羊。从中世纪末期开始,欧洲出现接二连三的灾乱,英法之间发生长达百年的战争,14 世纪初接连发生农作歉收、大饥荒,不久之后“黑死病”又开始流行。这些都使欧洲经常处于动荡不安的状态下。于是传说中的女巫就成了灾难的责任人,欧洲各国兴起了一场猎捕女巫运动。从 1450 到 1750 年间,欧洲人可能进行过十万次指控女巫的审判,这些审判也是一本正经的:有一整套调查讯问的程序,只有达到一定水平的神学家才能充当裁判官,要求有两个以上证人,还要有专门的鉴定女巫的专家在场。教会还出了一本女巫鉴定手册,叫作《女巫之锤》。不过比较遗憾的是这种审判允许刑讯逼供,于是这十万次审判中,有四五万次嫌疑人都被认定为女巫而被处以死刑。每次判决的可能不止一个女巫,死者远不只四五万人,绝大多数的女巫是被烧死的,还有很多倒霉的女性甚至没有经过审判就被认定是女巫,被民众处以私刑,或者被乱石砸死,或者被吊死,或者被淹死……

创造“替罪羊”一词的犹太人可能是人类历史上最倒霉的替罪羊。历史上,无论他们生活的国家发生什么事,一有风吹草动,当局者总是首先拿犹太人当替罪羊。各种各样的事情都可以成为驱逐和屠杀犹太人的借口。这种做法渐渐成了统治者转嫁国内危机、转移民众视线的惯用手段。

14 世纪黑死病肆虐欧洲的时候,很多地方传说瘟疫之所以这么严重是犹太人在井里下了毒。英国开始下令驱逐犹太人,法国起而效尤,德国也跟着屠杀犹太人。俄国也是这样,而且每次只要沙皇需要替罪羊来缓和不利局面时,犹太人就会在政府批准的集体迫害中遭到殴打和屠杀。

类似的还有日本。1923 年,日本关东地区(东京、神奈川、千叶、静冈、山

---

① [英]詹姆斯·乔治·弗雷泽:《金枝——巫术与宗教之研究》,徐育新、汪培基等译,大众文艺出版社,第 816~817 页。

梨）发生了里氏8.1级的大地震，史称关东大地震，造成十余万人丧生，两百余万人受灾，突然流言四起，说灾区有朝鲜人乘机放火、趁火打劫，向井水里投毒，还说是朝鲜人触怒神灵才导致大地震。流言最终演变成对朝鲜人的大屠杀，数千朝鲜人被军队、警察和失去理智的狂热民众杀死，旅日中国人也被殃及，数百人丧生。日本民众的痛苦和恐惧在朝鲜人和中国人的无辜鲜血中得到了宣泄，本该承担救灾不利责任的日本政府成为日本民众团结一致的依靠，不但没有受到指责，反而进一步巩固了统治，加强了对社会和媒体的控制。

那么通常究竟谁会那么倒霉被当作“替罪羊”呢？很多时候，他们与灾难的罪魁祸首多少都有点联系，比如说属于同一个种族、国家或者宗教，当年“9·11”事件发生之后，本·拉登被确认为头号嫌疑犯，美国各地骚扰、袭击、恐吓阿拉伯裔移民和伊斯兰教教徒的犯罪活动剧增，有一些清真寺和伊斯兰教活动场所遭到捣毁或者纵火。可是更多时候，那些倒霉的替罪羊跟灾难根本没有关系，为什么会选中他们呢？他们有一些共同的特征：

首先，必须软弱可欺，比如说猎捕女巫运动中许多被指控为女巫的都是些穷困孤老的妇女，她们在村社中毫无地位，没有用处，招人讨厌，可以任意欺凌，于是就成了最好的“替罪羊”。

其次，它还必须与众不同，是外来的、有残疾的、极端富裕或者极端贫穷的、极端成功或者极端失败的、极端美丽或者极端丑陋的、极端邪恶或者极端高尚的，都会成为众矢之的。遍布欧洲的犹太人没有自己的国家，到哪儿都是外国人，同时他们往往又都很富有，往往会沦为迫害的对象。

三、内部斗争

因为感到紧张、缺乏安全感，除了寻找替罪羊之外，社会内部也会变得“不宽容”。社会学家盖奥尔格·西美尔指出：“有些处于某种战争状态的群体，缺乏宽容，它们只能在十分有限的范围内，容忍个人偏离维系团结原则的统一。……通过斗争，不仅在内部某种现存的统一更强有力地集中，把所有那些对待敌人可能划不清界线的分子彻底清除出去，而且斗争还使那些平时相互间毫无关系的个人和集团，整个团结起来。”[①]

20世纪40年代末到50年代初，美国人曾经掀起一场影响广泛的社会政治浪潮。当时的一位参议员麦卡锡说自己手里有一份两百零五人的名单，全都是共产党和间谍，不分青红皂白地把批评他的人指控为共产党的同情者，在参议院掀起了一波又一波所谓“揭露和清查美国政府中的共产党活动的浪潮”，大约有两千万美国公民受到了不同程度的审查，许多人名誉扫地。美国人在这次浪潮中对莫须有的“共产党人”实行了歇斯底里的讨伐。“原子弹之父”奥本海默、著名汉学家费正清等人，因为被指控向苏联透露机密或者为苏联充当间谍而受到迫害，不让他们搞科研，不让讲课。电影大师卓别林被驱除出美国。学校里教授社会科学的教师如果不在课堂上大骂苏联和共产主义就会被解雇，甚至参加选美的美国小姐候选人都必须当众回答她们对马克思有什么看法，有个棒球队的名字叫作红色棒球队，被迫改名。七十五位作家的书籍被列为禁书，其中包括马克·吐温。图书馆纷纷查禁甚至焚毁“任何可疑的书籍和杂志”，凡是跟苏联有关的，甚至只不过是介绍苏联芭蕾舞的书，也要烧掉，连爱因斯坦的《相对论》也被禁了，因为爱因斯坦主张社会主义。

为什么会这样呢？美国社会疯狂追查共产党的时候，正是美国与社会主义国家关系最紧张的时期。1949年，苏联爆炸了一颗原子弹，打破了美国的核垄断。1950年的朝鲜战争，美国在中苏两大社会主义国家面前又没能讨得便宜。全世界都出现“东风压倒西风”，社会主义思潮压倒资本主义思潮的局面。失去了自信心的美国人对苏联和中国抱有强烈的恐惧心理。这种紧张直接导致了整个社会陷入歇斯底里。而当朝鲜战争结束，国际紧张局势有所缓和的时候，1954年12月，美国参议院以六十七票对二十二票通过“谴责”麦卡锡的决议案，麦卡锡主义宣告结束。麦卡锡主义的出现与消失与美国的外交压力的变化是一致的。

---

① ［德］盖奥尔格·西美尔：《社会学——关于社会化形式的研究》，林荣远译，华夏出版社，2002年，第223、226~227页。。

第五章

四、习得性无助

那么当人们真的被外来势力所击败，陷入被欺压和奴役状态的时候，又会怎么样呢？正常的反应当然是反抗，力图摆脱这种状态。但是如果屡遭挫折，也会有为数不少的人们对反抗失去希望。

1945 年，第二次世界大战接近尾声。一支盟军连队长驱直入，直闯德军腹地。在一个村庄附近，他们发现了一片被铁丝网包围起来的集中营，大门敞开着，守卫的德军早已望风而逃。战士们小心翼翼地搜查了每一间囚牢，看到了令他们终生难忘的一幕：除了已经死去的人像柴火一样摞在一起，所有还活着的囚犯都形销骨立，如同骷髅一般，最可怕的是他们眼睛里那种绝望的神情。尽管德军看守早已不见踪影，集中营的大门敞开着，盟军战士们来到他们面前大声说"你们解放了"，这些可怜的人们仍然无动于衷，冷漠地躺在阴冷黑暗的角落中等候死亡的到来。究竟是什么让这些人的精神完全萎靡，以至于面对敞开的大门却不再渴望自由，面对热情的解放者却毫无反应？心理学家用一个词解释了这种绝望的心理状态——习得性无助。

1967 年，美国心理学家马丁·塞利格曼以狗为对象做了一组实验。

第一步，把一条狗放进一个笼子里，锁住笼门使狗无法轻易从笼子里逃出来。而笼子里装有电击装置，通过这一装置给狗施加电击，电击的强度刚好能够引起狗的痛苦，但不会使狗毙命或受伤。狗在一开始被电击时，拼命地挣扎，想逃出这个笼子，但经过再三努力，它发现无法逃脱后，挣扎的强度就逐渐降低了。

第二步，把这只受过电击的狗放进另一个笼子。这个笼子由两部分构成，中间用隔板隔开，隔板的高度是狗可以轻易跳过去的。隔板的一边有电击，另一边没有电击。实验者发现，这只曾受过电击的狗除了在头半分钟惊恐一阵子之外，此后一直卧倒在地，绝望地忍受着电击的痛苦，根本不去尝试有无逃脱的可能。

第三步，把没有经受过电击实验的狗直接放进有隔板的笼子里，发现这些狗全部都能逃脱电击之苦，轻而易举地从有电击的一边跳到安全的另一边。

塞利格曼把上述实验中，狗的绝望心理称之为“习得性无助”。“无助”指的是小狗什么都不愿意尝试的状态，但这种无助不是天生的，而是后天习得的。

人也是如此。如果人在最初的某个情境中形成了无助感，在以后的情境中就会难以摆脱出来，无助感将扩散到生活中的各个领域。这种扩散了的无助感会导致个体的抑郁并对生活不抱希望。这是一种可怕的感受，在这种感受的控制下，个体会由于认为自己无能为力而不作任何努力和尝试。被纳粹关进集中营的囚犯们就是这样：在长期的迫害中早已失去了对生存和自由的希望，在无数惨痛的经历和可怕的挫折之后，终于再也不抱任何希望。

在西班牙人征服美洲的过程中，印第安人也曾陷入这种状态。西班牙人的骑兵和钢制武器令他们无从招架，西班牙人随身携带的传染病更是杀人于无形之中。大批印第安人还来不及反抗就悲惨地死去。而且传染病好像只袭击印第安人，白人却安然无恙。幸存的印第安人都士气低落，最后只能归因于白人的上帝比印第安人的神灵强大，这是上帝对他们的惩罚！于是许多地区的印第安人放弃了抵抗，接受了西班牙殖民者所强加的命运——繁重的庄园和采矿劳役。

五、斯德哥尔摩综合征

更悲哀的是，不再奢求自由的人们将会接受现实，有的人甚至会把自己当成侵略者、压迫者的一分子。

1973年，瑞典首都斯德哥尔摩的一家银行发生了一起抢劫案。两名劫匪被警察包围，他们抓了两男一女三名银行职员做人质，在银行大楼里与警察对峙了六天。后来警察施放了催泪弹，劫匪被迫逃出来，人质居然主动掩护劫匪逃跑。其中一个女人质甚至还挺身替匪徒挡住警察的枪口。

后来劫匪还是被警察抓住了。在法庭上，这三名银行职员居然都表示并不痛恨这些劫持他们的歹徒，对歹徒非但没有伤害他们却对他们多有照顾深表感激，拒绝在法院指控这两名绑匪，甚至还为他们筹钱请律师辩护；那名挡枪的女人质后来还跟其中一个劫匪订了婚。

一年以后，另一起类似的劫持事件发生了。美国报业大王赫斯的独生女派翠西亚被一伙自称“新人民军”的都市恐怖分子绑架。但是在被劫持的日子里，这位富家千金却对恐怖分子萌生敬仰之情，最后自己也加入了这个组织，穿上军装，跟着恐怖分子一起抢劫银行。

这种奇怪现象的出现引起犯罪心理学家的兴趣。他们把这种被害者对于犯罪者产生好感，甚至反过来帮助犯罪者的情结命名为“斯德哥尔摩综合征”。

有些心理学家认为，人能承受的恐惧是有限的。当一个人遇上了一个暴徒，随时可能要他的命，时间拖久了，吃一口饭，喝一口水，每一次呼吸，都会觉得是暴徒对他的宽容和慈悲。对暴徒的恐惧先转化为对他的感激，进而变为一种崇拜，最后这个人下意识地把自己的命运与暴徒的命运合为一体。

在阿拉伯帝国，有一个阶层，被称为麦瓦利。他们不是阿拉伯血统，原本是阿拉伯人在征服扩张的过程中抓来的奴隶，皈依伊斯兰教之后被释放了，但是与原来的奴隶主之间仍保持有某种名分上的关系。他们在阿拉伯帝国中地位最为低下，但是伊斯兰教信仰却极为虔诚，有时达到狂热和偏激的地步，迫害起异教徒来比正宗的穆斯林还要残忍。

19 世纪中期，大批爱尔兰人移民到美国，受到当年英国殖民者后裔的歧视，把他们叫作“白种黑奴”。而受到歧视的爱尔兰人在力图融入美国主流社会的同时，却又强烈地歧视其他种族的移民，他们的种族主义情绪比当年歧视他们的那些人还要强烈。这些刚刚加入美国的移民其实是想要证明自己是真正的美国人，比美国人还要美国人。除了爱尔兰人，其他族裔也是这样。到了为国效忠的时候，他们也都表现得非常积极。比如说第二次世界大战期间，很多在美国社会中一贯遭受歧视的墨西哥和日本移民都加入美军，在战场上表现得相当英勇，由日本移民后裔组成的美军第 442 团，伤亡率高达 314%，比其他美军部队的平均水平高出三倍，先后在这支部队中服役的约一万四千名官兵共获得了近九千五百枚紫心勋章，是美军战史上受勋最多的一支部队。另外他们还获得了八次总统集体嘉奖。这也是空前的。总统集体嘉奖是美军部队的最高集体荣誉，美军第一王牌师陆战第一师得过两次，最精锐的 101 空降师得过三次，这支日裔美军居然得了八次。这么卖命当然也是想证明他们不是偷袭珍珠港的日本人，而是美国人。

在第二次世界大战期间，德军横扫欧洲，以极其粗暴、强硬的纪律，压制、迫害占领国家的人民，很多瑞典人反过来对纳粹的强硬、铁的纪律产生好感，觉得就应该这样，心甘情愿和他们合作。法国人更是如此，当时法国出现了一个叫作法兰西民兵的民间组织，大约有八千常备军，两万两千后备军，帮着德国人对付法国国内的抵抗组织，被称作"法国的盖世太保"。

第四节　经济危机下的变迁

除了自然灾害、战争这些可能突然降临，并夺走财产、生命或者至爱亲朋的灾难之外，还有一种灾难，虽然不是那么惨烈，但是却会导致企业破产、工厂倒闭、大批原本生活富裕的人们失业，甚至要靠政府发放的救济维持生存，这种灾难就是经济危机。通常我们只注意到经济危机让无数钱包瘪了下去，其实这种灾难对人类的社会和行为方式也会造成许多令人意想不到的影响。20 世纪 30 年代的美国经济大萧条就是这样。

在大萧条最惨痛的时期，有两百万左右的美国人无家可归，露宿街头，其中不乏曾经衣冠楚楚的中产阶级，意气风发的银行行长，或者在著名报纸上发表评论的著名作家，如今却挤在人群里排着长队领面包……

这种生活条件和社会地位的巨变，使得人们的精神状态极不正常，他们感到迷惘困惑、自卑自责，不敢见朋友，做事的时候犹豫迟疑、冷淡漠然，有相当一部分人整天酗酒，不再操心别人怎么看他，头发不梳，胡子也不刮，走路拖沓，蔫头耷脑。这些人就算是后来重新找到工作，也失去了往日的活力，出现神经性疲劳的症状，无法集中精神，肌肉无力，不协调，缺乏毅力，就像一台机器停工就已经生锈了一样。

1932 年 2 月，有一个人被房东撵走，他对《纽约每日新闻》的记者说："我已经两年多没有固定工作了，有时我真觉得自己像个杀人犯似的。我怎么搞的，连自己的孩子也没法照顾了？"由于教养的关系，这样的人自小就相信，谁卖力气，谁就有出息。而现在不管勤的懒的，一概倒霉，所以人人感到精神沮丧。正如美国著名的政论家、专栏作家沃尔特·李普曼所说："整个民族精神不振，人人觉得自己孤零零的，谁也不信，啥事也不信，甚至对自己不信任了。"①

1930—1932 年，因患精神病而住院的人数，年增长率几乎是过去(1922—1930 年)的三倍。不过自杀率倒是并没有太明显的增加，而且自杀的事情多数发生在社会上层，这是因为社会地位从高到低的落差要比贫穷本身更让人受不了。

大萧条中的青年人往往很脆弱，不够坚忍。因为他们从小在繁荣中成长，成年后却陷入贫困和失业当中，失望和沮丧将会加倍强烈。而他们的弟弟妹妹，在大萧条中出生的孩子长大以后却坚强得多，因为童年时代经历艰难使得他们更为现实，更加努力奋斗，也更容易得到满足。

经济危机对家庭生活的影响很大。大萧条中结婚率比正常年份下降了15%，毕竟结婚需要花一大笔钱。而离婚率也降低了 25%，因为离婚也要花钱，而且如果离婚了的话，两个人各自花的钱更多，还是合伙过日子省钱。生儿育女也要花钱的，那就尽可能不生，有意识地节育。大萧条之前，美国全国只有二十八家节育诊所。到 1940 年这个数字变成了七百四十六家。1938 年，美国 10 岁以下的儿童比五年前少了一百六十万。

大萧条时期，美国社会对妇女就业空前敌视，尤其是已婚妇女，更成为众矢之的，反对声浪不断高涨，甚至上升到道德和国家能否复兴的层面上。这种攻击首先是因为妇女抢走了本来就不多的就业机会，更深层次的原因则是男性对自身家庭地位的焦虑。男人不仅社会地位下降了，在家庭中的地位也下降了。

当时的一项调查显示，大多数的已婚妇女之所以会进入劳动力市场，都是因丈夫失业或收入减少不足以支撑家庭。可是如果妻子成了家庭的主要经济支柱，她在家里说话的底气当然也壮了，相应地丈夫整天在家无所事事，自然也就失去了威信。有一些妇女在决定家庭重大事务的时候，比如说置办什么家具，孩子上学，去哪儿度假，根本不征求丈夫的意见。报纸上说有

① [美]威廉·曼彻斯特:《大萧条与罗斯福新政 1932—1941》，广州外国语学院美英问题研究室翻译组、朱协译，海南出版社，2009 年，第 35 页。

一位丈夫在傍晚回到家发现屋子里空空如也,所有的家具都不翼而飞,后来才知道妻子已经另租一所房屋,搬完了家才告诉他。

不过也有学者认为,虽然男性地位下降了,但是家庭也变得更加和睦。男人失了业,长期待在家里,可以陪孩子们做游戏,增进感情。不出去工作,夫妻也会拥有更多的时间待在一起,听听广播,打打麻将,或者读书。哥伦比亚学者也发现,当咖啡价格暴跌的时候,哥伦比亚的婴儿死亡率就会降低,因为种咖啡的农民们会有更多的时间去照顾他们的孩子。这也算是经济危机变相的好处。

在大萧条时期,穷苦人家的孩子往往还在青春期就离家出走,独立生活,因为这样一来家里就会少一张吃饭的嘴。青少年离家出走虽然普遍,但是青少年犯罪率并没有明显增加。大概是因为这些青少年即使离家出走也身负着跟成年人一样的责任,要工作,要谋生,可能的话还想补贴家里,帮助抚养弟弟妹妹,没有时间去胡闹。穷人的孩子早当家。他们自幼在家里就帮助父母做家务,培养良好的习惯和态度,比如勤劳、守秩序,尊重他人,服从整体利益,等等。

经济危机中大多数的企业都饱受打击,生产了东西也卖不出去。不过有些行业却分外兴隆,比如电影业。每星期有八千五百万美国人看电影,而且多数是全家一起去。全国有一万七千家电影院,比银行还多,等于旅馆数的两倍,百货公司数的三倍。好莱坞迎来了一个黄金时期。道理也很简单:无数人失业了,自然有时间进电影院。泻药的销量也大增,因为人们处于极大的压力之下,容易便秘,排泄不畅。用来腌制泡菜的罐子特别好卖,销量超过了此前十一年中的任何一年,因为美国家庭普遍舍不得购买新鲜蔬菜和水果,只好自己腌泡菜,做蜜饯。这样的话,罐头也就没人买了。大多数家用电器,像电烤箱、洗衣机、电炉子、缝纫机销量大幅度下降,大概是因为没有这些东西生活也能继续。但是电冰箱非常受欢迎,因为人们需要经常性地储存食物。拖拉式的房车可以说风靡一时,1936 年一年之中就销售了五万辆。对那些居无定所、四处漂泊的人,那些到处寻找工作机会的人,以及不想交房租的人来说,这种交通工具极具诱惑力。可是等到 1938 年经济开始复苏的时候,它的销量就急剧下降了。

经济危机还影响了社会时尚。有人说，女人裙子的长短与社会经济状况的变化是相呼应的。经济萧条时，生意一落千丈，男人收入下降，生存压力加大，成天疲于奔命，顾不上关注美女，女人也不想穿得太招摇，倾向选择端庄低调的衣着，用长裙把自己遮掩起来。经济繁荣时，男人钱包膨胀，走在大街上也是左顾右盼，女人受到鼓励，女为悦己者容，裙子也就越来越短。美国就是这样。大萧条时期的女性流行穿一种系腰带的有简单印花的长裙。到20世纪30年代中期，经济开始复苏，裙子开始变得越来越短；等到50年代美国成为全世界最富裕的国家，经济极度繁荣，一种短到极致的女装——比基尼诞生了。

经济危机也影响了人们的文化生活。大萧条到来的时候，1930—1934年，美国的高尔夫球俱乐部损失了大约一百万名成员，台球馆、保龄球场也是门庭冷落。棒球赛、拳击赛没人看了，可是赛马很受欢迎，因为看赛马可以赌博。很多人希望用这个办法挣点钱。但是另一方面，很多在家里就能玩的简单游戏——拼图、大富翁、跳棋、象棋，甚至套圈，却大受欢迎，主要还是省钱。此外，不少人还学会了打羽毛球、乒乓球，学着做木工，养鸽子。很多人开始集邮。罗斯福总统就喜欢集邮，在他的带动下，美国集邮爱好者的数量从两百万增加到了九百万。桥牌也颇受欢迎，1931年美国人花在学桥牌和买桥牌上的钱将近一亿美元。

还有很多人宁可去读点书。公共图书馆几乎成了穷人的俱乐部，能随便读点书打发时间，还可以趴在桌子上睡觉，风吹不着雨打不着，还有暖气。1933年，美国图书馆协会估计，自1929年以来新增的借书人大约在两百万到三百万之间，总的图书流通量增长了将近40%。读者偶尔会对图书管理员说："要不是因为有图书馆，我没准早就疯掉了，或者自杀了。"

很多人喜欢读杂志，于是有史以来发行量最大的一份杂志《读者文摘》应运而生——因为当时，很多家庭没有能力订阅几份不同的杂志，就只好订阅这份专门刊登其他报刊书籍精华的文摘杂志。

要是坐在家里什么都不干，那就听收音机。到1940年，两千八百万个美国家庭拥有四千四百万台收音机，越来越多的人守在收音机前，听着五花八门的新闻、政治、广告、信息和娱乐节目。

人们听音乐的类型跟经济状况也有联系。在朝不保夕的时期,人们更喜欢舒缓的,意味浓厚的旋律;而在经济情况较好的时期,人们往往更喜欢快节奏的歌曲。这是因为人们在经济窘迫感到焦虑的时候,希望听到的是能够缓解压力的音乐。

电影的发展也与经济环境相适应。面对大萧条时期各种令人绝望的困境,人们去电影院的一个主要目的就是寻求短暂的快乐,在虚拟世界里忘记现实的伤痛,这一需求催生了喜剧片和歌舞片的繁荣。大萧条之前,好莱坞原本流行的是音乐剧,但在经济危机中,喜剧电影迅速崛起。卓别林受到人们的热烈欢迎,每次都会给大家留下一个美好结局的小童星秀兰·邓波儿也获得狂热追捧。迪士尼公司在这一时期崛起。米老鼠、唐老鸭,以及花费近两百万美元的第一部动画大片《白雪公主》,在无数人的笑声中创造了票房奇迹。如果是爱情片,故事内容最好是美女舍弃了富家公子,跟了穷小伙儿,告诉大家,相比爱情来说金钱并不重要。或许当时的人们只有在虚构的世界中,才能忘却现实的痛苦,支撑着活到光明到来的那一刻。

除了喜剧电影之外,恐怖片也很红火。唱主角的是一个名叫德古拉的吸血鬼伯爵。在电影《德古拉》中,这位面色惨白的贵族拥有温文尔雅的风度和超自然的魔力,以吸食人血为生,可以化作一阵轻烟穿过钥匙孔,也可以化为蝙蝠或者豺狼。他唯一害怕的可能就是阳光。在当时人们看来,这就是一个神通广大、敲骨吸髓的资本家形象,不断地在一个地方吸干劳动人民的血,然后又到另一个地方继续吸。与吸血鬼遥相呼应的是另一个经典形象——科学怪人。在这个电影中,一个疯狂的科学家将从墓地、绞刑架和医院里收集来的支离破碎的人体器官拼凑在一起,通上电,噼里啪啦一阵火花,这个由器官拼凑起来的怪物就活了。这个科学怪人脚步沉重,满身都是伤疤,穿着工作服,靴子上沾满沥青,象征着那时候社会底层,在繁重的机器生产中异化了的工人阶级。所谓的恐怖片,展示的正是当时社会人们最恐惧的东西。

既然有恶魔祸害人间,当然也需要有神来拯救万民于水火之中。DC漫画公司于1938年在其刊物《动作漫画》上率先推出“超人”(Superman),这是世界上第一位超级英雄。超人拥有钢铁之躯和上天入地的本领,而且没完没了地舍己救人。这其实是危机状态下人们心理诉求和情感欲望的投射。仅仅发行了三期,超人漫画就卖出了上百万份。第二年蝙蝠侠也诞生了。随后各种花样翻新的超级英雄接踵而来,他们的共同点除了拥有超能力之外,最重要的就是惩恶扬善,拯救人类和地球。

结 语

社会就像一个善变的肥皂泡。人的意识常常会陷入误区,驱使人们做出种种过后看起来匪夷所思的判断和举动,进而使社会也呈现出光怪陆离的景象。压力和危机也会使某些人群乃至整个社会做出微妙有趣的改变。

参考书目

1.[美]狄克逊·韦克特:《大萧条时代:1929—1941》,秦传安译,新世界出版社,2008 年。

2.[德]盖奥尔格·西美尔:《社会学——关于社会化形式的研究》,林荣远译,华夏出版社,2002 年。

3.高尚涛:《国际关系的权力与规范》,世界知识出版社,2008 年。

4.李淑臻:《偏见》,东方出版中心,2007 年。

5.梁良:《从众》,东方出版中心,2007 年。

6.[美]威廉·曼彻斯特:《1932—1972 年美国实录(光荣与梦想)》(第一册),广州外国语学院美英问题研究室翻译组译,商务印书馆,1978 年。

第六章 从哪里来，到哪里去？

人类是一种充满智慧的生物，这种智慧有一个非常重要的特征，就是会反观自照。自古以来，世界各地的智者贤人，不断地总结人类文明走过的道路，从各种各样的视角和标准为人类文明划分发展阶段。划分阶段的过程其实也就是在定义和概括人类文明究竟是什么，我们未来将会怎样。

第一节　神话中的过去和未来

早期的人类普遍用神话来描述宇宙的结构、世界的变迁，以及人类的命运。

大约公元前 8 世纪，有一位名叫赫西俄德的希腊诗人，传说他原是个牧羊人，后来诗歌女神缪斯赋予他才能，命令他“歌唱神圣不朽的神的子民”。他写过一首著名长诗——《工作与时日》，主要是讲他干农活的时候想到的那些事情，除了要辛勤劳动，不误农时之外，还讲述了一下人类的发展史。

他说最早的人类诞生于神话中第二代众神之王克洛诺斯统治时期，这是一个黄金时代。大地深受神的恩泽，会自行出产各种果实，四季如春，水草丰美，牛羊成群，人们无忧无虑、丰衣足食，身体矫健，没有任何病痛，整天欢饮达旦，死亡也是一个十分安逸的事情，该走的时候，他们会安然睡去，没有一点痛苦。后来克洛诺斯被他的儿子宙斯推翻了。黄金时代的人类都化作了“世间生灵的保护者和监护人”。

接着宙斯创造了白银时代。在这个时代里，人们在身材和智力上都不及黄金时代。他们出生以后要在母亲身边度过长达一百年的童年时光，等成年了也快该去世了。因为一直娇生惯养，人们往往骄横无礼，行为放肆，冥顽不灵，不懂得节制自己的情感，学会了欺骗，而且他们不再崇拜天神，也不再献祭。宙斯看到这种情况后十分生气，把他们统统埋葬掉，变成了低等的守护神。

宙斯又创造了青铜时代。人世间第一次出现了可以用来制造武器的金属，敌对和战争成为家常便饭，丰饶的生活已不复存在。这个时代的人们身体强健，力大无比，意志坚强，身披青铜盔甲，手握青铜兵器，房屋也是青铜铸造，他们不吃粮食，残忍粗暴，最要命的是，他们不把天神放在眼里。整天想着割断别人的喉咙。最后这一代人在无休止的战争中消亡了，死后都下了地狱。

然后世界进入了英雄时代。生活在这个时代的人类高尚、公正、善良，都是些半人半神的英雄。他们生活在富饶肥沃的大地上，庄稼一年三熟，与以前的人类相比他们更高尚、更公正。然而就是这样优秀的一代人后来也逐渐陷入了战争和仇杀中，有的为了王位和国土，有的为了美女。当这些人在战争中死了以后，天神宙斯把他们都送到了极乐岛，过着宁静而幸福的生活。

最后，人类进入了黑铁时代，这是最令人憎恶的时期。在这个时代里，人们高举着用黑铁制成的武器，到处发动战争。所有神祇赐予人类的美德都被收回了。父子兄弟反目成仇，朋友之间互相猜疑憎恨，老人得不到尊敬，小孩得不到爱护，世间充满了谎言和怨恨，有的只是嫉妒和贪婪。大自然很吝啬，付出了沉重的劳动也不一定带来好收成，人类日夜苦恼，不得安宁。这个时代是如此丑陋不堪，以至于连神都不愿意多看一眼，赫西俄德悲哀地感叹自己属于铁器一代，他宁愿马上死掉或尚未出生。虽然神话里没有说这个时代的最终将会怎样，但恐怕不会有什么好结果。

这种代代更替的构想，在美洲神话中也可以看到。

按照墨西哥中部的阿兹特克人的神话，人类一共经历了五个“宙”，相当于人类文明的五次生命。每个“宙”都有一个灾难性的结局。每次灾难灭绝了地球上的所有生命，过后世界和人类都要被重新创造。第一个宙，人被美洲豹吃光了；第二个宙，风暴把所有的一切都吹散了，人类变成了森林中的猴子，也都被风拍死了；第三个宙，天上下起了“火雨”（火山爆发），人变成了鸟；第四个宙，人类被洪水淹死了，都变成了鱼和蜻蜓幼虫；而现在的人们生活在第五“宙”里，它将在地震中结束。

生活在墨西哥以南包括危地马拉、洪都拉斯，一直到南美洲的秘鲁的玛雅人，认为世界被创造过四次。第一次所造的人和动物既不会说话又不懂得敬神，神以洪水灭之。第二次时，神用泥土造人，但它们也不会说话，而且极易毁坏夭折。神又用洪水毁之。第三次神用木头刻出了人。它们既会说话，又很活跃，但没有大脑，非常愚蠢，而且不敬奉神，因此也招致洪水毁灭。第四次重新造人时，玉米神用玉米面和着神水塑造了人，玉米面作身体，神水作血液。这一次创造的人类非常崇敬自己的造物主，每隔一段时间就要向神供奉玉米面、玉米酒和自己的鲜血，以表示对造物主的感谢。这第四次即是我们现处的时代。

其实认为人类文明终将走向毁灭的说法在很多古老民族中都很常见，通常我们称之为“末世论”，公元前 2800 年，亚述人在一块泥板上记述了世界末日的情景，这是人类最古老的世界末日预言。印度教、早期埃及、巴比伦宗教、索罗亚斯德教等，都有末世论的说法，中国的道教也有。道教灵宝派和天师道都认为在某种历法上的周期完成之后会出现劫变，会出现大水、大瘟疫等现象。

中国民间宗教，也有“三阳劫变”说法，传说为了解救沦落尘世的九十六亿皇胎儿女，无生老母将宇宙分为青阳、红阳、白阳三个时期，分别代表过去、现在、未来，每期之末，都会发生劫变，出现大的水旱灾害、疾病等。无生老母相继派遣燃灯佛、释迦佛、弥勒佛降临度世。燃灯佛临凡，度了二亿皇胎儿女；释迦佛临凡，又度了二亿皇胎儿女；未来弥勒佛临凡，要将留在尘世的九十二亿皇胎儿女全部度尽，回归真空家乡。这是宗教吸引信徒的一种方式，你要是相信了世界末日的存在，然后神父再告诉你——只要你虔诚皈依我，按我说的做，你就能够得到拯救。于是乎大家都去信教了。这种说法人们见的多了，也就见怪不怪了。

但是 2012 年，全世界因为玛雅人的末日预言而陷入恐慌之中。玛雅人有一套非常庞大的历法，以三百六十天为一年，叫作“桐”；二十“桐”为一“卡桐”；二十“卡桐”为一“巴卡桐”，相当于现在我们的三百九十四年；十三个“巴卡桐”为一“皮克桐”，相当于我们的五千一百二十五年。在这之上还有“卡拉巴桐”“金其尔桐”“阿拉乌桐”，数字非常大。

按照这种历法，上一个皮克桐开始于公元前 3114 年，结束于 7 年前——2012 年。准确地说是 2012 年 12 月 21 日。玛雅是一个很神秘的古代文明。他们掌握的科技知识远远超出了他们生活的时代。七八世纪时，玛雅人就已知道地球公转时间，是 365 日又 6 小时又 24 分 20 秒，与现代天文学的计算结果仅差 17.28 秒，他们算出了精确的月亮和金星的周期，而且还把太阳、月亮、金星的周期综合在一起算出它们的公倍数（公转数）。在没有现代化的观测工具和理论基础的情况下，玛雅人就能够计算出如此高精度天文数据，想必他们计算的世界末日也是准确的。

于是美国哥伦比亚电影公司2009年出品的电影《2012》在全球上映的时候，引起了很多人的恐慌。当时有人类学家、历史学家出来辟谣，说玛雅人神话中的前三个时代的确都毁灭了，但是这次人类已经学聪明了，对神毕恭毕敬，应该不会再有大的灾难了。玛雅人也并没有留下任何关于2012年会发生什么事情的明确记录。即使按照玛雅人的历法，2012年也只是整个大时代周期下的一个小周期，仅仅是一个纪年轮回的结束，就像过完元旦之后开启新的一年一样。整个这个时代还有七千年呢。

我们中国古代其实也有一个时代一个时代交替更迭的观念。孟子说“天下之生久矣，一治一乱”。人类历史就是在“一治一乱”中循环往复，周期大约五百多年。他计算的，“由尧舜至于汤，五百有余岁”，“由汤至于文王，五百有余岁”，“由文王至于孔子，五百有余岁”，所以“五百年必有王者兴，其间必有名世者”。

与孟子同时代的阴阳象邹衍曾提出“五德终始”之说。中国传统思想认为宇宙万物都是由五种基本物质构成的，即金木水火土。五行相生相克，木生火，火生土，土生金，金生水，水生木：水克火，火克金，金克木，木克土，土克水。邹衍用水、火、木、金、土的相生相克与历史上的王朝联系起来，为每一个朝代安排了一个五行的属性，并且根据这些属性来推演朝代的相生相克，解释朝代的历史更替。

邹衍生活在东周末期，他说黄帝为土德、禹为木德、商汤为金德、周文王为火德，因此接替周朝之后新的王朝应该是水德，以后再循环到有土德，完成一个五行的循环，于是后来秦始皇就认定秦为水德。

五行不同的属性，对应不同的颜色和行事风格。黄帝土德就尚黄，禹为木德就尚青，商汤金德尚白，周文王火德尚赤，秦始皇认为自己属于水德，应该尚黑，于是命令朝廷上下衣服旗帜全改成黑色。因为“水德”对应四季中的“冬季”，主“刑杀”，于是秦朝“事皆决于法，刻削毋仁恩和义”。

汉王朝建立后，刘邦一度以火德自居。据说刘邦做亭长时，有一天夜里路过一个沼泽，有条大蛇挡道，刘邦拔剑斩蛇。后来在刘邦斩蛇的地方，有人看见一个老太太在哭，问其原因，老太太说，她的儿子是白帝子，化为蛇当道，被赤帝子斩杀。这可能是出于楚国人的迷信说法。那么刘邦就成了赤帝子，他也不懂五行相生相克的关系，既然我是赤帝子，那肯定应该属火德。可是火德与秦的水德衔接不上，不符合五德终始的说法。两年之后，他又说汉朝是水德，直接承袭周朝的火德，否认秦朝的正统。水德尚黑，所以汉代的礼服都是黑色，包括新婚庆典中的新娘，身着绣花的黑衣裙。

但是有一些儒生，比如说贾谊认为，秦朝是客观存在的，不能直接跳过，秦朝是水德，土克水，汉代秦，所以汉朝当为土德。汉武帝认可此说，为此还穿上了黄色的皇袍。

后世历朝历代都尽可能地往五行上靠。宋朝给自己定的是火德，元朝取代宋朝，定为水德，取水克火之意，明朝取代元朝，定为土德，取土克水之意，清朝取代明朝，定为木德，即木克土。好在五德终始只是表述了朝代更替循环的观念，没有像古代希腊人、阿兹特克人设想的那样，时代一变世界就要毁灭。

印度是世界上神话文献最丰富的国家，包括两大史诗和一系列往世书，一般记载说有十八部大往世书，十八部小往世书，光是那两大史诗篇幅就达到了古希腊荷马史诗的八倍。印度神话中的世界和宇宙也非常复杂。

在印度教的理念中，保护之神毗湿奴是维持宇宙秩序的主神。传说毗湿奴躺在一条大蛇盘绕起来的身上沉睡，在宇宙之海上漂浮。从他的肚脐里长出一朵莲花，莲花中诞生了造物主梵天，开始创造人类和宇宙万物。

宇宙的时间是以梵天的标准而定。人类的四十三亿两千万年仅仅是梵天的一个白天，这个白天称为一个劫波。一个劫波包含一千个摩诃瑜伽，每一个摩诃瑜伽持续四百三十二万年，包括四个时代——圆满时、三分时、二分时和争斗时。

在第一个时代，圆满时，没有天神、阿修罗、夜叉、罗刹，没有人需要劳动，食物和其他生活必需品只要一想就会得到。这个时代，没有疾病的存在，没有仇恨，没有战争，没有懒惰，没有烦恼，人们寿命长达四百岁，正法化作的圣牛四条腿着地，稳健地前行。保护之神毗湿奴的形象是白色的。

第二个时代叫作三分时，这个时代的人们热衷祭祀，以仪式追求果报，寿命减少到了三百岁，道德下降了四分之一，正法圣牛少了一条腿，不过虽然出现了心怀恶念的人，但依旧以守信为荣，也不背离正法。毗湿奴的形象是红色的。

第三个时代是二分时，人们通过布施换取果报。唯一的真理——吠陀经，在圆满时代只有一部，在三分时变成两部，如今成了三部。不同的经典导致多种多样的仪式，人们还坚持苦行和祭祀，但是也被激情所迷惑，被爱欲困扰，正法遭到背离，圣牛又少了一条腿，人间到处充满不满、欺诈和争斗，出现了疾病和天灾。虽然崇高尚在，但是众生慢慢走向毁灭。毗湿奴变成了黄色。

最后一个时代，也就是最坏的时代，被称为争斗时，这个时代，道德败坏乃是主要特征，人们互相欺骗，抢夺，社会上物欲横流，充斥着贪婪、脆弱、恐惧。争斗和疾病遍布大地。正法圣牛只剩下一条腿，虚弱无力，毗湿奴也变成了黑色。现在我们所处的时代，称为婆罗诃劫，是梵天第五十一年的第一天，而且正处于争斗时当中。

四个时代加起来四百三十二万年，循环往复一千次之后，梵天的一个白天就结束了。天上出现七个太阳，放射出无比强烈炽热的光线，毁灭世间万物，破坏之神湿婆驾着可怕的浓云出现，喷出烈焰，使世界解体。

一切毁灭之后，梵天进入睡眠，梵天的黑夜来临了，也如他的白天一样长。当新的白天来临时，梵天又创造出新的宇宙。梵天自己也是有寿限的，当他活过一百岁之后（相当于人类的三百一十一兆零四百亿年），他自己也会在烈焰中消亡。宇宙将保持黑暗和寂静，直到再过一百梵天年，新的梵天出现。创造与毁灭，周而复始，轮回永远没有尽头。

我们可以发现，古印度人的宇宙不是一条直线，而是一个又一个循环，大圈套小圈。

有些宗教认为，我们现在的世界是不够好，但是我们最终能够迎来一个美好的结局。

古代波斯人的琐罗亚斯德教认为，在太初之际存在着光明与黑暗、善与恶的两原。整个世界的历史是一万两千年，分为四个时期，每期三千年。第一个三千年，善神阿胡拉·马兹达首先创造光明，光明产生火，第二个三千年创造物质世界。这时恶魔安格拉曼纽开始搞破坏，创造了许多恶魔，以黑暗对抗光明，以破坏对抗创造，以死亡对抗生命……玛兹达和曼纽进行了多次殊死斗争，斗争时起时伏，时胜时败，世界变成了他们俩的战场，历史变成了不断争战的过程，第三个三千年是善恶决战的时期，到这一时期的末叶，琐罗亚斯德奉阿胡拉·马兹达之命降临人世，创立琐罗亚斯德教。到这个时期结束的时候，善神将最终战胜恶神。创世之初的和平状态得以恢复，全人类都将享受幸福。接下来进入第四个三千年的太平盛世。

4世纪的基督教神学家奥古斯丁将人类历史的进步过程比作人生的几个阶段，即婴儿期、儿童期、青年期、成年期、壮年期、老年期与死亡期。不过他所谓的人类历史就是《圣经》中的以色列民族史。

在人类的婴儿期，人们懵然无知，只知道物质生活，完全凭感觉行事，以至于罪恶横流，导致了上帝以洪水淹没人类，只有诺亚一家得救。

到了人类的儿童期，人们理智渐开，懂得分别善恶，知道克制欲念。但心灵仍旧太弱小，无法掌握神的教导。

在人类的青年期，以色列民族成长起来，成为上帝的第一批选民。

第四个是人类的成年期，以色列民族的王国国势强盛，文化昌盛。

第五个是人类的壮年时期，以色列民族不知感谢上帝，恶欲横流，不断凋敝，终致丧失了独立和自由，巴比伦、波斯、马其顿、罗马四大帝国相继称雄，代表着恶的人间之国步步胜利，以色列民族备受凌辱。他们在流亡中常想念自己的家园，并盼望有救世主把他们从苦难中拯救出来，于是耶稣基督诞生了。

第六个时期是老年期，世界开始一步一步走向光明，友爱和平的上帝之国逐渐占了上风，世俗国家逐步转变为基督教国家。善与恶的斗争形势十分激烈。

第七个时期是死亡期，也就是人类的终结。善战胜了恶，耶稣将再次降临人世，对一切人进行审判，凡是敬奉和笃信上帝的人，将进入上帝之城。这座城中没有罪恶，也不存在痛苦，伴随人们的是永久的幸福与快乐。

奥古斯丁的这种观念影响了西欧中世纪史学界对人类文明的基本看法：人类社会的历史是一个只经历一次的不断进步的并且是直线发展的线

性过程，既不是循环往复，更不会往后倒退。

第二节　哲学家眼中的人类文明

启蒙运动时期的哲学家们对人类文明的认识，重心开始从神转移到了人的身上。

17世纪末18世纪初的意大利哲学家维科认为，各民族的历史都会依次经过神的时代、英雄时代和人的时代这三大发展阶段。

神的时代是人类由动物脱胎而出的第一个历史时期，这时的人类缺乏理性思维能力，但是却有丰富的想象力。社会风俗都带有浓厚的宗教色彩，人类的行为都服从于神的意志。

第二阶段是英雄时代。这个时代勇敢被视为美德，武力和强权被视为真理，一部分人被另一部分人征服，出现了贵族和平民、奴隶主和奴隶的差别和斗争。

第三个阶段是庸人的时代。既没有神，也没有英雄，普通人主宰自己的命运。人们崇尚理性，法律尊重个人的行为，维护人与人之间的平等关系。这个时代的政治制度是共和民主制，或者能够保护人民主权的代议君主制。全体人民都可以参与国家政权。

比维科稍晚一些的德国哲学家海尔德，在维科思想的影响下，也把人类文明的发展分为三个阶段，并且主要以文化发展形式作为各阶段的特征。三个阶段依次是：第一，诗的阶段。人们用诗的歌唱来保持历史，表现为史诗、史诗时代，这个时期的人类很幼稚，充满幻想。第二，散文的阶段。这表明人类正在走向成熟，更加聪明，语言已不是简单的诗歌，而是优美的散文。第三，哲理阶段。人类完全成熟，既自由又规矩，能够选择适当词语来表达思想。

同时代的法国学者杜尔阁认为，人类文明本质上是精神不断进步的过程。这个进步经历了三个阶段：第一，神话阶段，人类理智处于蒙昧状态，人们对周围事物具有好奇心，但却不能给予科学解释，只好从神灵那里寻找答案。第二，形而上学阶段，人们懂得了用抽象的概念去说明世界，但仍然没有摆脱神学观念的羁绊。第三，科学阶段，人类既反对一切神学的思维方式，又反对一切形而上学的空谈，而是努力探讨事物内部的联系和规律，寻求自然规律和事物之间的因果关系。

后来杜尔阁的朋友，即哲学家孔多塞发展了杜尔阁的思想观点，并具体地将人类历史划为十个时期，他不是以政治、经济发展作为历史分期的界标，而是根据知识的重大进步划分时代和时期，充分体现了他认为科学的发展是人类历史的主要动力的思想。

第一个时代，渔猎时期，这一时代是人类文明的最初阶段。人类结合成部落，迷信鬼神，相信灵魂不灭，发明了表意和象形文字。第二个时代，畜牧时期，这一时期出现了战争，把战俘变成奴隶，出现了阶级分化。第三个时代，农业时期，人们发明了拼音文字，城市也出现了。第四个时代，古希腊时期，这是各种科学分门别类的时期，但是尚缺乏真正的社会哲学和政治学。第五个时代，罗马时期，基本法律和政府制度得以建立。罗马帝国给基督教广泛传播和胜利的机会，然而基督教的胜利也标志着科学和哲学的没落。第六个时代，黑暗时代，中世纪欧洲知识衰落，宗教偏见完全战胜了科学真理，人类的精神才智急剧下降。第七个时代，科学逐步复兴的时期，经院哲学盛行，大学中出现了思想自由气氛，科学理性开始缓慢复兴。第八个时代，随着印刷术的发明，科学与哲学从各种政治束缚和宗教束缚中解放出来，为科学真理战胜愚妄偏见的新时代奠定了基础。第九个时代，理性时期，理性和科学取得巨大进步。笛卡尔和牛顿引领了科学知识上的革命，洛克和卢梭则在对人性和社会的研究中取得重大成果。第十个时代，人类精神的未来，即完美的时代。法国大革命拉开了人类社会向顶峰发展的序幕。国家之间和民族内部的不平等将被废除，所有国家都达到最启蒙、最自由、最摆脱了各种偏见的文明状态。不幸的是，孔多塞也死在了他认为的完美理性时代的序幕——法国大革命当中。

康德把理性看作文明前进的方向，认为人类起初仅具有动物的本能，随着理性一步一步不断发展，人一步一步脱离动物。最终理性使人类得以完全超脱于动物，使人得以认识自身，认识自然。康德将人类社会历史分为三个阶段：第一，野蛮时期，人们只顾自己或无视他人，只要自己自由而不管别人是否自由。康德称之为“野性的自由”，即被滥用的个人自由。而这样的结果是彼此的相互侵犯和冲突，人人相互搏杀，是彼此的不自由，甚至于生命的无保障。第二，民族时期，在这个时期，人们开始通过达成契约，组成民族国家，确立了公共强制性的法律，每个人自愿放弃自己一定的自由，从而摆脱了没有任何法律保障的自然状态。人各有自由而不侵犯别人的自由。但是民族国家之间的关系又如自然状态下人与人之间的关系一样，没有法律，掠夺战争和敌对行动持久不断。在经历了许多摧残、动乱，直至把各国的实力耗尽之后，人类进入第三个阶段，普遍立法的公民社会时期。这时候，所有国家联合成一个共同体，处于一种法律的秩序之下，按照人类自由法则和平共处。

黑格尔认为，世界的本源和基础，万物的本质和灵魂是“绝对精神”。它既是世界的起点，也是世界的目标。人的自由就是绝对精神的实现。根据“自由”的发展水平，他把世界历史发展分为三个阶段：第一阶段是东方君主专制社会，包括中国、印度、波斯，只有皇帝一个人有自由，其他所有人都没有独立的人格；第二个阶段是古希腊罗马社会，有少数人，即平民和贵族拥有自由意志，但是占人口大多数的奴隶是没有自由的；第三个阶段是日耳曼民族的时代，在这里，日耳曼人是指包括现在的英国人、法国人及德国人在内的西欧人，最纯的日耳曼人仅指莱茵河与易北河之间的德国人。日耳曼人在基督教的影响之下，每个人都获得了自由意志，显示着人类发展的最高水平。黑格尔认定了，日耳曼人是全世界最优秀的人。

马克思深受黑格尔的影响，在《1857—1858 年政治经济学手稿》中把人的历史发展划分为三阶段：第一个历史阶段是人的依赖关系占统治地位的阶段。在这一阶段中，人直接依附于一定的氏族、部落、家庭等社会共同体，很少有自己的独立性。原始社会、奴隶社会、封建社会通常属于人的依赖性社会。第二阶段历史阶段是以物的依赖关系为基础的阶段。人摆脱了对群体的依附性关系和身份束缚，取得了自由，获得了独立性，但又并不是完全意义上的自由，因为人受物的控制。人类被物欲所束缚，为满足物质需要劳作奔波。资本主义社会通常属于物的依赖性社会。第三个阶段是人自由全面发展的阶段。在此阶段，生产力高度发展，社会财富极大丰富，消灭了剥削和压迫,科学技术很发达,人类既不为物所奴役,也不再为自己创造的社会关系所奴役,人是完全自由的,人的解放达到了空前的状态。这个时候人类社会就发展到共产主义社会。

19 世纪末 20 世纪初的德国历史学家斯宾格勒认为,每一种文化都有其存在的土壤和根基,都是一种关于世界的观念和基本形式。斯宾格勒就把各种文化看作像植物一样的生命有机体,都要经历大体相同的生长、繁盛和衰亡的周期。也就是说谈不上谁先进谁落后,大家一起在平行地生长。西方文化也不过是其中的一种文化形态而已。1918 年,在惨烈的第一次世界大战结束之后,他痛定思痛后的一部名著《西方的没落》出版了,斯宾格勒在这部著作中说西方文化已经进入繁盛阶段,行将没落。

英国历史学家汤因比在斯宾格勒的基础上进一步发挥,提出文明都要经历起源、生长、衰落、解体和死亡五个发展阶段。不过并不是所有文明都是能顺利成长壮大的,有些文明流产了,有些文明则在它们生长的早期就停滞了,有些文明已经死亡,但是以它们为母体,生长出来新的文明。

汤因比在其名著《历史研究》中历数人类六千年的历史中存在过二十六种文明,其中有十六个文明已经死亡:古埃及、苏美尔、米诺斯(克里特岛)、古典中国(商朝)、安第斯(印加)、玛雅、赫梯、巴比伦、古印度(印度河)、希腊、伊朗(波斯)、叙利亚(犹太)、阿拉伯、墨西哥(阿兹特克)、育加丹(尤卡坦半岛)、拜占庭。有五个文明停滞了:波利尼西亚、爱斯基摩、奥斯曼、斯巴达、游牧。所谓停滞的文明。是指还没有充分发育起来就因为外力或内力的作用而衰落。有五个文明还在发展中:西方文明、东正教文明、伊斯兰文明、印度文明、远东文明(包括中国及其分支朝鲜、日本)。这五个现存文明都是某个死亡了的文明的第二代:西方文明是古希腊文明的第二代,东正教文明是拜占庭东正教文明的第二代,伊斯兰文明是阿拉伯文明和波斯文明的第二代,印度文明是古印度文明的第二代,远东文明是古典中国文明的第二代。另外,还有一些"流产"的文明,它们是:爱尔兰的凯尔特文明、斯堪的纳维亚半岛的北欧文明,中亚的基督教分支(景教)。

汤因比将这些文明比喻成在陡峭的山坡上攀爬的人,有些人还没上山就趴下来,有些人站在半山腰的岩石上驻足不前,另一些人还在奋力攀登要到达山顶。

第三节 众说纷纭的人类文明

实际上,各个学科都在从自己的角度描述着人类文明的过去和未来。

美国著名历史学家麦克高希从传播学的角度认识文明的兴起和消亡。他认为人类历史上其实一共出现过五种文明形式:帝国文明、宗教文明、财富文明、娱乐文明、计算机文明。它们先后产生,同时并存,分别对应着五种影响深远的技术进步:象形文字、字母文字、印刷术、电子媒体、计算机。

人类最初的文明出现在公元前4300年的苏美尔和公元前4000年的埃及。原始的城邦逐渐扩张,彼此之间发生武装冲突,军事领袖的地位就越来越突出,权力越来越大,最后变成国王。城邦发展为王国,王国发展为帝国。帝国文明就此诞生了。

这时一种了不起的发明——表意文字,也就是象形文字——也同时出现了。表意文字为很多从事同一种工作的人们提供了一种交流的方式,帝国政府因此能够向偏远的地区发布连续的消息,控制相当大的一片区域。早期的苏美尔楔形文字、埃及圣书字和中国的甲骨文都是如此。它们的发明与帝国政府的兴起密不可分。

帝国文明要求那些君主们是精通韬略的军事指挥家、管理者和立法者。比如中国的秦始皇、古罗马的屋大维、巴比伦的汉默拉比。到了3世纪的时候,帝国文明发展到了巅峰,在欧亚大陆上出现了四大帝国:罗马帝国、帕提亚帝国、贵霜帝国和中华帝国。不过接下来这些帝国便一一衰亡了,只有中华帝国绵延不绝直到20世纪。

第二种文明始于公元前1000年中期,那是一批非同寻常的哲学家、先知、宗教思想家生活的年代。从他们那里发展出了各种哲学流派和充满哲思、有着教义的宗教。这一时代最重要就是佛教、基督教、伊斯兰教的建立和发展。

宗教文明的时代是由字母文字开启的。这种文字的好处在于,人们也许不理解它的含义,却知道它该如何去读。对于普通百姓来说,这种文字显然要比象形文字容易学习和记忆,掌握拼写规律就可以了。宗教因此才能够将自己的教义播撒得更远。

与象形文字相比,发音字母给予文字更大的抽象性。古希腊的智者们创造出了诸如肉体、物质、本质、真理、美、正义等概念。这在相当程度上促进了人类抽象思维的发展,哲学和宗教因此放射出夺目的光芒。

宗教文明时代的伟大君主具有一些哲学的修养，能够获得某种神圣的启示。马其顿帝国的亚历山大大帝就精通哲学和荷马史诗,主动提高了建立在哲学基础上的希腊文化的地位。印度孔雀王朝的阿育王则以倡导佛教而著称,欧洲中世纪的教皇们就更不用说了。

由文艺复兴开始,西欧文化中的商业、艺术、学术都展现出一种新的风貌,对财富的追求成为文化的焦点。财富文明开始了。与这一时代相对应的是 15 世纪引入西欧的印刷技术。它引起图书种类和数量的激增,知识不再局限于宗教经典,也不再仅为教士们所掌握。宗教的枷锁被觉醒的人们甩在身后,人们开始大胆地关注现实,追求财富。国家把富强当作目标,大力发展贸易,在世界范围内争夺资源。

印制的报纸、杂志将所有的人与社会联系在了一起,向社会传播最新的消息,也激发了公众参与社会事务的热情。公众的观点变得越来越重要。当街头巷尾的脚夫、杂役都对正在发生的政治事件了如指掌的时候,建立一个民主政府也就为期不远了。

印刷培养了一种更加精确的思想方式。印刷出来的书籍报刊，字体标准,段落整齐,对于作者来说,他留下的文字会受到读者持续反复的阅读,甚至可以说是严格审查,因此不得不字斟句酌,注重修辞和逻辑。而读者的智力也面临巨大挑战,因为他阅读的时候需要具备相当强的分辨、推理和判断能力,对不同的观点进行对比,甚至举一反三。

于是在印刷术的推动下，人们学会了从容应对一个充满了概念和归纳的世界,那些具有理性思维,能够对公众发表严肃的、具有逻辑性的言论的人,被视为最具智慧的人。印刷术让人类的头脑获得了一次了不起的升级。

财富文明的领袖们往往也是出色的作家。公众人物被人们熟悉是因为他们的文字,而不是因为他们的外貌。美国总统杰弗逊和林肯都以精通写作而著称。普鲁士的弗里德里克大帝是一位文学写作的高手,他写过写史书及诸多关于政治军事的书籍外,还作曲、写诗。伏尔泰说:“他写的书比同时代的王公贵族们生养的私生子还多。”英国首相丘吉尔甚至还获得过诺贝尔文学奖。他们的声望很大一部分建立在他们善于寻找合适的词语来表达思想上。

20世纪20年代,有声电影出现了,商业电台开始播出音乐、新闻以及轻松的娱乐节目。各种体育赛事尤其是那些适合观赏的团体项目,比如足球、篮球,也成为全世界的娱乐盛事。第二次世界大战以后开始的电视节目更成为无数家庭最重要的消遣活动。于是人类历史出现了第四种文明。

美国著名电视主持人罗伯特·麦克尼尔总结电视节目的成功诀窍是:越短越好,避免复杂。以视觉刺激代替思想。电视上的节目,几乎每五分钟就可以成为一个独立的单元。电视屏幕上的图像源源不断地涌现,又瞬间消失,注意力随时会被引向下一个事件。于是人们不再探询因果,不再关注逻辑,对社会和政治事件也缺乏持续性的热情。信仰冲突、民族矛盾、利益纠纷等人类命运的苦难,会被淹没在嘻嘻哈哈的娱乐中。公众不知不觉失去了独立思考和行动的能力。而政治家们也不再注重遣词造句,他们关心的是给观众留下印象,而不是留下观点。这正是电视所擅长的。

从20世纪最后十年开始,我们已经站在了人类文明第五个阶段——计算机文明。互联网成为沟通政治信息的新渠道。新型的国家、新型的政治和新型的社会开始出现。麦克高希说,在这个“弗兰肯斯坦式的文明”中,人和机器在其深远的可能性当中将铸造一个既充满危险又令人激动的共同的未来。他还说,人类每向前走一步,新的文明类型并不会完全取代过去的文明类型,而只是比过去的更为强大而已。就像是一片被森林大火烧焦的土地,首先长出来的是低矮的蕨类植物,接着是各种灌木,然后是白杨、白桦等小树,最后是高耸入云的松树。一茬一茬地生长。象形文字,比如说中国的汉字,今天仍在使用。宗教也仍然在世界上占有一席之地。虽然现在人们都离不开娱乐,可是谁也没有放弃对财富的追求。

如果某一个民族在一种文明阶段特别杰出,那么它也有可能长期停留在自己的阶段。中国将帝国文明发展到了炉火纯青的地步,延续了几千年,也没有进入宗教文明，直到近代遭受到西方列强的冲击后，才直接跨入了财富文明。

伊斯兰社会是宗教文明的杰出代表，却也长期停滞在这个阶段。在奥斯曼土耳其帝国，由于宗教上的抵触，印刷业长期难以获得发展。禁令直到19世纪才被解除。

那么有没有坚持财富文明，说什么也不愿意娱乐的民族呢？有，苏联就是一个典型。苏联政权成立后的七十余年中，始终追求的是国家富强，墨守着一种刻板的文化精神状态，直到1991年苏联解体后，俄罗斯人才终于松了一口气，也进入了娱乐的时代。

麦克高希的理论明显是从西方人的眼光审视人类文明的历史，在某种程度上可能把西欧文明的历程当成了人类文明发展的样板，似乎只有西欧文明完整地走完了文明发展的五大步。但是他的说法也足以引起我们对人类文明作进一步的思考。

美国文化学者汤姆·斯丹迪奇说，人类文明可以比喻为一部饮料的变迁史。

人类自制的第一种饮料大概就是啤酒。这里说的“啤酒”其实是对所有没有蒸馏过的粮食发酵酒的统称，既包括我们现在说的啤酒，也包括其他没有加入过啤酒花的谷物酿制的酒。像我们现在还常喝的黄酒、米酒、醪糟，李白斗酒诗百篇说的那种酒，武松景阳冈打虎之前喝的那种酒，度数通常不太高。

据说在公元前4000年以前，居住于两河流域的苏美尔人和尼罗河下游的埃及人就会将发芽的大麦制成面包，在将面包磨碎，置于敞口的缸中发酵，制成原始啤酒，然后用长长的芦苇管吸着喝。公元前3000年的中国人也会酿造啤酒，叫作“醴”。商代的甲骨文中也记载过用不同的谷芽酿造醴。

一方面，酒的酿制需要经过发酵。这一过程的变化是无声无息的。这就给酒蒙上了一层神秘色彩。另一方面，酒还具有麻醉作用，可以让人达到超凡入圣的境界。于是酒成了宗教活动中必不可少的东西。苏美尔人和埃及人在宗教仪式、丰收庆典、葬礼祭祀等场合一定会用到酒；美洲的印加人用金杯盛满玉米酒或木薯酒献给太阳，或者祭祀大地；商朝人祭祀鬼神用的青铜器往往也都是盛酒的。

酒的出现在人类文明历史上是极为不寻常的，因为它意味着远古人类开始人工栽培大麦、小麦等谷物。有些人类学家认为，对酒的需求可能是人类从狩猎采集向农耕种植转变的重要催化剂。

原始社会那些依靠狩猎和采集为生的居民可能并非我们想象的那样饥饿缠身、毫无保障。只要自然资源充足，他们一般不需要多少劳动就可以获得足够的营养，比辛苦劳作好几个月才能获得收成的原始农民们生活安逸得多。他们之所以要栽培谷物也许不是为了免于饥饿，而是为了酿酒，因为啤酒是进行宗教活动的必需品。

为了满足宗教活动对酒的需求，狩猎采集为生的原始居民渐渐变成了农民。除此之外，啤酒还有别的好处。啤酒中含有蛋白质和维生素，尤其是维生素 B，可以避免肉类摄入不足造成的营养失调。而且原始居民的饮用水常常会受到细菌污染，啤酒是用开水酿造的，同时又含有酒精，更有助于健康。

啤酒几乎成为这个时代的标志。在古埃及的文学作品中，啤酒被提及的频率远远高于其他食物。苏美尔人的神话中，神也像人一样喜欢嗜酒。在这两大文明中，啤酒都是主食的一部分，没有啤酒就不算是完整的一餐。啤酒甚至被当作工资支付给士兵、公务员和修建金字塔的工人。

公元前 5 世纪，现代西方文明的源头——古希腊文明兴盛起来，与之相伴的饮料是葡萄酒。古埃及人、古巴比伦人和中国人酿造过葡萄酒，但是都不像古希腊人对葡萄酒那样情有独钟。

希腊土地贫瘠，境内布满崇山峻岭和深沟峡谷，仅在沿海有些零零碎碎的平原。夏季炎热干旱，冬天阴冷多雨，这种典型的地中海气候并不适宜谷物种植，对葡萄生长却极为有利，收益可以达到谷物的二十倍。于是古希腊的农民们纷纷弃谷物种葡萄，向海外大量出口葡萄酒换回粮食，古希腊的商业文明因此而形成。

海外贸易不仅给希腊人带来生存所需的各种物资，也保证了信息和知识的流动。贸易提供的巨额财富，使古希腊人能够维持较高比例的非农人口，从事工商和文化、科学、艺术等活动，并且兴建大量的公共建筑。

每当葡萄丰收的季节，为表示对酒神的敬意，古希腊人尤其是雅典人都要举行化装舞会，向酒神祈祷和庆祝。人们披上羊皮，戴上面具，在芦笛的伴奏下，唱歌跳舞，饮酒狂欢。这种节日庆典后来发展成了古希腊戏剧。

古希腊人喜欢举行一种类似现代沙龙的交际酒会。在酒会上，人们相聚畅饮，分组辩论，展示各自的才情与立场。谈论的很多都是哲学问题。柏拉图就常常和人们一边喝葡萄酒，一边就某一话题展开讨论。于是酒会成了探索真理的绝佳场所。

交际酒会还是一个平等的论坛，人们一边讨论哲学与人生，一边在公用的容器中取酒。每个人喝的酒都是相同品质，来自同一个容器，并且有秩序地交替发言和倾听，这又使古希腊的交际酒会具有了某种平等和民主的品格。

除了啤酒、葡萄酒之外，今天的酒类饮料中，还有很大比例的蒸馏酒。蒸馏酒是浓度高于原发酵产物的各种酒精饮料。白兰地、威士忌、朗姆酒和中国的白酒都属于蒸馏酒，大多是度数较高的烈性酒。在西方，这种酒的流行跟大航海时代有关系。

哥伦布发现美洲新大陆之后，发现加勒比海沿岸地区非常适合甘蔗生长。可是当地缺乏劳动力，欧洲殖民者们便想到了到非洲找寻劳动力。非洲的黑人酋长很喜欢欧洲人的葡萄酒。葡萄酒就成了交换劳动力的等价物。不过欧洲人很快意识到，如果把葡萄酒事先蒸馏一下再运往非洲会更好，浓度高了，一方面海上运输可以节约空间，另一方面酒精含量高，也没那么容易变质。这种蒸馏过的葡萄酒就是白兰地。非洲黑人酋长也特别喜欢白兰地，认为它更纯更“辣”，甚至把它当成显示身份的标志。于是白兰地成为交换的物品。

加勒比海的甘蔗种植园主每次用收获的甘蔗提炼过甘蔗汁以后，就把白糖加工剩下的下脚料糖浆，作为一种福利分发给劳工。这些可怜的人苦中作乐，用糖浆酿制出了一种烈性蒸馏酒，也就是著名的朗姆酒。这种酒很快风靡起来，取代白兰地，成了贸易的主要货币。许许多多的商船从北美新英格兰的港口出发，满载着朗姆酒，一路驶往西非海岸，交给恭候已久的非洲酋长，换取劳动力，然后驶向加勒比海的殖民地，比如说牙买加，将奴隶卖掉，又满载着当地生产的糖浆返回新英格兰，继续酿制朗姆酒。

在海上长途航行中,饮用水很可能被污染,酒这时候可作为一种安全饮料。酒精还可以让水手们暂时忘记航海的艰辛,在战斗中毫无畏惧,当时西欧各国都把白兰地、朗姆酒或者威士忌作为水手每日口粮的一部分来发放。西班牙无敌舰队携带的酒比淡水还多。除了各国海军之外,加勒比海上寻找猎物的海盗们也少不了酒,既然在加勒比海上,他们喝得最多的就是朗姆酒,喝过之后越发地肆无忌惮。朗姆酒也因此被称作"海盗之酒"。朗姆酒含有维生素 C,可以预防败血症,对早期的远洋航海者来说如同救命良药。所以朗姆酒成了英国海军的必备之物。而法国海军只喝葡萄酒和白兰地,得败血症的水手要比英国多得多,这也大大削弱了法国海军对抗英国海军的能力。可以说,蒸馏烈酒成了大航海时代的象征。

17 世纪,当启蒙运动开始在欧洲兴起的时候,一种新的饮料——咖啡成为科学家、商人、律师等知识分子的最爱。

在这个时代,酒被斥为"溺死我们的每一点理智,每一寸灵魂"的"甜蜜毒药",而咖啡则是提神醒脑的伟大饮料。咖啡馆里备有书架、镜子、典雅的家具和油画,远比酒馆更令人轻松闲适。这是一个供人们思考的场所,也许就是这个原因,西欧的第一家咖啡馆并不是开在繁华的商业区,而是开在大学城牛津。

大学生和教师们逐渐把咖啡馆当成了学术讨论的最佳场所。咖啡馆被人们称作"便士大学",因为你可能随随便便就在这里遇到一位大学教授,跟他交谈一番,而你只需为此支付一两个便士,即一杯咖啡的钱。在咖啡馆里,人们口口相传,把获得的信息从一个咖啡馆传到另一个咖啡馆,就像今天的互联网。

到 17 世纪末,越来越多的学术讲座也选在咖啡馆进行,诗人和艺术家们在这里发表自己的作品。据说经济学开山祖师亚当·斯密的名著《国富论》大部分都是在咖啡馆里完成,他还经常把写好的篇章段落拿来读给同行听。法国哲学家狄德罗也是在咖啡馆里完成了他的《百科全书》的编撰。商人们对咖啡馆里的科学宣讲也颇有兴趣,他们为科学家、工程师在航海、采矿、制造业方面的探索提供资金,从中获得利润,这为即将到来的工业革命铺平了道路。

咖啡馆还成了政治论战的舞台，甚至革命种子萌发的温床。演说家们站在桌子上慷慨陈词，听众们如饥似渴地倾听，不时报以雷鸣般的掌声。近代欧洲各国的多次革命都是在咖啡馆中酝酿的。

我们今天所处的时代被比喻为可口可乐的时代。在全球近两百个国家和地区的市场上，可口可乐随处可见，人们每天喝掉的可口可乐高达三亿多瓶。人类历史上除了水以外还从来没有任何一种其他饮料被喝掉这么多。可口可乐的诀窍就是全球化。

可口可乐公司广告宣传取得成功是资本主义社会中史无前例的现象。国家边界、意识形态、民族主义、文化习俗都从未构成可口可乐公司发展的障碍。

第二次世界大战前可口可乐就打入好几个国家的市场。美国兵打到哪里，可口可乐就跟到哪里。美国名将巴顿、麦克阿瑟和艾森豪威尔都拿着可口可乐照过相。到第二次世界大战结束，可口可乐年销量已达五十多亿瓶，仅在世界各地的可口可乐装瓶厂就增加到了六十四家。

似乎在世界的任何地方都能看见可口可乐的影子，1979 年 1 月初，中国刚刚开启改革开放的大门时，一列满载着可口可乐的火车进入中国市场，1989 年，在柏林墙倒塌之前，西德的可口可乐公司就通过柏林墙上的洞向东德人免费递送饮料。11 月 9 日，柏林墙被拆除，整箱整箱的可口可乐立即运进东德。1994 年，美国政府宣布解除对越南持续三十年的贸易禁令，二十四小时之内，可口可乐的产品就已经发往越南了。2000 年美国宣布部分解除对朝鲜持续五十年制裁之后的第三天，第一批九千六百听可口可乐就乘着卡车从中国的丹东运入朝鲜境内。

到目前为止，可口可乐的广告被翻译成四十种语言文字，不断出现在世界各地的电视、广播、报刊和公共场所，为不同肤色、不同语言、不同文化的世界各国人士所熟悉。

可口可乐从来不会固执己见地一味传播、销售美国观念，而是在不同的文化背景、宗教团体和种族中采取相应的策略。在中国，可口可乐请中国的歌星和体育明星做代言人，春节的时候拍贺岁广告大片，在春节联欢晚会的时候播放。在中东，把外包装改成绿色，因为在当地文化中绿色代表生命和吉祥，每年一月份，也就是斋月的时候，促销活动和广告都排在晚上，因为穆斯林在斋月期间白天不吃不喝。1988 年日本推出的玻璃瓶装可口可乐，瓶子上写着“风林火山”，这四个字是日本战国时代的名将武田信玄从中国的《孙子兵法》里概括出来的，他曾经把这四个字写在自己的军旗上，后来成为日本武士道的行动箴言。

在生产销售上，可口可乐也采取本地化的策略。比如日本可口可乐公司，除最高层是美国人外，其余的员工都是日本人，不仅如此，玻璃瓶、灌装机械、运输工具、纸杯及工作服也全数在当地制造。经营的利润也归日本公司。就这样可口可乐在全世界两百多个地区开办了公司，其数目甚至超过了联合国的成员国数。

可以说，可口可乐体现了资本主义全球化的真正实质，既不进行道德的说教，也没有任何戒律，既可以为世界的另一个角落改变自己，也可以改变世界。也只有在全球化时代，可口可乐才会拥有如此广泛影响。

当一种饮料满足了人们的某种需求，或顺应了某个时代的历史潮流，它便流行起来，并且以人们意想不到的方式影响了历史的走向。每一个时代都有自己的特色饮料。人们畅饮它们不仅仅是因为口味，更有很多社会历史的奥妙。

女性主义者对人类文明也有自己的看法。有一位美国学者理安·艾斯勒指出，人类并不是天生互相仇恨和压迫的，妇女并不是天生低于男人的，致命的竞争并不是人性中所固有的。在人类出现在地球上十几万年的历史中，大部分时间都是和平安宁的母系社会，只是最近六千年里，我们进入了一段父系社会的小插曲，人类文明才滑入争斗不休的深渊。

在新石器时代(大约在公元前 6000 年)以前，没有竞争的母系社会已经发展出所有基本的生产和生活工具及技术，人类生活也已经有了基本保障。

那时的人们生活在一个太平盛世中，不存在富人高高在上而穷人被压在社会底层的严格的等级制度。女性不受压迫，她们也并不统治和压迫男性，男女两性是平等地分享权力的伙伴关系。

与我们今天“物竞天择，适者生存”的竞争观念相反，母系社会的文化是和平的，人们崇拜充满和平与欢乐的女神，她象征着生殖、生命和大地的丰饶。她手中的圣杯象征着安宁和幸福。这样的社会延续了十几万年，但是到距今6000年以前，人类的文明在一次偶然事件中突然改道了，父系文明突然取代了母系文明。

公元前4000年前外高加索地区连续出现了的三次寒流，当地以游牧为生的库尔甘人（雅利安人）无法生存，建立起男性武士统治的，强调等级和服从的军事组织，大举向欧洲和亚洲地区入侵。更要命的是，库尔甘人还掌握了冶铁技术。以石头和青铜为武器的母系社会根本不是对手。于是父系社会顺利地用铁剑击碎了母系社会的圣杯。

从此，男性压迫女性的模式取代了男女伙伴关系的模式，人类进入到男性统治的野蛮时代。不管是《圣经》中的上帝耶和华，还是中国神话中的玉皇大帝，都是掌握生杀大权的男神。基督教《圣经》和中国的儒家经典，都把男性统治和压迫女性的社会模式说成是唯一的和永恒的。

于是，从6000年前至今，人类的生存处境里充满了奴役、压迫和战争，因为这时的人类不再信奉伟大的女神而是信奉暴虐的男神。铁剑，而不是圣杯，才是至高无上的，从此，人类只要有机会就对所有的弱者，尤其对女性制造灾难，几乎每天都在用自己的聪明才智制造武器，杀死同类，每天都处在恐惧和仇恨之中。

艾斯勒认为，6000年的男权统治是人类文明的一段弯路，但是却完全改变了我们文化进化的方向。人类要解决目前的困境，必须回归到上古时代的社会组织模式中，从男权统治转变为以和平、伙伴和创造为主题的男女合作。

我们从哪里来？到哪里去？我们都做了些什么？我们的未来是更好还是更糟？古往今来，世界各地的人们作出了各种各样的回答。人类文明就像一个色彩斑斓的万花筒，每一个角度都会呈现出一个趣味横生的世界。

参考书目

1.[英]阿诺德、汤因比:《历史研究》，曹未风等译，上海人民出版社，1997年。

2.[古罗马]奥古斯丁:《上帝之城》，王晓朝译，人民出版社，2006年。

3.[古希腊]赫西俄德:《工作与时日:神谱》,张竹明、蒋平译,商务印书馆,1991年。

4.[德]黑格尔:《哲学史讲演录》,贺麟、王太庆译,商务印书馆,2011年。

5.《马克思恩格斯全集》(第30卷),人民出版社,1995年。

6.[法]孔多塞:《人类精神进步史表纲要》,何兆武、何冰译,生活·读书·新知三联书店,1998年。

7.[美]理安·艾斯勒:《圣杯与剑:我们的历史,我们的未来》,程志民译,社会科学文献出版社,1993年。